中等职业教育"十一五"规划教材

中职中专财会类教材系列

纳 税 实 务

周先建　主　编

柳智英　副主编

科学出版社

北 京

内容简介

本书以我国现行纳税制度和税务管理为依据，从纳税人经营环节的次序出发编写而成。全书共分 6 章，具体阐述了税收概述、纳税人纳税实务操作的基本工作、投资创建环节纳税、购进环节纳税、销售环节纳税、利润环节纳税等的基本知识。全书围绕应用型人才培养这一中心，突出实用性、操作性。每章后还精心设计了适量的练习题，以帮助读者更好地消化吸收和巩固所学知识。

本书可作为中等职业学校财会专业的教材，也可供企业财务会计人员的岗位培训使用。

图书在版编目（CIP）数据

纳税实务/周先建主编. —北京：科学出版社，2010
（中等职业教育"十一五"规划教材·中职中专财会类教材系列）
ISBN 978-7-03-028988-9

Ⅰ．①纳… Ⅱ．①周… Ⅲ．①税收管理-中国-专业学校-教材
Ⅳ．F812.42

中国版本图书馆 CIP 数据核字（2010）第 180570 号

责任编辑：王彦刚 / 责任校对：王万红
责任印制：吕春珉 / 封面设计：东方人华平面设计部

科 学 出 版 社 出版
北京东黄城根北街 16 号
邮政编码：100717
http://www.sciencep.com

铭浩彩色印装有限公司 印刷

科学出版社发行 各地新华书店经销

*

2010 年 9 月第 一 版　　开本：787×1092　1/16
2010 年 9 月第一次印刷　　印张：14 1/2
印数：1—3 000　　字数：340 000

定价：22.00 元
（如有印装质量问题，我社负责调换〈环伟〉）

销售部电话：010-62134988　编辑部电话：010-62135517-8305（SF02）

前　　言

我国职业教育改革逐步推进，中等职业教育改革不断深入，要求中等职业教育的教材要配合教改工作、体现教改成果，以适应目前中等职业教育学生学习和教师教学所需。

本书编写思路独特，依据纳税人先后经历的环节分别进行编排，使学生能清晰地感受到其脉络，并对纳税事宜有总体把握。除概述外各章或各节中依据纳税人先后经历的环节分别以案例作导入，针对案例涉及的各税种进行编写。本书围绕中职学生应用型人才培养这个中心，着重突出纳税流程、各主要环节涉税介绍、各纳税申报及填制这三大思路。

全书分为 6 章，主要内容包括税收概述、纳税人纳税实务操作的基本工作、投资创建环节纳税、购进环节纳税、销售环节纳税、利润环节纳税。由于有的税费要在多个环节纳税，作者则选择将其安排在最先出现纳税的环节之中进行编写，主要包括投资创建、购进、销售、利润结算四个主要环节的应纳税费。生产、费用结算、终止清算三个环节应纳的税费在其余环节中均有提及，就不再编写了。各纳税环节所纳税费主要放在征税范围、计税依据、计算税费及纳税申报表填制方面。本书紧紧抓住实用性这一核心脉络，其余知识技能的编写都围绕这一脉络进行，更加符合中等职业学生的学习和将来就业需要。

本书由周先建拟定总体编写思路及编写框架。具体编写分工如下：柳智英编写第 1、2 章，吴岑编写第 3 章，曾皓编写第 4 章，陆小云编写第 5 章，孙明菊、张玉梅分别编写第 6 章 1、2 节。由周先建对全书进行修改、总纂和定稿。本书课后练习题的答案请登陆 www.abook.cn 查询。

本书编写得到了重庆财政学校、长沙市财经职业中专、洛阳市财会中等专业学校、厦门工商旅游学校、湖南常德财经学校的积极参与及有关专家的悉心指导和大力支持，在此谨致谢意。

由于编者水平有限，疏漏与不当之处在所难免，敬请读者批评指正，以便再版时修订。

目　　录

前言
第1章　税收概述 ……………………………………………………………………… 1
　1.1　税收的含义与特征 …………………………………………………………… 2
　　1.1.1　税收的起源 …………………………………………………………… 2
　　1.1.2　税收的概念 …………………………………………………………… 3
　　1.1.3　税收的特征 …………………………………………………………… 4
　1.2　税收的作用和法律关系 ……………………………………………………… 5
　　1.2.1　税收的作用 …………………………………………………………… 5
　　1.2.2　税收原则 ……………………………………………………………… 7
　　1.2.3　税法 …………………………………………………………………… 8
　1.3　税收制度 ……………………………………………………………………… 11
　　1.3.1　税种的分类 …………………………………………………………… 11
　　1.3.2　税法要素 ……………………………………………………………… 13
　1.4　纳税人应缴纳的主要税费及分布 …………………………………………… 20
　练习题 …………………………………………………………………………… 22
第2章　纳税人纳税实务操作的基本工作 ……………………………………………… 25
　2.1　税务登记管理 ………………………………………………………………… 26
　　2.1.1　税收征收管理法简介 ………………………………………………… 26
　　2.1.2　税务登记的含义及种类 ……………………………………………… 26
　　2.1.3　开业登记 ……………………………………………………………… 27
　　2.1.4　其他税务登记 ………………………………………………………… 36
　2.2　发票管理 ……………………………………………………………………… 37
　　2.2.1　发票概述 ……………………………………………………………… 37
　　2.2.2　增值税专用发票 ……………………………………………………… 38
　　2.2.3　普通发票 ……………………………………………………………… 42
　2.3　纳税申报 ……………………………………………………………………… 43
　　2.3.1　纳税申报的对象 ……………………………………………………… 43
　　2.3.2　纳税申报的内容 ……………………………………………………… 43
　　2.3.3　纳税申报的要求 ……………………………………………………… 44
　　2.3.4　纳税申报的方式 ……………………………………………………… 44
　2.4　税款征收 ……………………………………………………………………… 45
　　2.4.1　税款征收的原则 ……………………………………………………… 45

2.4.2 税款征收方式 ···45

2.4.3 核定应纳税额 ···49

2.4.4 延期缴纳税款的制度 ···49

练习题 ···50

第3章 投资创建环节纳税 ···55

3.1 印花税 ···56

3.1.1 印花税概述 ···56

3.1.2 印花税的计算 ···57

3.1.3 印花税的缴纳与申报表填制 ··58

3.1.4 印花税的账务处理 ··58

3.1.5 印花税的优惠 ···60

3.2 耕地占用税和土地使用税 ··60

3.2.1 耕地占用税 ···60

3.2.2 城镇土地使用税 ···64

3.3 房产税 ···68

3.3.1 房产税概述 ···68

3.3.2 房产税的计算 ···69

3.3.3 房产税申报表填制与缴纳 ···70

3.3.4 房产税的账务处理 ··70

3.3.5 房产税的优惠 ···72

3.4 车船使用税 ···73

3.4.1 车船使用税概述 ···73

3.4.2 车船使用税的计算 ··74

3.4.3 车船使用税的缴纳与申报表填制 ····································75

3.4.4 车船使用税的账务处理 ···76

3.4.5 车船使用税的优惠 ··77

练习题 ···77

第4章 购进环节纳税 ···82

4.1 关税 ···83

4.1.1 关税概述 ···83

4.1.2 关税的计算 ···84

4.1.3 关税的缴纳 ···84

4.1.4 关税的账务核算 ···85

4.2 消费税 ···85

4.2.1 消费税概述 ···85

4.2.2 消费税的计算 ···86

4.2.3 消费税申报表填制与缴纳 ···90

4.3　增值税 ··94

4.3.1　增值税概述 ···94

4.3.2　一般纳税人增值税的计算 ··96

4.3.3　小规模纳税人增值税的计算 ···103

4.3.4　增值税申报表填制与缴纳 ··103

4.4　车辆购置税 ···107

4.4.1　车辆购置税概述 ···107

4.4.2　车辆购置税的应纳税额的计算 ··108

4.4.3　车辆购置税的申报 ··109

4.5　契税 ··110

4.5.1　契税概述 ···110

4.5.2　契税的应纳税额的计算 ··111

4.5.3　契税的申报 ··113

练习题 ···113

第5章　销售环节纳税 ··120

5.1　营业税 ···121

5.1.1　营业税概述 ··121

5.1.2　营业税的计算 ···125

5.1.3　营业税的申报表填制与缴纳 ··126

5.1.4　营业税的账务处理 ··128

5.2　土地增值税 ···131

5.2.1　土地增值税概述 ···131

5.2.2　土地增值税的计算 ··132

5.2.3　土地增值税的申报与缴纳 ···133

5.2.4　土地增值税的账务处理 ··137

5.3　城市维护建设税和教育费附加 ··140

5.3.1　城市维护建设税概述 ···140

5.3.2　城建税的计税依据以及应纳税额的计算 ······································141

5.3.3　城建税纳税申报表填制与缴纳 ···142

5.3.4　城建税的账务处理 ··143

5.3.5　教育费附加概述 ···144

5.3.6　教育费附加的计税依据以及应纳税额计算 ···································144

5.3.7　教育费附加纳税申报表的填制与缴纳 ···144

5.3.8　教育费附加的账务处理 ··145

5.4　资源税 ···146

5.4.1　资源税概述 ··147

5.4.2　资源税的计算 ···148

5.4.3 资源税的申报表填制与缴纳······149

5.4.4 资源税的账务处理······150

练习题······151

第6章 利润环节纳税······156

6.1 企业所得税······157

6.1.1 企业所得税概述······157

6.1.2 企业所得税征收制度······158

6.1.3 企业所得税应纳税所得额的确定······162

6.1.4 企业所得税应纳税额的计算······168

6.1.5 企业所得税的征收管理······171

6.1.6 企业所得税纳税申报表的填制与缴纳······173

6.1.7 企业所得税的账务处理······187

6.2 个人所得税······188

6.2.1 个人所得税概述······188

6.2.2 个人所得税的计算······194

6.2.3 个人所得税的纳税申报与缴纳······203

6.2.4 个人所得税的账务处理······205

练习题······212

参考文献······223

第1章 税收概述

学 习 向 导

知识目标

1. 掌握税收的定义，税收的强制性、无偿性和固定性等税收基本特征，纳税人、负税人、税目、征税对象、税率等税收的基本要素，税收的组织财政收入、调节经济、公平收入分配以及监督等基本职能，我国税法体系的分类和我国的税制结构。

2. 理解政府征税的目的和纳税人缴税的意义。

3. 了解税收的主要分类。

能力目标

1. 理解税收含义、税收与其他财政收入形式的关系、税收组织财政收入的职能、税收的基本原则、起征点和免征额的区别。

2. 应用结合社会经济现象分析税收职能，用各种分类方法对现行税种进行分类，设计税收宣传标语及宣传方案。

情感目标

认识到无税不国，自觉纳税是每个公民的基本义务。

识记

税收，税收的无偿性、固定性、强制性，税收职能，税收制度，征税对象，税目，纳税人，扣缴义务人，税率，比例税率，累进税率，定额税率，纳税地点，减免税，起征点，免征额，直接税，间接税，流转税，所得税，行为税，从价税，从量税。

1.1 税收的含义与特征

小知识

● **中国历史上最早的市场税收**

古代市场统称为市。市是商品经济发展的产物，由来已久。商代末年，商人贸易就已出现，但当时手工业和商业都属官办，所以没有市场税收。到西周后期，由于商品经济的发展，在官营工商业之外，出现了以家庭副业为主的私营手工业和商业，集市贸易日益增多，因此出现了我国历史上最早的市场税收。

周代市场在王宫北垣之下，东西平列为三区，分别为朝市、午市和晚市。市场税收实行"五布"征税制。一是分（緆①）布，即屋税；二是总布，即牙税；三是廛布，即地税；四是质布，指对违反契约文书者所征之税；五是罚布，即罚金。市场税收由司市、雇人、泉府等官吏统一管理，定期上交国库。

● **中国历史上最早的田税**

中国历史上最早的田税是春秋时期鲁国实行的"初税亩"。据《春秋》记载，鲁宣公十五年（公元前594年），列国中的鲁国首先实行初税亩，这是征收田税的最早记载。这种税收以征收实物为主。实行"初税亩"反映了土地制度的变化，是一种历史的进步。

● **中国历史上最早的车船税**

最早对私人拥有的车辆和舟船征税是在汉代初年。汉武帝元光六年（公元前129年），汉朝就颁布了征收车船税的规定，当时叫"算商车"，"算"为征税基本单位，一算为120钱，这时的征收对象还只局限于载货的商船和商车。元狩四年（公元前119年），开始把非商业性的车船也列入征税范围。法令规定，非商业用车每辆征税一算，商业用车征税加倍；舟船五丈以上征税一算，"三老"（掌管教化的乡官）和"骑士"（由各郡训练的骑兵）免征车船税。同时规定，对隐瞒不报或呈报不实的人给以处罚，对告发的人进行奖励。元封元年（公元前110年），车船税停止征收。

想一想

我国税收起源于什么社会？

1.1.1 税收的起源

税收是人类社会发展到一定阶段，伴随着国家起源而产生的。夏王朝是我国最早出

---

①緆——音同"次"，本义为绩麻线，引申为按市的次第收税。

现奴隶制的国家，从夏代开始就有了税收的雏形。

原始社会晚期，社会生产力有了发展。农业的发展，畜牧业、原始手工业的出现，产生了社会分工，劳动生产率有所提高，开始有了剩余产品，从此有了生产资料和剩余产品的私人占有，出现贫富差距，直至产生阶级。为了把阶级利益冲突限制在一定"秩序"范围内，需要有执行这一社会职能的、凌驾于社会之上的力量，于是出现了管理公共事务的国家雏形。生产力的发展、社会矛盾的激化，推动了社会变革，原始社会开始向奴隶社会转化。尧舜禅让演变为夏禹传子家天下，为强化其统治，创立了国家的雏形。由此可见，后人对历史的追记，也是有所依据的，我国税收起源于 4000 多年前，应是可信的。

税收伴随国家起源而起源，国家不从事物质资料生产，为了向执行其社会职能提供物质基础，凭借政治权力参与社会剩余产品分配，这就是税收。对于税收与国家的关系，马克思曾指出："捐税体现着表现在经济上的国家存在"，"赋税是政府机器的经济基础，而不是其他任何东西。"

小知识

我国税收历史上称呼较多的是"赋税"

古代对于军事、战争的征用称为"赋"，与后代的田赋是两回事。后来的"一条鞭法"、"摊丁（兵役）入亩"，将"赋"按人、户计征，改为按土地田亩计征，形成后代的田赋制度。"赋"由"贝"、"武"两字组成。"贝"者货币也，古代曾以贝壳代替货币，至今含有价值因素的汉字，多由"贝"字组成，如赚赔、贵贱等。"武"字词典解释是关于军事、投击为"武"，武装、武器、武术等。史料介绍人民在生产、生活中常遭不测事件，发生不安定、不安全等事故，人们在向国家纳"赋（贝）"后，国家组成武力，保卫、保护人民的安定、安全，使之安居乐业。

我国汉字以象形文字为主，在其形成和完善的过程中，又不断融入"音"、"义"等含义。"税"由"禾"、"兑"两字组成，"禾"为农产品，古代实物税赋主要为从土地收获的谷物。"兑"者兑换也，即交换之意。人民将生产的谷物交纳给国家，换取国家保护人民的生产、生活平安。

1.1.2 税收的概念

税收，是指以国家为主体，为实现国家职能，凭借政治权力，按照法定标准，无偿取得财政收入的一种特定的分配形式。它体现国家与纳税人在征税、纳税的利益分配上的一种特殊关系，是一定社会制度下的一种特定分配关系。

税收是人类社会经济发展到一定历史阶段的产物。社会剩余产品和国家的存在是税收产生的基本前提。

想一想

图 1.1 和图 1.2 为 2008 年税收宣传漫画大赛获奖作品，请思考这两幅图所表达的含义。

图 1.1　回报
（刘成丰，2008 年税收宣传漫画大赛获奖作品欣赏，北京）

图 1.2　窃税之旅
（老方，2008 年税收宣传漫画大赛获奖作品欣赏，北京）

1.1.3　税收的特征

税收与其他财政收入形式相比，具有强制性、无偿性和固定性三个特征。这就是所谓的税收"三性"，它是税收本身所固有的。

1. 强制性

强制性是指国家以社会管理者的身份，凭借政权力量，通过颁布法律或法规，按照一定的征收标准进行的强制征税。负有纳税义务的社会集团和社会成员，都必须遵守国家强制性的税收法律制度，依法纳税，否则就要受到法律的制裁。

2. 无偿性

无偿性是指国家取得税收收入既不需偿还，也不需对纳税人付出任何代价。税收的无偿性特征，是与税收是国家凭借政治权力进行收入分配的本质相关联的。

税收的无偿性特征是区别于其他财政收入形式的最本质的特征。它既不同于国有资产收入或利润上交，也不同于还本付息的国债，还区别于工商、交通等行政管理部门因服务社会而收取的各种形式的规费。税收的无偿性是税收"三性"的核心。

3. 固定性

固定性是指国家征税以法律形式预先规定征税范围和征收比例，便于征纳双方共同遵守。税收的固定性包括时间上的连续性、征收比例的固定性。课税对象、征收比例或

4

数额等制度公布后，在一定时期内保持稳定不变。

小知识

　　国家机关各部门的收费（包括经济活动中的劳务性收费和政府机关收取的事业、行政、司法等方面的特定服务费），是劳务或特定服务的受益者所付出的一种代价，等价有偿，具有明显的有偿性。而税收是国家依法取得的收入，既不需要返还给纳税人，也不需要对纳税人直接付出任何代价，具有无偿性，这一特征构成了税收与收费最明显、最直接的区别。

　　在一般情况下，税收与收费都有强制性和固定性，但是，在我国目前的情况下，由于有些部门和单位违法违规乱收费的现象较为严重，收费的随意性大，有时也产生了收费没有固定性的现象，但这只是在制度不完善的情况下才出现的，随着依法治国理念的逐步深入，制度的不断完善，国家机关必将会严格依法行政，这一现象也必将会逐步消失。

练一练

　　1）"所谓赋税，就是国家不付任何报酬而向居民取得东西。"列宁这句话的含义是（　　）。
　　　A. 税收是国家通过法律形式予以确定的，征税必须有法律依据
　　　B. 企业不管是否盈利都要依法纳税
　　　C. 国家取得的税收收入，既不需要返还给纳税人，也不需要对纳税人付出任何代价
　　　D. 税收具有固定性
　　答案：C。
　　2）养路费改为燃油税有何利弊？（请上网查找）

1.2　税收的作用和法律关系

1.2.1　税收的作用

　　在社会主义市场经济运行中，税收主要具有资源配置、收入再分配、稳定经济和维护国家政权四个方面的作用。

　　1. 税收具有资源配置的作用

　　税收的资源配置作用主要体现在为提供公共产品筹集资金，以及通过影响消费倾向改变社会的资源配置两个方面。每个纳税人都有权享受公共产品的利益。从影响部门间的资源配置来说，主要是通过税收影响个人收入水平。

小资料

大庆油田、建设银行、湖南中烟工业、工商银行、国家开发银行分列 2007 年度中国独立企业属地纳税五百强排行榜前五名。私营企业纳税百强排行榜中最多的是房地产企业，银行业占据代扣代缴个人所得税企业百强排行榜之首。从行业集中程度来看，电力、热力的生产和供应业在纳税五百强排行榜中上榜企业最多。

2. 税收具有收入再分配的作用

税收的收入再分配作用一方面体现在通过税收征收，使市场机制下形成的高收入者多负担税收、低收入者少负担税收，从而使税后收入分配趋向公平。另一方面体现在通过税收支出、税收优惠，进而对国民收入进行再分配（见图 1.3）。

图 1.3　福利之源

小知识

汶川地震灾后重建税收优惠政策

自 2008 年 7 月 1 日起，国家对受灾严重地区的所有行业（限制发展的特定行业除外）实行增值税扩大抵扣范围政策，允许企业新购进机器设备所含的增值税进项税额予以抵扣。具体实施办法由财政部、国家税务总局另行规定。

对受灾严重地区损失严重的企业，免征 2008 年度企业所得税。

自 5 月 12 日起，受灾地区企业通过公益性社会团体、县级以上人民政府及其部门取得的抗震救灾和灾后恢复重建款项和物资，以及税收法律、法规和本通知规定的减免税费及附加收入，免征企业所得税。

3. 税收具有稳定经济的作用

税收稳定经济的作用体现在税收作为国家宏观经济调节工具的一种重要手段，其在政府收入中的重要份额，决定了对公共部门消费的影响，进而会影响总需求。税收在税目、税率、减免税等方面的规定，会直接影响投资行为，从而对总需求产生影响。这样就达到了调节社会生产、交换、分配和消费，促进社会经济健康发展的目的。

4. 税收具有维护国家政权的作用

国家政权是税收产生和存在的必要条件，而国家政权的存在又依赖于税收的存在。没有税收，国家机器就不可能有效运转。同时，税收分配不是按照等价原则和所有权原则分配的，而是凭借政治权力，对物质利益进行调节，体现国家支持什么、限制什么，从而达到巩固国家政权的政治目的（见图1.4）。

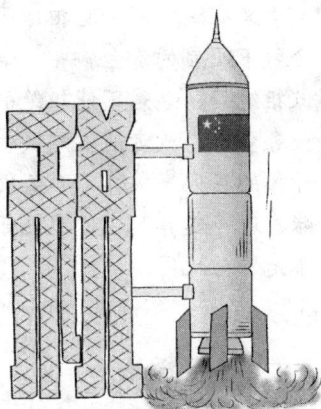

图 1.4 中国腾飞坚强保证

1.2.2 税收原则

税收原则是税收法律制度制定和实施的基本准则。在现代税收理论中，关于税收体系设计的最重要原则有两个，一是效率原则，二是公平原则。

1. 效率原则

效率原则主要指发挥市场经济机制的效率，其包括两层含义。第一层含义是税收要保持中立性，应当使市场经济机制发挥有效配置资源的调节作用。国家征税不能伤害市场经济机制的这种调节作用，否则会产生不良的影响。第二层含义是国家征税使纳税人除了因纳税而负担税款这笔资金外，不应再使纳税人产生额外的经济负担。

2. 公平原则

公平原则是指征税应根据经济能力或纳税能力平等分配负担。经济能力或纳税能力相同的人，应当缴纳相同的税款；经济能力或纳税能力不同的人，应当负担的税收也不同。

1）"金税工程"是怎么一回事？（可上网查找）

2）读下段文字，想想为什么阿里巴巴不敢拒绝税务所的要求？

互联网上交易所产生的税收，历来不太引起网商的关注。只不过上海司法机关对某网民网上开店的处罚和北京税务机关关于网上征税的文件，能略微引起这些人的关注，但随着时间的推移又逐渐淡忘了。有人说："马云的阿里巴巴干的就是街上农贸市场的活。"那么有谁看到农贸市场没有工商所和税务所呢？对于农贸市场，税收征收的难点是——其大量交易是以现金交易的形式出现，一手交钱一手交货，这点让税务机关难以掌握和监控，只能采取定额征收。而互联网上的交易则不然，阿里巴巴既有诚信通、支付宝，又有淘宝网，它把地面上国家行政机关干的事都代办了，网商及网友的每笔交易都会留下明显的资金脚印，若税务机关要求阿里巴巴交出客户交易的资料数据，马云是不敢拒绝的，也是不能拒绝的。对于那些所谓优秀的网商，不论是没有办理过营业执照和税务登记，或者通过购买假发票来销售自己的商品，还是把开票的收入在公司核算、不开票的在兜里核算（不交税）的，因为你是通过电子货币来结算的，所以把你的新账、老账打包一起算。这对于税务机关来说是一件非常简单的事情，"放水养鱼，涵养税源"绝不是一句玩笑。

（资料来源：郭伟. 2009. 网商：小心税务联合马云将你一网打尽. http://blog.sina.com.cn/gwowcitonx）

1.2.3 税法

1. 税法的概念

所谓税法，即税收法律制度，是国家权力机关和行政机关制定的用以调整国家与纳税人之间在征纳税方面的权利与义务关系的法律规范的总称，是国家法律的重要组成部分。

税法与税收存在着密切的联系，税收活动必须严格依照税法的规定进行，税法是税收的法律依据和法律保障。税收以税法为其依据和保障，而税法必须以保障税收活动的有序进行为其存在的理由和依据。税收与税法的关系见表 1.1。

表 1.1　税收与税法的关系

概　念	含　　义	特　征
税收	税收是政府为了满足社会公共需要，凭借政治权力，强制、无偿地取得财政收入的一种形式	1. 无偿性 2. 强制性 3. 固定性
税法	税法是国家制定的用以调整国家与纳税人之间在征纳税方面的权利及义务关系的法律规范的总称	1. 义务性法规 2. 综合性法规

结合下面短信：请你设计一条纳税宣传标语。

你有情，我有情，依法诚信纳税献真情；你出力，我出力，促进民生发展齐努力；你受益，我受益，共享和谐社会最美丽。

示例：依法诚信纳税，是额度最高的信用卡。

2. 税收法律关系

税收法律关系是指税收法律制度所确认和调整的国家和纳税人之间、国家与国家之间以及各级政府之间在税收分配过程中形成的权利和义务关系。总体上，税收法律关系与其他法律关系一样，也是由主体、客体和内容三个要素构成。这三个要素之间互相联系，形成统一的整体。

（1）税收法律关系主体

税收法律关系主体是指税收法律关系中享有权利和承担义务的当事人，即税收法律关系的参加者，其分为征税主体和纳税主体。

1）征税主体。征税主体是指税收法律关系中享有征税权利的当事人，即税务行政执法机关，其包括各级税务机关、海关等，如表1.2所示。

表1.2 征税机关与税种

征收机关	征收税种
国税局系统	增值税，消费税，车辆购置税，铁路、银行总行、保险总公司集中缴纳的营业税，企业所得税等
地税局系统	营业税，城建税（国税局征收的除外），企业所得税，个人所得税，资源税，城镇土地使用税，土地增值税，房产税，车船税，印花税等
地方财政部门	地方附加、耕地占用税
海关系统	关税，行李和邮递物品进口税，进口环节增值税和消费税

2）纳税主体。纳税主体即税收法律关系中负有纳税义务的当事人，包括法人、自然人和其他组织。对这种权利主体的确定，我国采取属地兼属人原则，即在华的外国企业、组织、外籍人、无国籍人等，凡在中国境内有所得来源的，都是我国税收法律关系的纳税主体。

（2）税收法律关系客体

税收法律关系客体是指税收法律关系主体双方的权利和义务所共同指向、影响和作用的客观对象。

（3）税收法律关系内容

税收法律关系内容是指税收法律关系主体所享受的权利和应承担的义务，这是税收法律关系中最实质的内容，也是税法的灵魂。它具体规定了税收法律关系主体可以有什么行为，不可以有什么行为，如果违反了税法的规定，应该如何处罚等，如表1.3所示。

表1.3 税收法律关系

三 方 面	内 容
1. 权利主体	（1）双主体 征税方：税务、海关、财政部门 纳税方：采用属地兼属人原则 （2）权利主体双方法律地位是平等的
2. 权利客体	征税对象
3. 税收法律关系的内容	征、纳双方各自享有的权利和承担的义务

练一练

下列各项中，可以成为税收法律关系主体的有（　　　）。

A. 税务部门

B. 在我国境内有所得的外国企业

C. 海关部门

D. 在我国境内有所得的外籍个人

答案：ABCD。

3. 税法的制定

参与税收立法和政策制定的机关有全国人民代表大会及其常务委员会，省、自治区、直辖市人民代表大会及其常务委员会，国务院，财政部，国家税务总局，国务院关税税则委员会，如表1.4所示。

表 1.4　税收的法律形式

分　类	立法机关	形　式	举　例
税收法律	全国人大及其常委会正式立法	三部法律	《企业所得税法》《个人所得税法》《税收征收管理法》
	全国人大及其常委会授权立法	五个暂行条例	《增值税暂行条例》《消费税暂行条例》《营业税暂行条例》等
税收法规	国务院——税收行政法规	条例、暂行条例、实施细则	《税收征收管理法实施细则》《房产税暂行条例》等
	地方人大（目前只有海南省、民族自治区）——税收地方法规		
税收规章	财政部、税务总局、海关总署——税收部门规章	办法、规则、规定	《税收代理试行办法》
	省级地方政府——税收地方规章		《房产税暂行条例实施细则》

1）全国人民代表大会是我国的最高权力机关，行使国家立法权，包括制定税收法律。

2）全国人民代表大会常务委员会是全国人民代表大会的常设机关，它不仅自己拥有税收立法权，而且还可以授权国务院公布有关税收条例。

3）国务院是国家最高权力机关的执行机关，是国家最高行政机关。

4）财政部是国务院负责国家财政收支、主管财政政策、实施财政监督、参与对国民经济进行宏观调控的职能部门。

5）国家税务总局负责组织实施税收征收管理体制改革，制定征收管理制度，监督检查税收法律法规、方针政策的贯彻执行。

6）关税税则委员会负责制定或者修订《进出口关税条例》、《海关进出口税则》的方针、政策、原则等。

1.3 税收制度

税收制度简称税制，是指一个国家在其税收管辖权范围内调整税收分配的过程中，形成的权利与义务关系的法律规范的总称，包括税收法律、法规和各类税务规章，是政府依法向纳税人征税的法律依据和工作准则。不同国家或地区以及同一国家和地区在不同历史时期，税收制度都是不相同的。

1.3.1 税种的分类

随着经济的发展，税收制度变得愈加复杂，如何对税种进行科学分类，成为税收制度研究的重要前提。对税种的分类有多种方法，主要有按课税对象性质、经济性质及其转嫁归宿状况分类。

（1）按征税对象的性质不同分类

流转税、所得税仍为 2008 年我国税收的主要增收税种（图 1.5）。其中，增值税收入 17 996.9 亿元，增长 16.3%，占税收收入总增收额的 29.4%。企业所得税增长 27.3%，占增收总额的 27.8%。进口环节税收增长 20.1%，占增收总额的 14.4%。营业税增长 15.9%，占增收总额的 12.1%。上述四种增收为税收增收总额贡献了 84 个百分点左右。

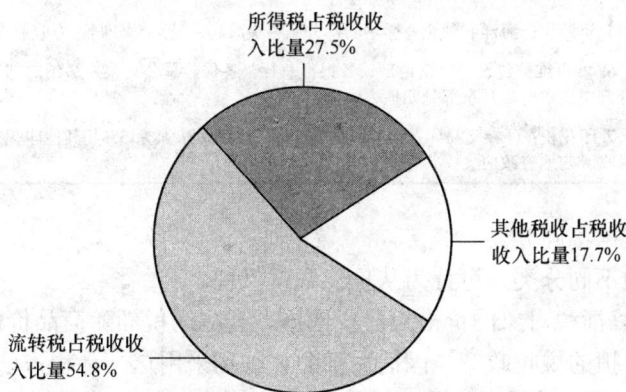

图 1.5　2008 年我国税收收入构成

按征税对象的性质不同，可分为流转税类、所得税类、资源税类、财产税类、行为税类五大类型。

1）流转税类：如增值税、消费税，营业税、关税等。流转税是我国税制体系中的主体税种，其中又以增值税为主。

2）所得税类：如企业所得税、外商投资企业和外国企业所得税、个人所得税等。

3）资源税类：如资源税等。

4）财产税类：如房产税、契税等。

5）行为税类：如城市维护建设税、印花税、车辆购置税、车船税、船舶吨税、屠宰税等。

（2）**按管理和使用权限不同分类**

按管理和使用权限的不同，可分为中央税、地方税和中央地方共享税（见表1.5）。

1）**中央税**：属于中央政府的财政收入，由国家税务局负责征收管理，如关税和消费税。

2）**地方税**：属于地方各级政府的财政收入，由地方税务局负责征收管理，如城镇土地使用税、契税、营业税等。

3）**中央地方共享税**：属于中央政府和地方政府财政的共同收入，由中央、地方政府按一定的比例分享税收收入，目前由国家税务局负责征收管理，如增值税。

表1.5　中央、地方共享税收入

中央政府固定收入	中央、地方共享（税收入）	地方政府固定收入
1. 消费税（含进口环节海关代征的部分） 2. 车辆购置税、关税 3. 海关代征的进口环节的增值税	1. 增值税（不含进口环节由海关代征的部分）：中央政府分享75%，地方政府分享25% 2. 营业税：铁道部、各银行总行、各保险总公司集中缴纳的部分归中央政府，其余归地方政府 3. 企业所得税：铁道部、各银行总行及海洋石油企业缴纳的部分归中央政府，其余部分中央与地方按照60%与40%的比例分享 4. 个人所得税：除储蓄存款利息所得的个人所得税归中央政府外，其余部分的分享比例和企业所得税相同 5. 资源税：海洋石油企业缴纳的部分归中央政府，其余部分归地方政府 6. 城市维护建设税：铁道部、各银行总行、各保险总公司集中缴纳的部分归中央政府，其余部分归地方政府 7. 印花税：证券交易印花税收入的97%归中央政府，其余3%和其他印花税收入归地方政府	1. 城镇土地使用税 2. 耕地占用税 3. 土地增值税 4. 房产税 5. 城市房地产税 6. 车船税 7. 契税 8. 烟叶税

（3）**按计税依据不同分类**

按计税依据的不同分类，可分为从价税和从量税。

1）从价税是以征税对象的价格为计税依据，其应纳税额随商品价格的变化而变化，能充分体现合理负担的税收政策，因而大部分税种均采用这一计税方法，如增值税。

2）从量税是以征税对象的数量、重量、体积等作为计税依据，其课税数额与征税对象数量相关，而与价格无关。

（4）**按税负能否转嫁分类**

按税负能否转嫁，可分为直接税和间接税。

1）直接税是指由纳税人直接负担，不宜转嫁的税种，如所得税、财产税等。

2）间接税是指纳税人能将税负转嫁给他人负担的税种，一般情况下各种商品的课税均属于间接税。

想一想

个人所得税是直接税还是间接税？

（5）按税法的作用的不同分类

按税法的作用将税法分为税收实体法和税收程序法两类。

税收实体法是指确定的税种立法，具体规定了税种的征收对象、征收范围、税目、税率、纳税地点等内容。例如，《个人所得税法》就属于税收实体法。

税收程序法是指税务管理方面的法律，具体规定了税收征收管理、纳税程序、发票管理、税务争议处理等内容。例如，《税收征管法》就属于税收程序法。

1.3.2 税法要素

要素，是指构成事物的必要因素，这里所说的税法要素是指税收实体法要素。税收实体法主要由如下基本要素构成。

1. 征税人

征税人是指代表国家行使征税职权的各级税务机关和其他征收机关。因税种的不同，征税人也可能不同。我国的单项税法中都有有关征税人的规定。如增值税的征税人是税务机关，关税的征税人是海关，耕地占用税的征税人是财政部门。

想一想

图 1.6 所示的画面说明了什么问题？

图 1.6 诚信名片

2. 纳税义务人

纳税义务人简称纳税人，是指依法直接负有纳税义务的自然人、法人和其他组织。如营业税的纳税人是在中国境内提供规定的劳务、转让无形资产或销售不动产的单位和个人，而资源税的纳税人是在我国境内开采规定的矿产品或者生产盐的单位和个人。

与纳税人相联系的另一个概念是扣缴义务人。扣缴义务人是税法规定的，在其经营活动中负有代扣税款并向国库缴纳义务的单位。扣缴义务人必须按照税法规定代扣税款，并在规定期限内将税款缴入国库。

3. 征税对象

征税对象又称课税对象，是纳税的客体，在实际工作中也笼统称之为征税范围。它是指税收法律关系中权利与义务所指向的对象，即对什么征税，征税对象包括物或行为。不同的征税对象又是区别不同税种的重要标志。

我国现行的实体税收法规中，都分别规定了征税对象。如营业税的征税对象是提供的劳务和销售不动产等，资源税的征税对象是原油、天然气、煤炭、其他非金属矿原矿、有色金属原矿和盐等。

4. 税目

税目是税法中具体规定应当征税的项目，是征税对象的具体化。规定税目的目的有两个：一是为了明确征税的具体范围；二是为了对不同的征税税目加以区分，从而制定高低不同的税率。如表 1.6 所示。

5. 税率

税率是指应纳税额与计税金额（或数量单位）之间的比例，它是计算税额的尺度。其中，计税金额是指征税对象的数量乘以计税价格的数额。税率的高低直接体现国家的政策要求，直接关系到国家财政收入的多少和纳税人的负担程度，是税收法律制度中的核心要素，如表 1.6 所示。

表 1.6　营业税税目、税率

税　目	征收范围	税　率
一、交通运输业	陆路运输、水路运输、航空运输、管道运输、装卸搬运	3%
二、建筑业	建筑、安装、修缮、装饰及其他工程作业	3%
三、金融保险业	金融、保险	5%
四、邮电通信业	邮政、电信	3%
五、文化体育业	文化业、体育业	3%
六、娱乐业	歌厅、舞厅、卡拉OK歌舞厅、音乐茶座、台球、高尔夫球、保龄球、游艺	5%～20%
七、服务业	代理业、旅店业、饮食业、旅游业、仓储业、租赁业、广告业及其他服务业	5%
八、转让无形资产	转让土地使用权、专利权、非专利技术、商标权、著作权、商誉	5%
九、销售不动产	销售建筑物及其他土地附着物	5%

税率有名义税率与实际税率之分。名义税率是指税法规定的税率，是应纳税额与计税金额（或数量单位）的比例；实际税率是实际缴纳税额与实际计税金额（或数量单位）的比例。在实际征税时，由于计税依据等要素的变动和减免税等原因，名义税率与实际税率可能不一致。

我国现行税法规定的税率有以下几种。

（1）比例税率

比例税率是指对同一征税对象，不论其数额大小，均按同一个比例征税的税率。税率本身是应纳税额与计税金额之间的比例。

（2）累进税率

累进税率是根据征税对象数额的大小，规定不同等级的税率，即征税对象数额越大，税率越高。累进税率又分为全额累进税率、超额累进税率、超率累进税率和超倍累进税率四种。

1）全额累进税率是按征税对象金额的多少划分为若干等级，并按其达到的不同等级规定不同的税率。征税对象的金额达到哪一个等级，则按相应的税率征税。

2）超额累进税率是将征税对象的数额划分为不同的部分，对不同的部分规定不同的税率，对每个等级分别计算税额。如《个人所得税法》中，将工资、薪金所得划分为九个等级，并规定了 5%～45%的九级超额累进税率。

3）超率累进税率是按征税对象的数额的某种比例来划分不同的部分，对不同部分分别规定相应的税率。如土地增值税，按土地增值额和扣除项目金额的比例的不同规定了四级超率累进税率。

4）超倍累进税率是以征税对象数额相当于计税基数的倍数为累进依据，按照超累方式计算应纳税额的税率。

我国现行税制中的各种税率形式如图 1.7 所示。

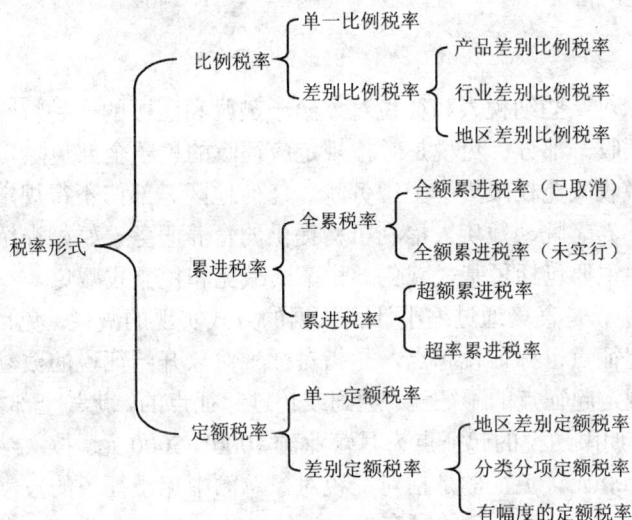

```
                      ┌── 单一比例税率                    ┌── 产品差别比例税率
          ┌ 比例税率 ─┤                                  │
          │           └── 差别比例税率 ──────────────────┤── 行业差别比例税率
          │                                               │
          │                                               └── 地区差别比例税率
          │
          │                              ┌── 全额累进税率（已取消）
          │           ┌── 全累税率 ──────┤
          │           │                  └── 全额累进税率（未实行）
税率形式 ─┤ 累进税率 ─┤
          │           │                  ┌── 超额累进税率
          │           └── 累进税率 ──────┤
          │                              └── 超率累进税率
          │
          │           ┌── 单一定额税率                    ┌── 地区差别定额税率
          └ 定额税率 ─┤                                  │
                      └── 差别定额税率 ──────────────────┤── 分类分项定额税率
                                                          │
                                                          └── 有幅度的定额税率
```

图 1.7 我国现行税制中的各种税率形式

（3）定额税率

定额税率又称固定税率，是指按征税对象的一定单位直接规定固定的税额，而不采取百分比的形式。如《中华人民共和国消费税暂行条例》中规定，无铅汽油每升的税额为 0.2 元，柴油每升的税额为 0.1 元。

6. 计税依据

计税依据是指计算应纳税额的依据或标准,即依据什么来计算纳税人应缴纳的税额。一般有两种:一是从价计征,二是以征税对象的重量、体积、数量为计税依据。

7. 纳税环节

商品流转过程中,包括工业生产、农业生产、货物进出口、农产品采购或发运、商业批发、商业零售等在内的各个过程,具体确定应当缴纳税款的环节,就是纳税环节。如现行的增值税实行多次课征制,从商品生产环节到商业零售环节,每一个环节都要就其增值额部分纳税。

8. 纳税期限

纳税期限是指纳税人的纳税义务发生后应依法缴纳税款的期限。

1)纳税义务发生时间:是指应税行为发生的时间。

2)纳税期限:指每隔固定时间汇总一次纳税义务的时间。纳税人的具体纳税期限由主管税务机关根据纳税人应纳税额的大小分别核定,不能按照固定期限纳税的,可以按次纳税。

3)缴库期限:指税法规定的纳税期满后,纳税人将应纳税款缴入国库的期限。

9. 减免税

减免税是国家对某些纳税人和征税对象给予鼓励和照顾的一种特殊规定。减税是指对应征税款减少征收一部分。免税是对按规定应征收的税款全部免除。

我国现行的税收减免权限集中于国务院。任何地区、部门不得规定减免税项目。如托儿所、幼儿园、养老院、残疾人福利机构提供的育养服务,婚姻介绍、殡葬服务,免征营业税。减免税主要包括税基式减免、税率式减免和税额式减免。

1)税基式减免,是直接通过缩小计税依据的方式实现的减税、免税,具体包括起征点、免征额等。起征点也称征税起点,是指对征税对象开始征税的数额界限。征税对象的数额没有达到规定起征点的不征税;达到或超过起征点的,就其全部数额征税,如《税法》规定营业税按期限纳税的起征点为月营业额 1000~5000 元。按次纳税的起征点为每次(日)营业额 100 元。免征额是指对征税对象总额中免于征税的数额即将纳税对象中的一部分给予减免,只就减除后的剩余部分计征税款。

2)税率式减免,是指通过直接降低税率的方式实现的减税、免税。如增值税的农牧业产品低税率、一般出口商品零税率等。

3)税额式减免,是指通过直接减少应纳税额的方式实现的减税、免税。包括全部免征、减半征收、核定减免率等。

小资料

刘伯温夜写奏章减田赋

据说,刘伯温辅佐朱元璋完成帝业,建立明朝后,回到家乡青田察访民情。当他来到水南岭时,看到几个衙役正押着一个相貌忠厚的农民走过,刘伯温问旁边的农民:"他犯了什么罪?"这个农民唱起山歌来回答:"三年大旱三年灾,百家种田百家哀;缸无粒米怎完税?官吏日日捕人来。"刘伯温经调查当地确遭三年大旱而田赋未减时,决心请求洪武帝给青田百姓减免田赋。于是,他在岭头村子住下,连夜写奏章,一直到天亮才写好。

洪武帝朱元璋上朝后,从太监手里接过刘伯温的奏章,边看边念:"青田,青田,叠石成田。田无水,民无粮,赋粮减半、减半再减半……"这时,只见刘伯温从容地跨出一步,跪下磕头说:"谢主隆恩!"朱元璋这才恍然大悟,中了刘伯温的计,可是君无戏言,就只好同意减掉青田部分田赋。据说青田人们感激刘伯温的恩情,为纪念他,就把他通宵达旦写奏章的村子,取名为"章旦"。

练一练

1)判断:起征点是指征税对象达到一定数额才开始征税的界限,征税对象的数额达到规定数额的,只对其超过起征点部分的数额征税。(   )

答案:×

2)李明准备毕业后开一家服装店,请为李明上网查找有哪些优惠政策。

10. 法律责任

法律责任是指对违反国家税法规定的行为人采取的处罚措施。一般包括违法行为和因违法而应承担的法律责任两部分内容。这里的违法行为是指违反《税法》规定的行为,包括作为和不作为。这里的法律责任包括行政责任和刑事责任。纳税人和税务人员违反《税法》规定,都将依法承担法律责任。

(1)偷税(逃税)

小资料

2001年11月我国一举破获了厦门特大走私案,涉案人员600余人,从1996年到1999年上半年仅三年多的时间里,赖昌星走私犯罪集团及其他犯罪分子在厦门关区走私的商品价值高达530亿元,偷逃税款人民币300亿元,他们都依法受到了严惩。

偷税也称为逃税,是纳税人有意违反《税法》规定,用欺骗、隐瞒等方式不缴或少缴应纳税款的行为。例如,仿造、涂改、销毁账簿和票据,少报应税项目、销售收入及经营利润等。

漏税是指由于不了解税法和其他规定而少缴、未缴税款的行为。显然它与偷(逃)税的主要区别是故意还是无意,但客观上都造成了国家财政收入的减少。

（2）欠税

小资料

1999 年 8 月，山东省青岛市崂山地税局发现某合资企业三名韩籍人员少报境内收入，偷逃个人所得税的违法事实，并按法定程序向三个人下属有关法律文书，责令其补交个人所得税。但三名韩籍人员态度蛮横，拒不交税。2000 年 1 月 15 日，其中一名韩籍人员准备离境，当即被我边防检查站阻留。这名韩籍人员于 1 月 16 日，与其他两人缴纳了税款及罚款后，才被获准离境。这是山东省实施新税制以来首次执行的阻止欠税外籍人员出境的税收保全措施。三名韩籍人员的行为就是欠税行为。

欠税即拖欠税款，简单地说就是纳税人知道纳税期限而没有按时纳税的行为。欠税行为同样要受到处罚，三名韩籍人员出境被阻，追缴税款并处以罚款，正是依法处罚的表现，从而维护了中国税法的尊严。其实，不论是中国人还是外国人，只要是符合我国《税法》规定的纳税人，违背了法律，就要受到法律的制裁。

（3）骗税

骗税是纳税人用欺骗手段获得国家税收优惠的行为。骗税集中表现在用欺骗的手段获得国家出口退税。

对出口商品实行出口退税，是国际通行的一项鼓励外贸出口的重要政策。我国从 1985 年实行这一政策。由于利益的驱使，骗取出口退税的违法犯罪活动趋于猖獗，而且往往是骗税者与税务部门内掌权的人相互勾结而共同犯罪，骗税数额巨大。为此，国务院召开会议，分析形势，部署工作，并强调指出，要像打击走私骗汇一样，再出重拳，严厉打击骗取出口退税的违法犯罪活动。

这些人采用的做法是通过虚列出口货物数量，虚报出口货物价格，涂改、仿造出口退税凭证等手段，来达到骗取国家出口退税的目的。除此之外，还有虚报自然灾害，骗取税收减免等骗税行为。

想一想

偷税和骗税都采用的是欺骗行为，二者究竟有什么区别呢？

（4）抗税

小资料

宝日公司先偷税后抗税，1997 年 4 月 9 日，深圳税务局作出依法扣押宝日公司部分财产的决定，并从该公司账户上强行划转 1400 万元作为税款。4 月 10 日，扣押宝日公司各类汽车 10 部。7 月 9 日，又查封宝日公司 200 万平方米土地使用权及土地上的附着物和附属设施，并要求该公司在 15 日内清缴欠款，否则将依法拍卖扣压物。后终因宝日公司没有履行承诺,使得被扣押的地产被拍卖,所得 2.6 亿元中的 1.2 亿元用于清缴欠款。至此,深圳"宝日税案"告一段落。

抗税是纳税人公然抗拒《税法》规定的违法行为。拒不执行税法规定、不缴纳税款、拒绝税务机关依法进行纳税检查、围攻税务机关和殴打税务干部等都是抗税的具体表现。抗税同样要受到法律的制裁。

以上就是违反税法的四种行为,我们应把握它们的特点,在实践中加以区分。同时要认识到这些行为都会给国家造成巨大的经济损失,都违反了法律,损害了法律的尊严。所以,无论任何人,藐视和对抗国家的法律,必然受到法律的制裁。我们一定要做一个自觉守法的好公民。

小资料

当代明星偷税面面观

缘何偷税漏税——明星的侥幸心理

虽然大家都知道偷税漏税是违法的事情,但为什么在娱乐圈偷税漏税的问题仍然比较普遍呢?有关人士表示,其实这是因为很多明星并没有重视这个问题,而是一味享受着明星"特权",正是这种特权给明星壮了胆,使他们心存侥幸,总是觉得很多偷税漏税的方式和手段不被人知,而且到目前为止似乎因为税务问题事发的并不多。

偷税漏税的帮凶——经纪人以及各种社会关系

其实在关注明星偷税漏税的同时,还需要关注的是到底是谁做了明星偷税漏税的帮凶。首先可以肯定的是,一些明星的经纪人无形中充当了这样的角色,因为很多费用往来其实是经纪人在中间经手,那么这些经纪人大部分都知道自己的"主人"是不是偷税漏税。如果他们明知不报,或者是从中分取利益,这样的行为自然可以视为偷税漏税的帮凶。而另外一些为明星提供屏障的社会人物,在明星的偷税漏税中似乎都扮演了一种不光彩的角色。

走穴——明星偷税漏税的重要方式

明星 A 因为税务问题被媒体曝光后,在娱乐圈似乎有了这样一个概念非常清楚的词语——走穴。除了一些大牌明星在走穴,还有很多名气小一些的明星,他们似乎更会利用这样的方式偷税漏税,因为他们没有像大牌明星那样受到广泛关注。一名摇滚歌手的经纪人告诉记者,确实在一些歌手中存在能够少纳税就少缴纳的想法。

收入不入账——明星偷税漏税的重要手段

明星们偷税漏税,收入不入账是一个重要的手段。记者了解到,其实很多明星除了用自己的名字建账以外,还会用其他名字设置账户,这样在税务部门查收入的时候似乎很难查出明星真正的财产规模,而他们在要求剧组或者演出单位给钱的时候,往往用的是现金,这样就不会有入账的记录,而且他们在和剧组或者演出单位结账的时候,往往在发票等问题上刻意回避,因此像刘晓庆等一些明星在偷税漏税过程中,不入账已经被当作屡试不爽的法宝。

不明礼物——明星偷税漏税的另外一个途径

除了用走穴以及演出收入不入账等方式偷税漏税以外,记者还从圈内人士中了解到,其实明星还有一个重要的收入往往被大家忽视，那就是社会各界送的礼物，而这些礼物包括房子等各种各样的高档物品。在明星 B 到宁波的一次演出中，据说拿到的珠宝就价值 16 万，而且据说她还曾经收到了包括别墅在内的礼物，这些礼物，到底要不要纳税？这些方面是很难被大家发现的，因此也成了明星"发财"的一个重要途径。

练一练

分正、反两方议一议，我国偷税现象严重，最大的根本问题是我国执法不严，还是公民的纳税意识淡薄？并请你就如何有效制约偷税现象提出相关建议。

1.4　纳税人应缴纳的主要税费及分布

现阶段，我国主要有如下税种：增值税、消费税、营业税、资源税、企业所得税、个人所得税、印花税、土地增值税、城镇土地使用税、房产税、车辆购置税、车船税、城市维护建设税、城市房地产税、耕地占用税、契税、关税、船舶吨税、烟叶税等。2003～2007 年及 2008 年全国税收收入见图 1.8 和图 1.9。

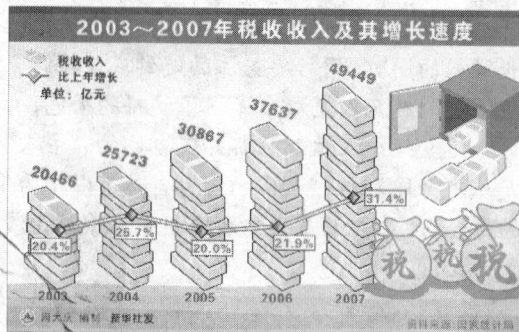

图 1.8　2003～2007 年全国税收收入

图 1.9　2008 年全国税收收入

我国现行主要税费在纳税人各环节的分布，如表 1.7 所示。

表 1.7　我国现行主要税费在纳税人各环节的分布

税　费	投资创建	生产经营					终止清算
		购进	生产	销售	费用结算	利润结算	
印花税	●	●	●	●	●		
耕地占用税	●						
土地使用税	●				●		
房产税	●				●		
车船使用税	●				●		
关税		●		●			
消费税		●	●	●			●
增值税		●		●			●
车辆购置税		●					
契税	●						
营业税				●			●
城市维护建设税				●			●
教育费附加				●			●
土地增值税				●			
资源税				●			
企业所得税						●	●
个人所得税						●	

（资料来源：杨博. 2004. 纳税模拟. 北京：中国人民大学出版社）

（1）投资创建环节应纳税费

应纳税费主要是印花税、耕地占用税、土地使用税、房产税、车船使用税等。

（2）购销生产环节应纳税费

1）购进环节应纳税费：主要是关税、消费税、增值税、车辆购置税（有）、契税、印花税等。

2）生产环节应纳税费：主要是消费税、印花税等。

3）销售环节应纳税费：主要是营业税、城市维护建设税、教育费附加、土地增值税、资源税、增值税、消费税、关税、印花税等。

（3）费用结算环节应纳税费

应纳税费主要是印花税、土地使用税、房产税、车船使用税等。

（4）利润结算环节应纳税费

应纳税费主要是企业所得税、个人所得税等。

（5）终止清算环节应纳税费

应纳税费主要是增值税、消费税、营业税、城市维护建设税、教育费附加、企业所得税等。

练 习 题

一、简答题

1. 什么是税收？如何理解税收的特征？税收起源于什么社会？是伴随什么而产生的？

2. 什么是税法？它与税收在概念上有何区别？

3. 税种有哪些分类方式？试将我国现行税收制度中的税种按不同的分类方式进行分类。

4. 税法要素有哪些？以增值税法律制度为例，列举出其中的税法要素。

5. 我国现行税收体系中规定了哪些税率？具体是什么？

二、单项选择题

1. 下列各项中，不属于税收特征的是（   ）。
   A. 强制性　　　　 B. 灵活性　　　　 C. 无偿性　　　　 D. 固定性

2. 下列各项中，有权制定税收法律的机关是（   ）。
   A. 全国人民代表大会　　　　　　 B. 地方人民代表大会常务委员会
   C. 国务院　　　　　　　　　　　 D. 财政部

3. 下列各项中属于税收程序法的是（   ）。
   A. 《消费税暂行条例》　　　　　　 B. 《个人所得税法》
   C. 《税收征收管理法》　　　　　　 D. 《土地增值税暂行条例》

4. 下列税种中，属于流转税类的税种是（   ）。
   A. 增值税　　　 B. 印花税　　　 C. 个人所得税　　　 D. 资源税

5. 按照税负能否转嫁划分，下列不属于直接税的是（   ）。
   A. 遗产税　　　 B. 个人所得税　　　 C. 营业税　　　 D. 企业所得税

6. 按照税收管理和使用权限分类，可以将我国税种分为中央税、地方税和中央地方共享税。下列各项中，属于中央税的税种是（   ）。
   A. 增值税　　　 B. 消费税　　　 C. 营业税　　　 D. 土地增值税

7. 区别不同类型税种的主要标志是（   ）。
   A. 税率　　　 B. 纳税人　　　 C. 征税对象　　　 D. 纳税期限

8. 我国《个人所得税法》的个体工商户经营所得，按照课税对象数额大小划分若干等级，并规定相应的税率，对每个级次分别计算税额。这种税率属于（   ）。
   A. 超倍累进税率　　　　　　　　 B. 超额累进税率
   C. 全额累进税率　　　　　　　　 D. 超率累进税率

9. 在我国现行的下列税种中，适用超率累进税率的是（   ）。

　　　A．增值税　　　B．消费税　　　C．土地增值税　　　D．城市维护建设税

10．"高收入者多纳税、低收入者少纳税"是（　　）的显著特点。

　　　A．增值税　　　B．消费税　　　C．营业税　　　D．个人所得税

11．代表征税广度的是（　　）。

　　　A．税目　　　　B．税源　　　　C．税率　　　　D．纳税人

12．《中华人民共和国增值税暂行条例》属于（　　）。

　　　A．税收法律　　B．税收法规　　C．税收规章　　D．行政文件

三、多项选择题

1．我国税收法律关系中，不属于征税主体的有（　　）。

　　　A．国家税务机关　　　　B．税务师事务所　　　C．海关

　　　D．地方税务机关　　　　E．税务稽查局

2．根据我国《宪法》及有关法律的规定，有权参与税收立法和政策制定的机关有

（　　）。

　　　A．财政部　　　B．国务院　　　C．国家税务总局　　　D．工商局

3．下列属于流转税的有（　　）。

　　　A．增值税　　　B．土地增值税　　C．契税　　　　D．消费税

4．问鼎煤炭有限公司 2008 年度缴纳的下列税种中，属于国家税务局征收的有

（　　）。

　　　A．消费税　　　B．房产税　　　C．印花税　　　D．增值税

5．下列税法构成要素中，属于税法三个最基本要素的有（　　）。

　　　A．征税人　　　B．税率　　　C．征税对象　　　D．减免税

6．下列税种中，采用比例税率的有（　　）。

　　　A．企业所得税　B．个人所得税　C．增值税　　　D．营业税

7．我国目前采用的累进税率有（　　）。

　　　A．全额累进税率　　　　　　　B．超额累进税率

　　　C．超率累进税率　　　　　　　D．超倍累进税率

四、判断题

1．税收法律关系的权利主体是指代表国家行使征税职责的税务机关或者财政机关。　　　　　　　　　　　　　　　　　　　　　　　　　　　　　　（　　）

2．我国对纳税主体的确定，采取属地兼属人原则，即在华的外国企业、组织、外籍人、无国籍人等，凡在中国境内、境外取得的所得，都应在我国纳税。（　　）

3．增值税、消费税、营业税和关税都属于流转税，也都属于中央与地方共享税。

　　　　　　　　　　　　　　　　　　　　　　　　　　　　　　　　（　　）

4．直接税就是由纳税人直接缴纳的税，间接税就是由其他单位和个人代为缴纳的税。　　　　　　　　　　　　　　　　　　　　　　　　　　　　　（　　）

5．计算应纳税额的依据或标准，称为征税对象（又称课税对象）。　　　（　　）

6．计税依据是征税的具体根据，规定了征税对象的具体范围。　　　　（　　）

7．课税对象的数额没有达到规定起征点的不征税，达到或者超过起征点的，就其超过的部分征税。　　　　　　　　　　　　　　　　　　　　　　　　（　　）

8．流转税在生产经营及销售环节征收，不受成本费用变化的影响，但对价格变化较为敏感。　　　　　　　　　　　　　　　　　　　　　　　　　　　　（　　）

五、分析题

观察图 1.10，它反映了什么问题？（提示：效益好，为国家缴纳税收应越多）

图 1.10　效益不好哇

第2章 纳税人纳税实务操作的基本工作

学习向导

知识目标

了解企业税务登记、纳税申报、发票管理和税款缴纳的相关流程,掌握税务登记的种类、时间要求、需提供的相关资料、税务登记证的作用,发票的种类、特点、开具的要求,税款缴纳的程序、方式。

能力目标

理解税务工作岗位的重要性,做好企业的税务工作。会辨识真假发票,初步填制各类税务表格,按时办理各项企业的涉税业务。

情感目标

按时纳税。

识记

税收征管法、一般纳税人、小规模纳税人、税务登记、发票、增值税专用发票、普通发票。

案例导入

税务机关是如何知道问鼎煤炭开采有限公司成立的，又怎么能够对该企业进行征税管理呢？

2.1 税务登记管理

2.1.1 税收征收管理法简介

我国的税收管理是依据《税收征管法》进行的。《税收征管法》是税收执法部门和纳税人共同遵守的税收征收管理法律规范的总称，其主要内容包括税务管理、税款征收、税务检查、法律责任。

1992 年第七届全国人民代表大会常务委员会通过《中华人民共和国税收征收管理法》，并于 1993 年 1 月 1 日起施行，我国税收的征收管理工作进入了法制化的轨道。2001 年 4 月 28 日第九届全国人民代表大会常务委员会通过了修订后的新《税收征管法》，并于 2001 年 5 月 1 日起施行。

《税收征管法》及《税收征管法实施细则》的修订吸收了我国多年来税收征管工作的经验，借鉴了国际有益的做法，密切结合我国的实际，以"完善和稳定税制，加强税收征管"的税收工作总方针为指导，贯彻"加强征管、堵塞漏洞、惩治腐败、清缴欠税"的精神。

国务院税务主管部门主管全国的税收征收管理工作，各地国家税务局和地方税务局在各自职权范围内进行征收管理。

2.1.2 税务登记的含义及种类

税务登记（图 2.1），又称"纳税登记"，是指税务机关对纳税人的生产、经营等基本情况进行登记并据此对纳税人实施税务管理的一项基本制度。

图 2.1 税务登记

根据《税务登记管理办法》的规定，凡法律、法规规定的应税收入、应税财产或应税行为的各类纳税人，均应当办理税务登记；扣缴义务人应当在发生扣缴义务时，到税务机关申报登记，领取扣缴税款凭证。

税务登记包括开业登记，变更登记，停业、复业登记，注销登记，外出经营报验登记等。税务登记的种类如图 2.2 与表 2.1 所示。

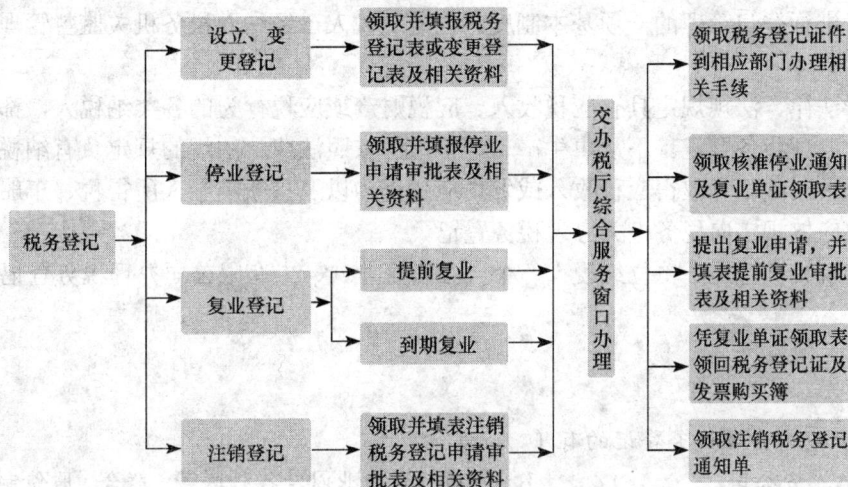

图 2.2　税务登记分类流程

表 2.1　税务登记分类注意事项

税务登记种类		纳税人情况	登记时限	受理的税务机关
开业税务登记		领取营业执照的从事生产经营活动的纳税人	自领取营业执照之日起 30 日内	所在地主管税务机关
		其他纳税人	自纳税义务发生之日起 30 日内	
变更税务登记和注销税务登记	变更税务登记	需在工商管理部门办理变更	在工商部门办理变更登记之日起 30 日内	原税务登记机关
		不需在工商管理部门办理变更	自发生变化之日内	
	注销税务登记	停业，破产，解散、撤销以及依法应当终止履行义务的	申报办理注销工商登记前先申报办理注销税务登记	原税务登记机关
		因住所、生产经营场所变动而涉及改变主管登记机关	先向原登记机关办理注销登记，再向迁达地税务机关申报办理开业税务登记	原登记机关和迁达地税务机关
		不需在工商行政管理机关注销登记	有关部门批准或宣告终止之日起 15 日内	原税务登记机关
		被吊销营业执照	自被吊销营业执照之日起 15 日内	
停业、复业登记		实行定期定额征收方式的纳税人，在营业执照核准的经营期限内需要停业的，应办理停业登记。纳税人应当于恢复生产、经营之前，向税务机关提出复业登记申请		主管税务机关
外出经营报验登记		从事生产经营的纳税人外出经营	在外出生产经营以前，《外管证》有效期 30 日，最长不超过 180 日	生产、经营所在地税务机关

2.1.3　开业登记

纳税人应当自领取营业执照之日起或依照法律、行政法规的规定成为法定纳税义务人之日起 30 日内，持有关证件，向主管税务机关申报办理开业税务登记。

1. 业务概述

税务登记是整个税收征收管理的首要环节，是税务机关对纳税人的基本情况及生产经营项目进行登记管理的一项基本制度，也是纳税人已经纳入税务机关监督管理的一项证明。

根据法律、法规规定具有应税收入、应税财产或应税行为的各类纳税人，都应依照有关规定办理税务登记。不从事生产、经营，但依照法律、法规的规定负有纳税义务的单位和个人，除临时取得应税收入或发生应税行为以及只缴纳个人所得税、车船使用税的外，都应按规定向税务机关办理税务登记。

本涉税事项适用于单位纳税人、个人独资企业、一人有限公司办理税务登记。

1）以下需办理税务登记的有（　　　）。

　A. 分公司　　　　　　　B. 外商独资企业以及各种联营、联合、股份制企业等

　C. 驻外地的产品经销处　D. 个体工商户　　E. 学校附设的校办工厂

答案：ABCDE。

2）张琴中专毕业后准备自主创业，创办一人有限公司，请问其办理设立税务登记时，是按个体工商户办理还是按公司办理？

答：个人独资企业、一人有限公司，应按照单位纳税人办理税务登记，不得按个体工商户办理税务登记。颁发税务登记证后，纳税人在银行开户时，开户银行必须按税务登记证副本登录新的账号，对原有账号暂不作登录要求，但纳税人必须向税务机关报告。

2. 法律依据

法律依据有《中华人民共和国税收征收管理法》、《中华人民共和国税收征收管理法实施细则》、《税务登记管理办法》、《国家税务总局关于换发税务登记证件的通知》、《汽油、柴油消费税管理办法（试行）》。

3. 纳税人应提供主表

纳税人应提供的主表包括《税务登记表（适用单位纳税人）》、《房屋、土地、车船情况登记表》等，如表2.2和表2.3所示。

4. 纳税人应提供资料

1）工商营业执照或其他核准执业证件原件及复印件。

2）注册地址及生产、经营地址证明（产权证、租赁协议）原件及其复印件。如为自有房产，请提供产权证或买卖契约等合法的产权证明原件及其复印件；如为租赁的场所，请提供租赁协议原件及其复印件，出租人为自然人的还须提供产权证明的复印件；如生产、经营地址与注册地址不一致，分别提供相应的证明。

表2.2　税务登记表

（适用单位纳税人）

填表日期：

纳税人名称称		纳税人识别号			
登记注册类型		批准设立机关			
组织机构代码		批准设立证明或文件号			
开业（设立）日期		生产经营期限	证照名称		证照号码
注册地址		邮政编码		联系电话	
生产经营地址		邮政编码		联系电话	
核算方式	请选择对应项目打"√" □ 独立核算　□ 非独立核算			从业人数 ＿＿＿ 其中外籍人数＿＿＿	
单位性质	请选择对应项目打"√" □ 企业 □　　事业单位　　□ 社会团体□ 民办非企业单位 □ 其他				
网站网址		国标行业	□ □ □ □ □ □ □		
适用会计制度	请选择对应项目打"√" □ 企业会计制度　□ 小企业会计制度　□ 金融企业会计制度　□ 行政事业单位会计制度				
经营范围	请将法定代表人（负责人）身份证件复印件粘贴在此处				

内容　　项目　　联系人	姓　名	身份证件		固定电话	移动电话	电子邮箱
		种类	号码			
法定代表人（负责人）						
财务负责人						
办税人						

税务代理人名称	纳税人识别号		联系电话		电子邮箱	

注册资本或投资总额	币种	金额	币种	金额	币种	金额

投资方名称	投资方经济性质	投资比例	证件种类	证件号码	国籍或地址

自然人投资比例		外资投资比例		国有投资比例	
分支机构名称		注册地址		纳税人识别号	

总机构名称		纳税人识别号	
注册地址		经营范围	
法定代表人姓名		联系电话	注册地址邮政编码

代扣代缴代收代缴税款业务情况	代扣代缴、代收代缴税款业务内容	代扣代缴、代收代缴税种

附报资料：

经办人签章： 年　月　日	法定代表人（负责人）签章： 年　月　日	纳税人公章： 年　月　日

以下由税务机关填写：

纳税人所处街乡			隶属关系	
国税主管税务局		国税主管税务所（科）	是否属于国税、地税共管户	
地税主管税务局		地税主管税务所（科）		

经办人（签章）： 受理日期： 　年　月　日	国家税务登记机关 （税务登记专用章）： 核准日期： 　年　月　日 国税主管税务机关：

国税核发《税务登记证副本》数量：　本　发证日期：　年　月　日

表 2.3　房屋、土地、车船情况登记表

登记类型：初始登记□　变更登记□

填表日期：　　年　　月　　日

纳税人名称：　　　　　　　　　　纳税人识别号：　　　　　　　　　单位：元、平方米

自用房屋	产权证书号	房屋坐落	房产原值	应税原值	年应纳税额	备注
	小　计					

出租房屋	产权证书号	房屋坐落	年租金收入	年应纳税额	备注	
	小　计					

合　计	年应纳税额：					

承租房屋	出租人名称	证件号码	承租房屋坐落	年租金	备注

自用土地	土地证书号	土地坐落	土地面积	其中应税面积	其中免税面积	每平方米税额	年应纳税额
	小　计						

出租土地	土地证书号	土地坐落	土地面积	其中应税面积	其中免税面积	每平方米税额	年应纳税额
	小　计						

合　计	年应纳税额：						

承租土地	出租人名称	出租人证件号码	承租土地坐落	土地面积

车辆情况	车辆牌照号	核定载客量/载质量	车辆类型	年应纳税额	备注
	合　计	年应纳税额：			

船舶情况	船舶牌号	净吨位/载重吨位	船舶类型	年应纳税额	备注
	合　计	年应纳税额：			

3）验资报告或评估报告原件及其复印件（有出资要求必须提供，没有出资要求，不需提供此报告）。

4）组织机构统一代码证书副本原件及复印件。

5）有关合同、章程、协议书复印件。

6）法定代表人（负责人）居民身份证、护照或其他证明身份的合法证件原件及其复印件。

7）纳税人跨县（市）设立的分支机构办理税务登记时，还需提供总机构的税务登记证（国、地税）副本复印件。

8）改组改制企业还须提供有关改组改制的批文原件及其复印件。

9）房屋产权证、土地使用证、机动车行驶证等证件的复印件。

10）汽油、柴油消费税纳税人还需提供以下资料。

① 企业基本情况表。

② 生产装置及工艺路线的简要说明。

③ 企业生产的所有油品名称、产品标准及用途。

11）外商投资企业还需提供商务部门批复设立证书原件及复印件。

5. 纳税人办理业务的时限要求

从事生产、经营的纳税人应当自领取营业执照，或者自有关部门批准设立，或者自纳税义务发生之日起 30 日内，到税务机关领取税务登记表，填写完整后提交税务机关，办理税务登记。

6. 工作标准和要求

1）税务机关应当自收到申报之日起 30 日内审核并发给税务登记证件（见图 2.3）。税务机关审核无误的，应在 30 日内予以登记，核发税务登记证或者注册税务登记证。

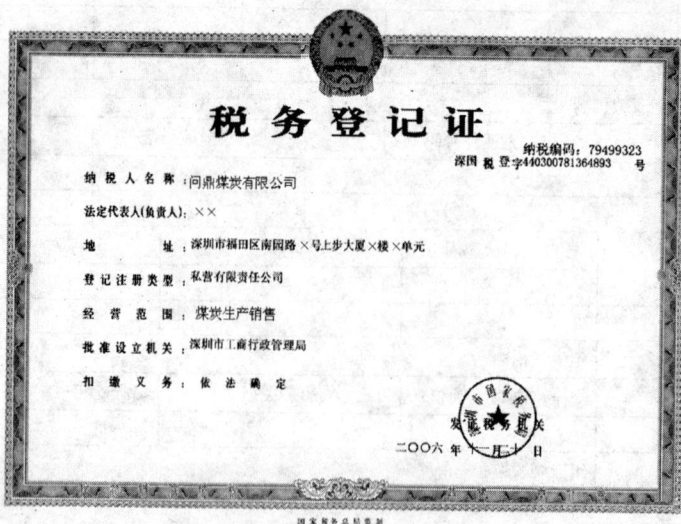

图 2.3　税务登记证

小知识

根据《税务登记管理办法》第七条的规定，全国各地税务机关执行统一的税务登记证件代码编码规则，即对于已领取组织机构代码的纳税人，税务登记代码为区域码＋国家技术监督部门设定的组织机构代码；对于个体工商户，税务登记代码为其居民身份证号码；对于从事生产、经营的外籍及港、澳、台人员，税务登记代码为区域码＋相应的有效证件（如护照，香港、澳门、台湾居民往来大陆的通行证等）的号码。

2）税务登记证只限纳税人本人使用，不得转借、涂改、毁损、买卖或者伪造。

3）税务登记证的使用。

除按照规定不需要发给税务登记证件的外，纳税人办理下列事项时，必须持税务登记证件。

① 开立银行账户。

② 申请减税、免税、退税。

③ 申请办理延期申报、延期缴纳税款。

④ 领购发票。

⑤ 申请开具外出经营活动税收管理证明。

⑥ 办理停业、歇业。

⑦ 其他有关税务事项。

练一练

1）问鼎煤炭开采有限公司成立后，其作为员工工资的扣缴业务人，要不要办理扣缴业务人登记，如果要办理，应如何做呢？

答：已办理税务登记的扣缴义务人应当在扣缴义务发生后 30 日内向税务登记地税务机关申报办理扣缴税款登记。税务机关在其税务登记证件上登记扣缴税款事项，税务机关不再发给扣缴税款登记证件，同时需出示《税务登记证》（副本）原件（已办理税务登记的），如表 2.4 所示。

表 2.4　扣缴义务人登记表

扣缴义务人名称	组织机构统一代码		
	纳税人识别号		
法定代表人（负责人）	身份证件名称		证件号码	
地址			邮政编码	
财务负责人			联系电话	
行业				

开 户 银 行	账号	是否是缴税账号

代扣代缴、代收代缴 税款的业务内容	

经办人: 法定代表人（负责人）: 扣缴义务人: （签章） 年 月 日
税务机关

是否办理税务登记	是否发放扣缴税款登记证件
是 □ 否 □	是 □ 否 □

经办人: 负责人: 税务机关（签章） 年 月 日

2）问鼎煤炭开采有限公司成立后，哪些税种在国税局交？哪些税种在地税局交？

答：在对纳税人进行设立登记后，税务机关根据纳税人的生产经营范围及《税法》的有关规定，对纳税人的纳税事项和应税项目进行核定，即税种核定，如表2.5所示。

表2.5　纳税人税种登记表

纳税人识别号：

微机编码：

纳税人名称：

一、增值税：				
类别	销售货物 □ 加工 □ 修理修配 □ 其他 □	货物或 项目名称	主营	
			兼营	
纳税人认定情况	1.增值税一般纳税人□	2.小规模纳税人□	3.暂认定增值税一般纳税人□	
经营方式	1.境内经营货物□ 2.境内加工修理□ 3.自营出口□ 4.间接出口□ 5.收购出口□ 6.加工出口□			
备注：				
二、消费税：				
类别	1.生产 □ 2.委托加工 □ 3.零售 □	应税消费品名称	1.烟□ 2.酒及酒精□ 3.化妆品□ 4.护肤、护发品□ 5.贵重首饰及珠宝玉石□ 6.鞭炮、烟火□ 7.汽油□ 8.柴油□ 9.汽车轮胎□ 10.摩托车□ 11.小汽车□	
备注：				
三、营业税：				
类别	1.交通运输业□ 2.建筑安装业□ 3.金融保险业□ 4.邮政电信业□ 5.服务业□ 6.娱乐业□ 7.文化体育业□ 8.转让无形资产□ 9.销售不动产□			

经营项目	主营	
	兼营	

备注：

四、个人所得税：				
类别	1.工资薪金所得□	2.个体工商户生产经营所得□	3.企事业单位承包经营所得□	4.劳务报酬所得□
	5.稿酬所得□	6.特许权使用费所得□	7.利息、股息、红利所得□	8.财产转让所得□
	9.财产租赁所得□	10.偶然所得□	11.其他所得□	
是否扣缴个人所得税	1.扣缴个人所得税□　2.不扣缴个人所得税□			

备注：

五、企业所得税：外商投资企业和外国企业所得税：		
法定或申请	1.实纳税□　　2.核定利润率计算纳税□　　3.按经费支出换算收入计算纳税□	
纳税方式	4.按佣金率换算收入纳税□　　5.航空、海运企业纳税方式□　　6.其他纳税方式□	
非生产性收入占总收入的比例/%		

备注：季度预缴方式：1.按上年度四分之一□　　2.按每季度实际所得□

六、资源税：	
计税类别	1.原油□　2.天然气□　3.煤炭□　4.其他非金属矿原矿□　5.黑色金属矿原矿□
	6.有色金属矿原矿□　7.固体盐□　8.液体盐□

备注：

七、土地增值税：

八、房产税：

计税类别	1.自有房产□　2.出租房产□
1.自有房产原值　　　　元；　2.免税房产原值　　　　　　元；	
3.新增减房产原值　　　　元；　4.出租房屋租金（月、年）　　　元	

备注：

九、车船税：

车船类别	计税标准 （辆、座位、吨位）	数　量	免税车船数量

备注：

十、城镇土地使用税：

税额类别	1.大城市□　2.中等城市□　3.小城市□　4.县城、建制镇、工矿区□

备注：

十一、城市维护建设税：1.市区□　　2.县城镇□　　3.其他□			
十二、印花税：			
计税类别	1.购销合同□　　2.加工承揽合同□　　3.建安工程承包合同□　　4.建安工程勘查设计合同□		
	5.财产租赁合同□　　6.货物运输合同□　　7.仓储保管合同□		
	8.借款合同□　　9.财产保险合同□　　10.技术合同□　　11.产权转移书据□		
	12.营业帐簿□　　13.权利许可证照□		
备注：			
十三、教育费附加：			
十四、地方教育附加：			
十五、文化事业建设费：			
十六、基金：			
十七、矿区使用费：			
原油□	不超过一百万吨□　　一百万吨至一百五十万吨□　　一百五十万吨至二百万吨□		
	二百万吨至三百万吨□　　三百万吨至四百万吨□　　四百万吨以上□		
天然气□	不超过二十亿立方米□　　二十亿至三十五亿立方米□		
	三十五亿至五十亿立方米□　　五十亿立方米以上□		
预缴方式	分次□　　分期□		
十八、其他税：			

2.1.4　其他税务登记

请上网了解变更登记，停业、复业登记，注销登记，外出经营报验登记等。

案例分析

某私营工业企业生产润滑油，于 2000 年 4 月 10 日办理工商营业执照登记，在未办理税务登记的情况下，于同年 4 月 20 日擅自伪造税务登记证并使用达一年半之久，同年 5 月 10 日开始生产产品。经群众举报，我市国税局稽查局对其进行了纳税检查。经查实，该企业上述违法行为属实，而且未按规定设置账簿、账目混乱、账证不全、拒不配合检查。自 2000 年 5 月至 2001 年 10 月末共销售润滑油 600 桶，实现销售收入（含税价）150 万元，并使用非法购买的伪造普通发票 75 份。

请问，我市国税局稽查局对本案应作出如何处理？

答：应作如下处理。

1）按工业企业小规模纳税人补缴增值税 8.49 万元。

2）自偷税次月 11 日起至签收稽查通知书之日止，按日加收滞纳金。2001 年 4 月 30 日以前的偷税按 0.2% 计算，2001 年 5 月 1 日以后的偷税按 0.05% 计算。

3）对 2000 年 5 月至 2001 年 4 月 30 日所偷税款处五倍以下的罚款，对 2001 年 5 月 1 日至 2001 年 10 月末所偷税款处 50%以上五倍以下的罚款。

4）对未按规定期限办理税务登记的，由税务机关责令限期改正并处以 2000 元以上 10 000 元以下罚款。

5）对未按规定设置账簿、账目混乱、账证不全的，由税务机关责令限期改正并处 2000 元以上 10 000 元以下罚款。

6）根据新《税收征管法》第六条第二款规定，对其不办理税务登记的，责令限期改正；如逾期不改，提请工商机关吊销其营业执照。

7）对擅自伪造税务登记证件，情节严重的处以 10 000 元以上 50 000 元以下罚款。

8）根据《发票管理办法》第三十八条规定，该企业非法购买伪造的普通发票75份应处以 10 000 元以上 50 000 元以下罚款。

9）根据《发票管理办法》第三十九条规定，开具、使用伪造发票导致其他单位未缴、少缴税款的，由税务机关没收非法所得，并处未缴、少缴税款一倍以下的罚款。

2.2　发票管理

2.2.1　发票概述

1. 发票的概念

发票是在购销商品、提供或者接受服务以及从事其他经营活动时，开具、收取的收付款的书面证明。它是确定经营收支行为发生的法定凭证，是会计核算的原始依据，也是税务稽查的重要证据。

2. 发票的特征

发票的特征有合法性（税务机关统一监制的）、真实性、时效性、共享性、传递性。

3. 发票的作用

发票是会计核算的原始证明，是税务稽查的重要凭据。

4. 发票的种类

发票的种类有增值税专用发票、普通发票。
发票管理流程如图 2.4 所示。

5. 发票的联次

普通发票联次：包括存根联、发票联、记账联。
增值税专用发票联次：包括存根联、发票联、抵扣联、记账联，如图 2.5 所示。

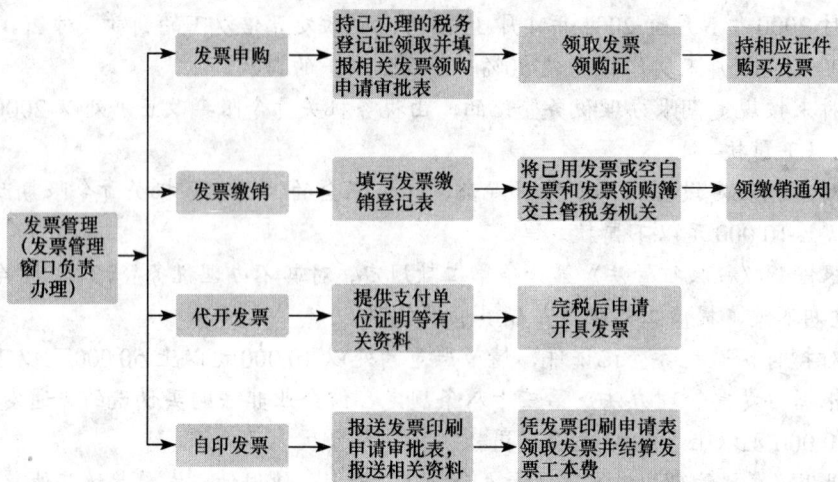

图 2.4　发票管理流程

发票联　　　　开票日期：　　　年　　月　　日

购货单位	名称		纳税人登记号			
	地址电话		开户行及账号			
货物或应税劳务名称	规格型号	计量单位	数量	单价	金额	税率/%	税额
合计							
价税合计（大写）	万　仟　佰　拾　元　角　分			（小写）¥			
销货单位	名称		纳税人登记号			
	地址电话		开户行及账号			

收款人：　　　　　　　复核：　　　　　　　开票人：　　　　　　销货单位（章）

注："增值税专用发票"的基本联次统一规定为四联，第一联为存根联，由销货方留存备查；第二联为发票联，是购货方作付款的记账凭证；第三联为税款抵扣联，由购货方作扣税凭证；第四联为记账联，由销货方作销售的记账凭证。

图 2.5　增值税专用发票

2.2.2　增值税专用发票

1. 概念

增值税专用发票（以下简称专用发票）是指专门用于结算销售货物和提供加工、修理修配劳务使用的一种发票。如图 2.6 所示。

2. 作用

增值税专用发票作为财务收支凭证、原始凭证、合法证明、法定凭证，起到了关键性的作用。

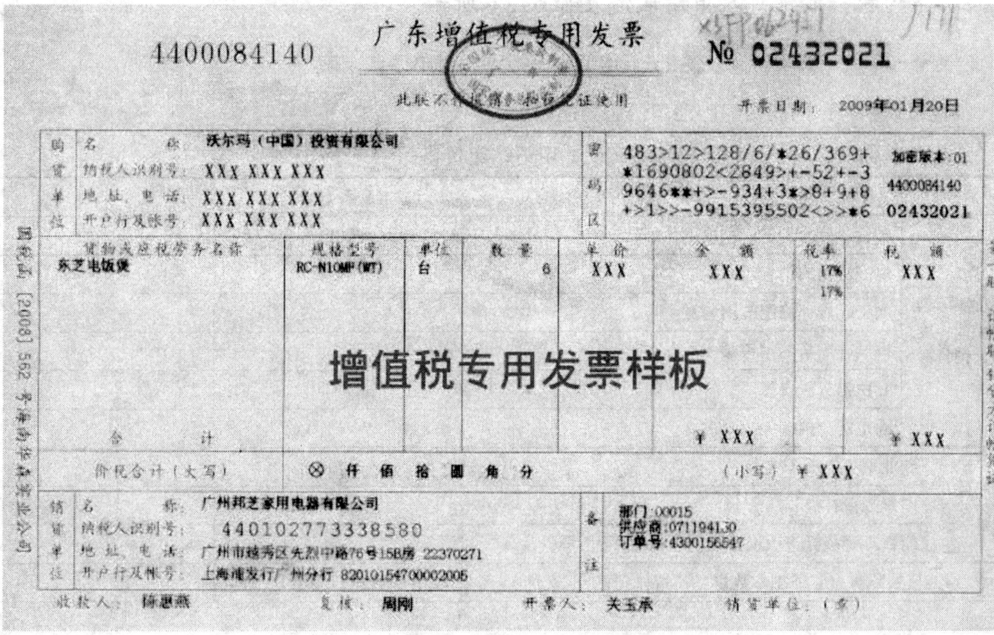

图 2.6 增值税专用发票

3. 印制主体

增值税专用发票由国家税务总局制订。

4. 领用主体

增值税专用发票只限于增值税一般纳税人领购使用，增值税小规模纳税人和非增值税纳税人不得领购使用。

一般纳税人的标准包括以下两条。

1）从事货物生产或提供应税劳务的纳税人，以及以从事货物生产或提供应税劳务为主，并兼营商业的企业，年应税销售额在 50 万元以下的。

2）从事货物批发或零售的企业，年应税销售额在 80 万元以下的。不符合其条件的为小规模纳税人。

一般纳税人既可领用专用发票，又可领用普通发票。

增值税小规模纳税人如符合规定条件，需开具专用发票的，由当地主管税务所代开。

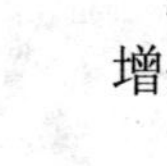

练一练

问鼎煤炭开采有限公司如何申请一般纳税人资格？

答：该公司应提供以下材料：

1）增值税一般纳税人认定申请报告。

2）货物购销合同或书面意向，供货企业提供的货物购销渠道证明。

3）增值税一般纳税人申请认定表如表2.6所示。

表2.6 增值税一般纳税人申请认定表

纳税人识别号：□□□□□□□□□□□□□□□□□□□□

纳税人名称： 申请认定资格：

申请时间			联系电话	
年度实际销售额或年度预计销售额	项 目		自填数	核实数
	生产货物的销售额			
	加工、修理修配的销售额			
	批发、零售的销售额			
	应税销售额合计			
	固定资产规模			
会计财务核算状况	专业财务人员人数			
	设置账簿种类			
	能否准确核算进项税额、销项税额			
申请核发税务登记证副本数量			经批准核发数量	
税务机关意见				
初审意见： 经办人： 负责人： 税务机关（签章） 年 月 日 年 月 日 年 月 日				
复审意见： 经办人： 负责人： 税务机关（签章） 年 月 日 年 月 日 年 月 日				
审批意见：				
认定级别			认定资格	
认定期限起			认定期限止	
负责人： 税务机关（签章） 年 月 日				

注：本表一式三份，纳税人、税务机关综合业务部门和纳税户档案各存一份。

5. 增值税小规模纳税人认定标准

不满足一般纳税人标准的为小规模纳税人。

6. 领购增值税专用发票时持有资料

（1）首次领购发票时提供资料

1）领取《专用发票领购簿》申请书，如表2.7所示。

2）盖有一般纳税人确认章的税务登记证副本。

3）经办人身份证明。

4）单位财务专用章或者发票专用章印模。

5）国税机关要求提供的其他证件、资料。

（2）首次领购电子版专用发票还应提供的资料

1）计算机设备配置及有关电子计算机技术人员、操作人员的情况。

2）通过计算机开具的专用发票和按月填报专用发票使用、抵扣明细表的模拟样张。

表 2.7　普通（专用）发票领购簿申请审批表

纳税人识别号：□□□□□□□□□□□□□□□□□□□□

纳税人名称：

发票名称	联次	金额版	文字版	数量	每月用量

申请理由： 　　　　　申请人（签章）	申请人财务专用章 或发票专用章印模
办税人员：　　年　月　日	

以下由税务机关填写

发票名称	规格	联次	金额版	文字版	数量	每次限购数量

购票方式		保管方式	

主管税务机关发票管理环节审批意见：   　　　　　　　　　　　　　　　　　　（公章） 负责人：　　经办人：　　　　　年　月　日

注：①本表系纳税人初次购票前因经营范围变化等原因，需增减发票数量时填写。

　　②经审批同意后，将有关发票内容填写在《普通发票领购簿》中。

　　③此表不作为日常领购发票的凭据。

　　④为方便纳税人，减少填报表单品种，此表格式允许与专用发票领购证的领购通用。

　　⑤一式二份，一份纳税人留存，一份税务机关留存。

7．专用发票开具要求

专用发票开具要求有字迹清楚、不得涂改（如填写有误，应另行开具专用发票，并在误填的专用发票上注明"误填作废"字样；如专用发票开具后因购货方不索取而成为废票的，也应按填写有误办理）、填写齐全。

联次一次填开，上、下联内容的金额一致，存根联和抵扣联加盖财务专用章或发票专用章，在所规定的时限内开具专用发票，不准拆本使用专用发票、超面额开具专用发票，不准跨县（市）携带、邮寄、运输空白专用发票，禁止携带、邮寄、运输空白专用发票出入国境。

8. 专用发票的保存

专用发票的存根联、抵扣联应当保存 5 年，期满报经国税机关查验后，方可销毁。

2.2.3 普通发票

1）领用主体：由营业税纳税人和增值税小规模纳税人使用，增值税一般纳税人在不能开具专用发票的情况下也可使用普通发票。

2）分类：行业发票［商业零售统一发票（图 2.7）、商业批发统一发票、工业企业产品销售统一发票］、某一项目专用发票（广告费用结算发票、商品房销售发票）。

客户（购货单位）：益丰工厂　　　2009 年 5 月 12 日　　　　　　　　（发票联）

货物名称	单位	数量	单价	金额
办公用品 A	个	30	6	180.00
办公用品 B	个	30	10	300.00
合计				480.00
金额	人民币（大写）肆佰捌拾元整			

收款单位：红旗商场　　　复核：　　　制单：　　　经办人：总务科刘华云

图 2.7 零售发票

3）普通发票的领购程序和要求如下。

①依法办理税务登记的单位和个人，在领取税务登记证件后，向主管税务机关申请领购发票。

②申请领购发票的单位和个人应当提出购票申请，并提供税务登记证件或者其他有关证明，如办税人员资格证、发票领购审批传递单、已开具使用的旧发票及使用情况明细表、普通发票领购卡以及财务印章或者发票专用章的印模等，经主管税务机关审核后，发给其发票领购簿。领购发票的单位和个人根据发票领购簿核准的种类、数量以及购票方式，向主管税务机关领购发票。

4）发票的开具要求同专用发票的开具要求相同。

小知识

发 票 识 别

1）识别常识：发票正上方是有色荧光油墨套印的发票监制章，在自然光下呈大红色，在紫外线灯下呈橘红色。

2）发票专用章：假发票提供者总是不盖章或盖章时故意盖得模糊不清。消费者一旦发现这种情况，应当责成重新盖上清晰的发票专用章，如果对方不肯或以种种理由推诿，就要提防这是假发票了。

3）发票编号：由于真发票编号是印刷时喷墨一次成形，仔细看表面呈空心点状，而假发票则是在印刷后再用打号机打印发票编号，编号阿拉伯数字线条表面是实心的。

4）票面留白：真发票左侧装订线处没有空白部分，而假发票在左侧装订线处有明显的留白。

5）网上比对：登录地税局网站进行发票比对查询或拨打热线 12366 咨询。

2.3 纳税申报

2.3.1 纳税申报的对象

1. 依法已向国家税务机关办理税务登记的纳税人

依法已向国家税务机关办理税务登记的纳税人主要包括各项收入均应当纳税的纳税人；按税收法律规定，全部或部分产品、项目或者税种享受减税、免税照顾的纳税人；当期营业额未达到起征点或没有营业收入的纳税人；实行定期定额纳税的纳税人；应当向国家税务机关缴纳企业所得税以及其他税种的纳税人。

2. 按规定不需向国家税务机关办理税务登记，以及应当办理而未办理税务登记的纳税人

此种纳税人主要包括临时取得应税收入或发生应税行为的纳税人和只缴纳个人所得税或车船使用税的纳税人。

3. 扣缴义务人和国家税务机关确定的委托代征人

什么是纳税零申报？具体问题：我是新开业的个体户，税务局要求我们在没有销售收入时进行零申报，不懂什么是零申报，要怎么样操作？

答：您需要按照你的实际情况办理纳税申报，即使当月没有销售收入，也应当办理纳税申报，零申报的意思是指申报所有涉税经营指标都为零。

2.3.2 纳税申报的内容

纳税申报的内容有税种，税目，应纳税项目或者应代扣代缴、代收代缴税款项目，适用税率或者单位税额，计税依据，扣除项目及标准，应纳税额或者应代扣代缴、代收代缴税额，税款所属期限，延期缴纳税款，欠税，滞纳金等。

另外，在申报期内无论有无收入都必须在规定的期限内如实填报申报表并附送有关资料；享受减税、免税待遇的，在减税、免税期间也应办理纳税申报。

2.3.3 纳税申报的要求

纳税人办理纳税申报时，应当如实填写《纳税申报表》，根据不同情况相应报送下列有关证件、资料。

1）财务、会计报表及其说明材料。

2）与纳税有关的合同、协议书。

3）外出经营活动税收管理证明。

4）境内或者境外公证机构出具的有关证明文件。

5）税务机关规定应当报送的其他有关证件、资料。

6）扣缴义务人办理代扣代缴、代收代缴税款报告时，应当如实填写代扣代缴、代收代缴税款报告表，并报送代扣代缴、代收代缴税款的合法凭证以及税务机关规定的其他有关证件、资料。

2.3.4 纳税申报的方式

1. 直接申报

直接申报，即上门申报，指纳税人自行到税务机关办理纳税申报。直接申报是一种传统的申报方式。

2. 邮寄申报

纳税人采取邮寄方式办理纳税申报的，应当使用统一的纳税申报专递专用信封，并以邮政部门收据作为申报凭据。邮寄申报以寄出的邮戳日期为实际申报日期。

3. 数据电文申报

数据电文是指经税务机关批准的纳税人经由电子手段、光学手段或者类似手段生成、储存或传递的信息。这些手段目前包括电话语音、电子数据交换、电子邮件、电报、电传和网络传输等。纳税人采用的网上申报，就是数据电文申报方式的一种形式。

纳税人采用电子方式办理纳税申报的，应当按照税务机关规定的期限和要求保存有关资料，并定期书面报送主管税务机关。纳税人、扣缴义务人采取数据电文方式办理纳税申报的，其申报日期以税务机关计算机网络系统收到该数据电文的时间为准。

除上述方式外，实行定期定额缴纳税款的纳税人，可以实行简易申报、简并征期等纳税申报方式。

简易申报是指实行定期定额缴纳税款的纳税人，在法律、行政法规规定的期限内或者税务机关依据法规的规定确定的期限内缴纳税款的，税务机关可以视同申报。

简并征期是指实行定期定额缴纳税款的纳税人，经税务机关批准，可以采取将纳税期限合并为按季、半年、年的方式缴纳税款。

李琴中专毕业后自主创业，她于 2009 年 3 月 11 日办理的营业执照，4 月 1 日领到税务登记证，那她应在何时开始做纳税申报？

答：何时申报是以税务登记证上的发证日期为依据的，而不是以领到税务登记证的日期为依据。第一次纳税申报，一般的做法是：如果发证日期是 3 月份，4 月份应该申报缴纳 3 月份的税款；如果发证日期是 4 月份，应该从 5 月份开始申报，但 3 月份的经营收入应一并计算缴纳。

2.4　税款征收

税款征收是税收征收管理的核心内容和中心环节，是实现税收职能的最关键环节。

2.4.1　税款征收的原则

1）税务机关是税款征收的唯一行政主体。

除税务机关、税务人员以及经税务机关依照法律、行政法规委托的单位和个人外，任何单位和个人不得进行税款征收活动。

2）税务机关只能依照法律、行政法规的规定征收税款。

未经法定机关和法定程序调整，征纳双方均不得随意变动。税务机关代表国家向纳税人征收税款，不能任意征收，只能依法征收。

3）税务机关不得违反法律、行政法规的规定开征、停征、多征、少征、提前征收、延缓征收税款或者摊派税款。

4）税务机关征收税款必须遵守法定权限和法定程序。

5）税务机关征收税款或扣押、查封商品、货物或其他财产时，必须向纳税人开具完税凭证或开付扣押、查封的收据或清单。

6）税款、滞纳金、罚款统一由税务机关上缴国库。

7）税款优先。

① 税款优先于无担保债权。

② 纳税人发生欠税在前的，税收优先于抵押权、质权和留置权的执行。

③ 税收优先于罚款、没收非法所得。

2.4.2　税款征收方式

1. 查账征收

查账征收是指税务机关根据纳税人提供的会计资料所反映的情况，依照《税法》相关规定计算征收税款的一种方式。它适用于经营规模较大、财务会计制度健全、能够如实核算和提供生产经营情况,并能正确计算税款,如实履行纳税义务的单位和个人。

2. 查定征收

查定征收是指税务机关根据纳税人的从业人员、生产设备、原材料耗用等情况,查实核定其在正常生产经营条件下应税产品的数量、销售额,并据以征收税款的一种方式。这种方式适用于会计账册不健全、生产不稳定的从事产品生产的纳税人,如小型厂矿和作坊等。

3. 查验征收

查验征收是指税务机关对纳税人的应税产品,通过查验数量,按市场一般销售价格计算其销售收入并据以征税的方式。这种方式一般适用于经营品种比较单一,经营地点、时间和商品来源不固定的纳税单位,如城乡集贸市场的临时经营和机场、码头等的场外经销。

4. 定期定额征收

定期定额征收简称"双定"征收,是指对一些营业额和所得额难以计算准确的小型工商户,经其自报评议,由税务机关调查核实其一定期限内的营业额、利润额,按照核定的营业额、利润额确定应纳税款的方式。这种方式适用于生产经营规模小又确无建账能力,经主管税务机关审核,县级以上税务机关批准可以不设置账簿或暂缓建账的小型纳税人。

5. 代扣代缴

代扣代缴是指按照《税法》规定,负有扣缴税款义务的法定义务人,在向纳税人支付款项时,从所支付的款项中直接扣收税款的方式。其目的是对零星分期、不易控制的税源实行源泉控制。如个人所得税,以所得人为纳税义务人,其扣缴义务人为支付个人所得的单位。

6. 代收代缴

代收代缴是指收缴税款的法定义务人,负责对纳税人应纳的税款进行代收代缴的一种税款征收方式,即由与纳税人有经济业务往来的单位和个人在向纳税人收取款项时,依照税收法规的规定收取税款,并向税务机关解缴。这种方式一般适用于税收网络覆盖不到或很难控制的领域,如受托加工应缴消费税的消费品,由受托方代收代缴消费税。《增值税暂行条例》规定,工业企业委托加工工业产品,一律于委托方提货时由受托方代收代缴税款。

代扣代缴与代收代缴之间的区别是:代扣是向纳税人支付款项时同时扣收税款,而代收是向纳税人收取款项时同时收取税款。

7. 委托代征

委托代征是指受托单位按照税务机关核发的代征证书的要求，以税务机关的名义向纳税人征收一些零散税款的一种税款征收方式。各地对零散、不易控管的税源，大多是街道办事处、居委会、乡政府、村委会及交通管理部门等代征税款。

8. 其他征收方式

其他征收方式包括邮寄申报纳税、自计自填自缴、自报核缴方式等。

纳税凭证主要有税收通用缴款书、税收完税证、税收汇总专用缴款书、代扣代征税款凭证等。

税收缴款书较为常用，是在纳税人进行转账缴纳税款时，由纳税人申报税务机关审核开具纳税人已纳税的完税证明。

税收完税证是对小额零星或以现金直接缴付税务机关时，税务机关开具的完税证明。在规定时间内税务机关上缴国库时也应以税务机关名义开具税收缴款书，可以说税收缴款书是税款进入国库的收入证明和核算凭证，当然也是纳税人的完税证明，如表2.8～表2.10所示。

表 2.8　中华人民共和国税收通用缴款书

（20031）京国缴

隶属关系：　　　　　　　　　　　　　　　　征收机关：

注册类型：　　　　填发日期：　　年　月　日

缴款单位	代码		预算科目	编码	
	全称			名称	
	开户银行			级次	
	账号			收缴国库	

税款所属时期	年　月　日至　月　日			税款限缴日期	年　月　日					

品目名称	课税数量	计税金额或销售收入	税率或单位税额	已缴或扣除额	实缴金额							
					百	十	万	千	百	十	元	角	分
金额合计	（大写）亿　仟　佰　拾　万　仟佰　拾　元　角　分											

缴款单位（人）	税务机关	上列款项已收妥并划转收款单位账户	备注
（盖章）	（盖章）		
经办人（章）	填票人（章）	国库（银行）盖章　年　月　日	

47

表2.9　代征代扣税款单位领用税票申请表

领票单位	名称		注册地址		联系电话	
	业务类型（选择填写代扣、代征、代售）		申报码		填报时间	
领票单位经办人	姓名		身份证号		联系电话	
领取税票名称						
附送审批资料						
领票单位经办人（签字）：		领票单位法定代表人（签字）：		领票单位（公章）		
以下由主管地税机关填写						
主管地税机关票证主管部门意见	经办人（签字）：			部门负责人（签字）：		
主管地税机关管理部门意见	经办人（签字）：			部门负责人（签字）：		
主管地税机关意见	单位负责人（签字）：			税务机关（公章）		

表2.10　代扣代缴税款表

纳税人名称	纳税人申报码	纳税人注册类型	劳务发生地	税款所属期	税款属性（代征、代扣、代售）	营业税	城建税	教育费附加	个人所得税	企业所得税	地方教育费附加	印花税	税款合计

2.4.3　核定应纳税额

1. **核定应纳税额的对象**

纳税人（包括单位纳税人和个人纳税人）有下列情形之一的，税务机关有权核定其应纳税额。

1）依照法律、行政法规的规定可以不设置账簿的。不设置账簿是指那些经营规模小，没有建账能力，而聘请财务会计人员代为建账和办理账务又有实际困难的，可报请县以上税务机关批准，不设立账簿，但要按照税务机关的规定建立收支凭证粘贴簿、进销货登记簿等。

2）依照法律、行政法规的规定应当设置但未设置账簿的。纳税人有能力设置账簿但未设置账簿的，当税务机关难以根据掌握的材料计算其确切应税数额时，税务机关可采用核定税额方式。

3）擅自销毁账簿或者拒不提供纳税资料的。

4）虽设置账簿，但账目混乱或者成本资料、收入凭证、费用凭证残缺不全，难以查账的。

5）发生纳税义务，未按照规定的期限办理纳税申报，经税务机关责令限期申报，逾期仍不申报的。

6）纳税人申报的计税依据明显偏低，又无正当理由的。

7）未按照规定办理税务登记的，从事生产、经营的纳税人以及临时经营的纳税人。

2. **核定应纳税额的方式**

1）参照当地同类行业或者类似行业中，经营规模和收入水平相近的纳税人的收入额和利润率核定。

2）按照成本加合理费用和利润的方法核定。

3）按照耗用的原材料、燃料、动力等推算或者测算核定。

4）按照其他合理的方法核定。

税务机关发出的限期缴纳税款通知书，责令缴纳或解缴税款的最长期限不得超过15日。

2.4.4　延期缴纳税款的制度

1. **申请延期缴纳的条件**

纳税人有特殊困难，一是不可抗力导致较大损失，生产经营发生困难；二是当期货币资金在扣除应付职工工资、社会保险后，不足以缴纳税款。

2. **申请时应注意的问题**

1）在规定期限内提出申请：税务机关规定 20 日内作出决定。

2）有权批准的税务机关：省、直辖市、自治区国家税务局，地方税务局。

3）延期期限：最长不得超过 3 个月，同一笔税款不得滚动审批。

4）批准延期内免交滞纳金。

练 习 题

一、简答题

1．税务登记有哪几种？分别是什么时候去办理？

2．办理哪些业务需出示税务登记证？

3．发票的种类有哪些？一般纳税人和小规模纳税人在发票的使用上有何区别？

4．税款征收的原则和方式有哪些？延期纳税应注意哪些问题？

5．纳税申报的对象有哪些？纳税申报的方式有哪些？

二、单项选择题

1．根据《税收征管法》及其实施细则的规定，企业向税务机关申报办理税务登记的时间是（　　）。

A．自领取营业执照之日起 15 日内

B．自领取营业执照之日起 30 日内

C．自申请营业执照之日起 45 日内

D．自申请营业执照之日起 60 日内

2．纳税人因有特殊困难，不能按期缴纳税款的，经省级国家税务局、地方税务局批准，可以延期缴纳税款，但最长不得超过（　　）。

A．1 个月　　　　B．2 个月　　　　C．3 个月　　　　D．6 个月

3．从事生产、经营的纳税人应当自领取税务登记证之日起的法定时间内，将其财务、会计制度或者财务会计处理办法报送税务机关备案。该法定时间为（　　）。

A．15 日　　　　B．30 日　　　　C．45 日　　　　D．3 个月

4．某单位未按照规定的期限办理纳税申报，经税务机关责令限期申报，逾期仍未申报，主管税务机关可以采取（　　）。

A．责令其提供纳税担保　　　　B．采取税收保全措施

C．采取强制执行措施　　　　D．核定其应纳税额

5．发票的管理机关是（　　）。

A．财政机关　　B．税务机关　　C．审计机关　　D．金融机关

6．对账册不健全的纳税人所采用的税款征收方式是（　　）。

A．查账征收　　B．查定征收　　C．查验征收　　D．定期定额征收

7．纳税申报方式中传统的申报方式是（　　）。

A．直接申报　　B．邮寄申报　　C．数据电文申报　D．网上申报

8．现行的《中华人民共和国税收征收管理法》于（　　）实施。

A．1992 年 9 月 4 日　　　　　B．1993 年 1 月 1 日

C．2001 年 4 月 28 日　　　　　D．2001 年 5 月 1 日

9．《税收征收管理法》的首要目的是（　　）。

A．加强税收征收管理　　　　　B．规范税收征收和缴纳行为

C．保障国家的收入　　　　　　D．保护纳税人的合法权益

10．税收征收管理的中心环节是（　　）。

A．税款征收　　B．税务登记　　C．税务检查　　　D．纳税申报

11．下列属于《税收征收管理法》的适用范围的税种是（　　）。

A．营业税　　B．关税　　　C．契税　　　　D．海关代征的增值税

12．根据我国法律规定，已开具的发票存根联、发票登记簿应当保存（　　）。

A．1 年　　　　B．2 年　　　C．3 年　　　　D．5 年

13．纳税人税务登记的内容发生变化时，应向税务机关申报办理（　　）。

A．开业税务登记　　　　　　　B．变更税务登记

C．注销税务登记　　　　　　　D．停业复业登记

14．纳税人直接到税务机关办理纳税申报称为（　　）。

A．直接申报　　　　　　　　　B．邮寄申报

C．数据电文申报　　　　　　　D．网上申报

15．税务机关核定纳税人在一定经营时期内的应纳税经营额及收益额，并以此为计税依据，确定其应纳税额的税款征收方式是（　　）。

A．定期定额征收　B．代扣代缴　　C．代收代缴　　　D．委托代征

16．《税收征收管理法》的立法目的中，不包括（　　）。

A．加强税收征收管理　　　　　B．规范税收征收和缴纳行为

C．保护纳税人的合法权益　　　D．保证会计资料真实、完整

17．《税收征收管理法》只适用于由（　　）征收的各种税收的征收管理。

A．财政机关　　B．税务机关　　C．司法机关　　D．海关

18．法律、行政法规规定负有纳税义务的单位和个人，称为（　　）。

A．纳税人　　B．扣缴义务人　C．纳税担保人　　D．税务机关

19．税务机关对纳税人实施税收管理的首要环节和基础工作是（　　）。

A．税务登记　　B．发票管理　　C．税款征收　　D．税务检查

三、多项选择题

1．在我国，《税收征管法》规定的税收征收管理机关包括（　　）。

A．财政机关　　B．国家税务机关　　C．地方税务局　　D．海关

2．纳税人办理纳税申报时，在填写纳税申报表的同时，应根据不同情况报送的有关证件和资料有（　　）。

    A．财务会计报表及其说明资料

    B．与纳税有关的合同、协议书

    C．外出经营活动税收管理证明

    D．税务机关规定应当报送的其他有关证件、资料

3．税款征收措施包括（　　　）。

    A．税收保全　　　　　　　　　　B．强制执行

    C．加收滞纳金　　　　　　　　　D．吊销营业执照

4．税务机关有权核定纳税人应纳税额的情况有（　　　）。

    A．依法可以不设置账簿的

    B．依法应设置但未设置账簿的

    C．账目混乱，难以查账的

    D．成本资料、收入凭证、费用凭证残缺不全，难以查账的

5．根据《税收征管法》及其实施细则的规定，税款征收的方式包括（　　　）。

    A．代扣代缴　　　B．查验征收　　　C．邮寄申报纳税　　　D．纳税申报

6．税务登记的种类包括（　　　）。

    A．设立登记　　　　　　　　　　B．停业登记

    C．外出经营活动报验登记　　　　D．复业登记

7．法律、行政法规规定负有（　　　）税款义务的单位和个人，称为扣缴义务人。

    A．代扣代缴　　　B．代收代缴　　　C．纳税担保　　　D．减税免税

8．根据我国《税收征管法》的规定，从事生产经营的纳税人应当自领取营业执照之日起30日内，向当地税务机关申请办理税务登记。纳税人申报办理税务登记时应出示的证件和资料有（　　　）。

    A．营业执照　　　　　　　　　　B．有关合同、章程、协议书

    C．银行账号证明　　　　　　　　D．法定代表人的居民身份证

9．根据《税收征管法》的规定，纳税人在办理注销登记前，应当向税务机关（　　　）。

    A．结清应纳税款、滞纳金、罚款　　　B．提供清缴欠税的纳税担保

    C．缴纳不超过10 000元的保证金　　　D．缴销发票和税务登记证件

10．税务登记证的使用要求有（　　　）。

    A．只限本人使用　　　　　　　　B．可以转借他人

    C．不得损毁、涂改　　　　　　　D．不得伪造或者买卖

11．发票管理的内容包括发票的（　　　）。

    A．印刷和开具　　　　　　　　　B．领购和保管

    C．取得和缴销　　　　　　　　　D．处理和销毁

12．发票的使用要求包括（　　　）。

    A．不得转借、转让、代开发票　　B．未经批准，不得拆本使用发票

    C．不得扩大专业发票的使用范围　D．禁止倒买、倒卖发票

13．纳税人进行纳税申报的方式有（　　　）。

    A. 直接申报 　　　　　　　　　B. 邮寄申报
    C. 电子数据交换 　　　　　　　D. 电报、电传方式

14. 根据《税收征管法》的规定,有下列情形之一的纳税人税务机关有权核定其应纳税额(　　　)。
    A. 依照法律、行政法规的规定可以不设置账簿的
    B. 虽设置账簿,但账目混乱或者成本资料、收入凭证费用凭证残缺不全,难以查账的
    C. 发生纳税义务,未按照规定的期限办理纳税申报,经税务机关责令限期申报,逾期仍未申报的
    D. 纳税人申报的计税依据明显偏低,又无正当理由的

15. 注销税务登记的适用范围有(　　　)。
    A. 纳税人发生解散、破产、撤销的
    B. 纳税人被工商行政管理机关吊销营业执照的
    C. 纳税人因住所、经营地点变更涉及改变主管税务机关的
    D. 纳税人发生的其他应办理注销税务登记情况的

16. 根据《税收征收管理法》的有关规定,下列说法正确的有(　　　)。
    A. 税款滞纳金的比例是万分之五　　B. 税务机关是发票的主管机关
    C. 发票要全联一次填写　　　　　　D. 完税凭证应当保存 25 年

17. 关于发票管理,下列说法正确的有(　　　)。
    A. 税务机关是发票的主管机关
    B. 税务机关负责发票的印制、领购、开具、取得等
    C. 增值税专用发票由国务院税务主管机关指定的企业印刷
    D. 发票不得跨省、直辖市、自治区使用

18. 纳税人办理以下事项必须持税务登记证件的有(　　　)。
    A. 开立银行账号　　　　　　　　B. 申请减、免、退税
    C. 领购发票　　　　　　　　　　D. 办理停业歇业

19. 下列属于纳税申报对象的有(　　　)。
    A. 纳税人　　　　　　　　　　　B. 扣缴义务人
    C. 纳税人在纳税期内没有应纳税款　D. 纳税人在享受减、免税期间

20. 在我国,税收征收机关包括(　　　)。
    A. 财政机关　　B. 税务机关　　C. 商业银行　　D. 海关

21. 纳税人办理税务登记后,应当办理变更税务登记的情形有(　　　)。
    A. 改变法定代表人　　　　　　　B. 增减注册资金
    C. 改变隶属关系　　　　　　　　D. 资不抵债而破产

22. 纳税申报的对象为(　　　)。
    A. 纳税人　　B. 扣缴义务人　　C. 税务机关　　D. 查账征收

23. 发票管理的内容包括发票的（　　）。
    A．印制管理　　　　　　　　　　B．领购和保管管理
    C．开具、使用、取得管理　　　　D．处理和缴销管理

24. 发票的开具要求包括开具发票时（　　）。
    A．应按号码顺序填开　　　　　　B．全部联次一次性填写
    C．每一联次填写一次　　　　　　D．加盖单位财务印章或者发票专用章

25. 税款征收方式有（　　）。
    A．查账征收　　　B．查定征收　　　C．查验征收　　　D．定期定额征收

四、判断题

1. 从事生产、经营的纳税人被宣告破产，按照规定应办理工商注销登记的，应当首先向工商行政管理机关办理注销登记，然后向原税务登记机关办理税务注销登记。
    （　　）

2. 查验征收方式主要对生产不固定、账册不健全的单位采用。（　　）

3. 只有从事生产、经营的纳税人才需要办理税务登记或注销税务登记。（　　）

4. 纳税人因有特殊困难，不能按期缴纳税款的，经省级税务局批准加收 1%的利息。
    （　　）

5. 开具发票应按照规定的时限、顺序，逐栏、全部联次一次性如实开具，并加盖单位财务印章或发票专用章，特殊情况也可以分联次分别开具。（　　）

6. 从事生产、经营的纳税人不得转借、转让发票，但根据需要可以代开发票。
    （　　）

7. 某纳税人从上海搬到北京，须向当地税务机关办理变更税务登记。（　　）

8. 查账征收方式主要对会计核算和账册不健全的单位采用。（　　）

9. 税务登记是税务机关对纳税人的生产、经营活动进行登记管理的一项法定制度。
    （　　）

10. 税务机关对税务登记证件实行注册登记和换证制度。（　　）

11. 纳税人申报的计税依据明显偏低，又无正当理由的，税务机关有权核定其应纳税额。
    （　　）

12. 查账征收，是指由纳税人依据税务机关的账簿记载，定期定额计算缴纳税款的一种税款征收方式。
    （　　）

13. 《税收征收管理法》的遵守主体包括税务机关、纳税人，不包括扣缴义务人。
    （　　）

14. 税务机关对纳税人实施税收征收管理工作的中心环节是税务检查。（　　）

15. 税务机关是征税的唯一行政主体，只能依照法律、行政法规的规定征收税款。
    （　　）

16. 纳税人因有特殊困难，不能按期缴纳税款的，应经县税务局批准。（　　）

第3章

投资创建环节纳税

学 习 向 导

知识目标

1. 了解印花税、耕地占用税、土地使用税、房产税、车船使用税等的基本概念。

2. 掌握印花税、耕地占用税、土地使用税、房产税、车船使用税等的基本计算和会计核算以及纳税申报表的填制。

能力目标

1. 掌握印花税、耕地占用税、土地使用税、房产税、车船使用税等的计算。

2. 掌握印花税、耕地占用税、土地使用税、房产税、车船使用税等纳税申报表的填制。

3. 掌握印花税、耕地占用税、土地使用税、房产税、车船使用税等的会计核算。

情感目标

树立依法纳税的观念。

识记

印花税、耕地占用税、土地使用税、房产税、车船使用税、纳税义务人、纳税时间、纳税地点。

企业的投资创建环节主要是指企业投入资本、购买和建造资产的环节，一般包括企业投入资本，购买土地、房屋、车辆等。该环节涉及的税种主要有印花税、耕地占用税和土地使用税、房产税、车船使用税等。

3.1 印花税

案例导入

问鼎煤炭开采有限公司成立后，于2008年1月领取营业执照，购置会计账簿，办理房屋产权证，请问这一过程中是否涉及纳税，若纳税，应纳何税？

3.1.1 印花税概述

1. 印花税的概念

印花税是对我国境内书立、领受应纳税凭证的单位和个人征收的一种税。根据《中华人民共和国印花税暂行条例》规定，下列凭证为纳税凭证：购销、加工、建设勘察、建筑安装、财产租赁、货物运输、仓储保管、借款、财产保险、技术合同或具有合同性质的凭证，产权转移书据，营业账簿，权利许可证照，经财政部确定的其他凭证。

小知识

印花税是一个古老的税种。早在1624年荷兰政府通过广泛征询民间建议，确定实施一种以商事产权为征收对象的税种，由于缴税时是在凭证上用刻花滚筒推出"印花"戳记，以示完税，因此被命名为"印花税"。1854年，奥地利政府印制发售了形似邮票的印花税票，由纳税人自行购买贴在应纳税凭证上，并规定完成纳税义务是以在票上盖戳注销为标准，世界上由此诞生了印花税票。目前，世界上已有一百多个国家和地区开征了印花税。

中华民国成立后于1912年10月21日公布了《印花税法》，并于次年正式实施。这是我国按照法律程序公布施行的第一部印花税法。

新中国成立后，中央人民政府财政部税务总局于1949年11月，发行了新中国第一套印花税票，主图是在两根柱子之间，由齿轮和麦穗衬托的五星红旗飘扬在地球上，称之为"旗球图"印花税票。

1952年7月1日，财政部税务总局发行了建国以后的第二套印花税票，根据主图内容分别称为"机器图"和"鸽球图"印花税票。这两套印花税票及其加盖改额票一直使用到1958年全国税制改革，那时才把印花税并入工商统一税。

1988年8月6日，中华人民共和国国务院以11号令发布《中华人民共和国印花税暂行条例》，规定重新在全国统一开征印花税。1988年10月1日，正式恢复征收印花税。

2. 纳税义务人

在中华人民共和国境内书立、领受本条例所列举凭证的单位和个人，都是印花税的纳税义务人。

3. 征税范围

1）购销、加工承揽、建设工程承包、财产租赁、货物运输、仓储保管、借款、财产保险、技术合同或者具有合同性质的凭证。

2）产权转移书据。

3）营业账簿。

4）权利、许可证照。

5）经财政部确定征税的其他凭证。

3.1.2 印花税的计算

1. 税率

现行印花税实行的比例税率有四档，即千分之一、万分之五、万分之三、万分之零点五。另外，规定其他营业账簿、权利许可证照按件定额贴花 5 元，如表 3.1 所示。

表 3.1 印花税税目税率

应税凭证类别	税 目	税 率	计税依据	纳税义务人
合同	1.购销合同	按 3‰贴花	购销金额	立合同人
	2.加工承揽合同	按 5‰贴花	加工或承揽收入	立合同人
	3.建设工程勘察设计合同	按 5‰贴花	收取费用	立合同人
	4.建筑安装工程承包合同	按 3‰贴花	承包金额	立合同人
	5.财产租赁合同	按 1‰贴花，税额不足 1 元的按 1 元贴花	租赁金额	立合同人
	6.货物运输合同	按 5‰贴花	运输费用	立合同人
	7.仓储保管合同	按仓储 1‰贴花	仓储保管费用	立合同人
	8.借款合同	按 0.5‰贴花	借款金额	立合同人
	9.财产保险合同	按 1‰贴花	保险费收入	立合同人
	10.技术合同	按 3‰贴花	所载金额	立合同人
书据	11.产权转移书据	按 5‰贴花	所载金额	立据人
账簿	12.营业账簿	记载资金的账簿，按5‰贴花。其他账簿按件贴花 5 元	实收资本和资本公积金的合计金额	立账簿人
		其他账簿按件贴花 5 元	件	
证照	13.权利许可证照	按件贴花 5 元	件	领受人

2. 计算公式

1）适用于比例税率的应税凭证，以凭证所记载的金额为计税依据。

$$应纳税额＝计税金额×适用比例税率$$

2）适用于定额税率的应税凭证，以凭证件数为计税依据。

$$应纳税额＝应税凭证件数×适用单位税额（5元）$$

【例3.1】 问鼎煤炭开采有限公司成立后，于2008年1月领取营业执照和办理房屋产权证各一件。企业实收资本和资本公积金的合计金额为5000万元；另建制营业账簿共四册。签订财产保险合同一份，投保金额1 000 000元，缴纳保险费30 000元，签订货物买卖合同一份，金额2 500 000元。试计算该企业应纳印花税。

解： 计算如下：

资金账簿应纳税额＝50 000 000×0.0005＝25 000（元）

其他账簿应纳税额＝4×5＝20（元）

领受权利许可证照应纳税额＝（1＋1）×5＝10（元）

财产保险合同应纳税额＝30 000×0.001＝30（元）

购销合同应纳税额＝2 500 000×0.0003＝750（元）

该企业应缴纳印花税税额＝25 000＋20＋10＋30＋750＝25 810（元）

3.1.3 印花税的缴纳与申报表填制

1. 纳税义务发生时间

纳税人应于书立、领受上述凭证时，根据凭证的性质，分别按比例税率或按件定额自行计算应纳税额，根据印花税的纳税方法办理贴花。同一应税凭证两方或两方以上当事人签订并各执一份的，各方都应就所执的一份各自全额贴花；已贴花的凭证，修改后所载金额增加的，增加部分应补贴印花税票。

2. 纳税地点

印花税纳税地点为纳税人所在地。

3. 纳税方法

1）自行贴花办法适用于应税凭证较少或贴花次数较少的纳税人。

2）汇贴或汇缴办法适用于应税凭证较大或贴花次数较多的纳税人。

3）委托代征办法主要通过税务机关的委托，由发放或者办理应纳税凭证的单位代为征收印花税税款。

4. 纳税申报表的填制

纳税申报表的填制见表3.2。

3.1.4 印花税的账务处理

1. 印花税完税凭证

见图3.1。

2. 印花税的账务处理

见图3.1。

企业缴纳的印花税通过"管理费用"账户核算。企业计算缴纳印花税时,借记"管理费用"账户,贷记"银行存款"账户。

借:管理费用   25 810

    贷:银行存款   25 810

表 3.2 印花税纳税申报表

金额单位:人民币元(列至角分)

纳税人名称	问鼎煤炭开采有限公司			地 址		××××		联系电话		××××
税务登记代码	××××			开户银行网点名称		××××	账号		××××	
税目 (1)	应税凭证名称 (2)	件数 (3)	计税金额 (4)	税率 (5)	应纳税额 (6)	被扣税额 (7)	缴纳税额 (8)	印花税票购买贴花情况		
								上期库存 / 本期购买 / 本期贴花 / 本期库存		
合同	财产保险合同		30 000.00	0.001	30.00		30.00			
	购销合同		2 500 000.00	0.0003	750.00		750.00			
书据										
账簿	资金类	1	50 000 000.00	0.0005	25 000.00		25 000.00			
	其他类	4		5	20.00		20.00			
证照	营业执照	1		5	5.00		5.00			
	房屋产权证	1		5	5.00		5.00			
纳税声明	本表所申报的各种税款(费)真实、准确,如有虚假内容,愿承担法律责任。申报单位(盖章): 法人代表(负责人)签名: 日期:2008 年 2 月 1 日							税务机关受理申报盖章 受理人签名: 受理日期:2008 年 2 月 15 日		

企业单位财务负责人: 办税员或税务代理主管: 填报日期:2008 年 2 月 8 日

说明:本表一式三份,经征收机关审核盖章后,退回一份给纳税人,作为已向税务机关申报的凭证。

地税

隶属关系——   电子缴税号——

注册类型—— 国有   填发日期—— 2008 年 1 月 15 日   征收机关——

缴税单位	代码		收款国库	国家金库 支库
	全称	问鼎煤炭开采有限公司	国库账号	
	账号		预算级次	(区)县级
	开户银行		国库开户银行	国家金库 支库
税款所属期	2008-1-1 至 2008-1-31		税款限缴日期	2008-1-31
预算科目	税种税目		计税金额、销售收入或课税数量	税率或单位税额	已缴或扣除额	实缴税额
1011119	印花税-资金账簿		50 000 000.00	0.0005		25 000
	-其他账簿应纳税额		4	5		20
	-领受权利许可证照		2	5		10
	-财产保险合同		30 000.00	0.001		30
	-购销合同应纳税额		2 500 000.00	0.0003		750
金额合计	人民币贰万伍仟捌佰壹拾元整					¥25 810.00
申报方式	征收方式	打印次数	上列款项已核收记入收款单位账户。扣款日期——2008 年 1 月 16 日 银行盖章	备注		税务机关自征

图 3.1 厦门市电子缴税回单

3.1.5 印花税的优惠

下列凭证免纳印花税。

1）已缴纳印花税的凭证的副本或者抄本。

2）财产所有人将财产赠给政府、社会福利单位、学校所立的书据。

3）国家指定的收购部门与村民委员会、农民个人书立的农副产品收购合同。

4）无息、贴息贷款合同。

5）外国政府或者国际金融组织向我国政府及国家金融机构提供优惠贷款所书立的合同。

6）对房地产管理部门与个人签订的用于生活居住的租赁合同。

7）农牧业保险合同。

8）财政部规定的其他特殊免税事项。

想一想

假设问鼎煤炭开采有限公司成立，当月与某运输企业签订租赁合同，将企业5辆货车出租，每月租金3000元，租期未定。这需要交印花税吗？如果需要，该交多少？

3.2 耕地占用税和土地使用税

案例导入

问鼎煤炭开采有限公司在W县占用耕地50 000平方米，用于建设公司办公房，请问这一占用耕地过程是否涉及纳税，若纳税，当年应纳何税？如何纳税？一年后继续占用此地是否还纳税？若纳税，又应纳何税？如何纳税？

3.2.1 耕地占用税

1. 耕地占用税概述

（1）定义

耕地占用税是对占用耕地建房或者从事其他非农业建设的单位和个人征收的一种税。

耕地是指用于种植农作物的土地，包括占用前三年内曾用于种植的土地、鱼塘和其他农业用地建房或者从事其他非农生产建设的土地。耕地占用税一次性交纳，自耕地被征用之日起的下一年度开始征收土地使用税。

（2）纳税义务人

耕地占用税的纳税义务人为占用耕地建房或者从事非农业建设的单位或者个人。单位包括国有企业、集体企业、私营企业、股份制企业、外商投资企业、外国企业以及其

60

他企业和事业单位、社会团体、国家机关、部队以及其他单位；个人包括个体工商户以及其他个人。

（3）征收范围

征收范围指用于种植农作物的土地，包括占用前三年内曾用于种植的土地、鱼塘和其他农业用地建房或者从事其他非农生产建设的土地。耕地占用税一次性交纳，自耕地被征用之日起的下一年度开始征收土地使用税。

2. 耕地占用税的计算

（1）计税依据

耕地占用税以纳税人实际占用的耕地面积为计税依据，按照规定的适用税额一次性征收。

（2）税额

1）人均耕地不超过 1 亩的地区（以县级行政区域为单位，下同），每平方米为 10元至 50 元。

2）人均耕地超过 1 亩但不超过 2 亩的地区，每平方米为 8 元至 40 元。

3）人均耕地超过 2 亩但不超过 3 亩的地区，每平方米为 6 元至 30 元。

4）人均耕地超过 3 亩的地区，每平方米为 5 元至 25 元。

国务院财政、税务主管部门根据人均耕地面积和经济发展情况确定各省、自治区、直辖市的平均税额，如表 3.3 所示。

表 3.3　各省、自治区、直辖市耕地占用税平均税额

地　　区	年每平方米平均税额/元
上海	45
北京	40
天津	35
江苏、浙江、福建、广东	30
辽宁、湖北、湖南	25
河北、安徽、江西、山东、河南、重庆、四川	22.5
广西、海南、贵州、云南、陕西	20
山西、吉林、黑龙江	17.5
内蒙古、西藏、甘肃、青海、宁夏、新疆	12.5

（3）计税公式

应纳税额＝实际占用的耕地面积×占用单位税额

【例 3.2】　问鼎煤炭开采有限公司在 W 县占用耕地 50 000 平方米，用于建设公司办公房，假定当地政府及税务主管机关规定的耕地占用税为每平方 20 元，计算企业应纳耕地占用税税额。

解：

$$应纳税额＝计税依据×占用单位税额$$
$$＝50\,000×20＝1\,000\,000（元）$$

3. 耕地占用税申报表填制与缴纳

（1）纳税义务发生的时间

耕地占用税纳税义务发生时间为纳税人收到土地管理部门办理占用农用地手续通知的当天。未经批准占用耕地的，耕地占用税纳税义务发生时间为实际占用耕地的当天。耕地占用税的纳税期限为 30 天，即纳税人必须在经土地管理部门批准占用耕地之日起 30 日内缴纳耕地占用税。

（2）纳税地点

纳税人占用耕地或其他农用地，应当在耕地或其他农用地所在地申报纳税。

（3）纳税方法

在实际占用耕地之前一次性交纳。

（4）纳税申报表的填制

参阅表 3.4。

表 3.4　耕地占用税纳税申报表

名称：　　　　　开户银行：　　　　　银行账号：　　　　　金额单位：人民币元

纳税人信息							
类型	名称（姓名）	证件类型	证件号码	联系人姓名	联系电话	联系地址	邮政编码
建设项目名称		办公用房		国土局编号		国土局批准日期	
建设项目用途		工业建设		国土局批准文号			
征用地地址				取得方式			
占地类别	批准占地面积/m²	实际占用面积/m²	计税面积/m²	税额标准/元·m²	应纳税额	减免批文号	减免面积/m²	减免税额	实际应纳税额
一般耕地	50 000	50 000	50 000	20	1 000 000.00				1 000 000.00

授权代理人	（如果你已委托代理申报人，请填写下列资料） 为代理一切税务事宜，现授权＿＿＿＿（地址：＿＿＿＿）为本人（单位）的代理申报人，任何与本报表有关的来往文件都可寄与此人。 代理人身份证号：＿＿＿＿ 授权人签章：＿＿＿＿　身份证号：＿＿＿＿ 联系电话：＿＿＿＿	声明	我声明：此纳税申报表是根据《中华人民共和国耕地占用税暂行条例》及其有关规定填报，我确信它是真实的、可靠的、完整的。 纳税人签章：＿＿＿＿
（以下部分由征收机关负责填写）			
受理日期		受理人	征收机关（盖章）

注：本表一式二份，地税机关留存一份，纳税人留存一份。

4. 耕地占用税的账务处理

由于耕地占用税是在实际占用耕地之前一次性交纳的，不存在与征税机关清算和结算的问题，因此企业按规定交纳的耕地占用税，可以不通过"应交税费"科目核算。企业为购建固定资产而交纳的耕地占用税，作为固定资产价值的组成部分，记入"在建工程"科目。

（1）耕地占用税完税凭证

见图 3.2。

（2）耕地占用税的账务处理

见图 3.2。

借：在建工程　　　　　　　　　　　　　　　　　　　　　　　1 000 000

　　贷：银行存款　　　　　　　　　　　　　　　　　　　　　　1 000 000

地税

隶属关系——				电子缴税号——		

注册类型——　国有　　　　　填发日期— 2008 年 1 月 15 日　　征收机关——

缴税单位	代码			收款国库	国家金库白云支库	
	全称	问鼎煤炭开采有限公司		国库账号		
	账号			预算级次	（区）县级	
	开户银行			国库开户银行	国家金库　支库	
税款所属期	2008-1-1 至 2008-1-31			税款限缴日期	2008-1-31	
预算科目	税 种 税 目		计税金额、销售收入或课税数量	税率或单位税额	已缴或扣除额	实缴税额
101180100	耕地占用税		50 000.00	20.00		1 000 000.00
金额合计	人民币壹佰万元整					￥1 000 000.00
申报方式	征收方式	打印次数	上列款项已核收记入收款单位账户。扣款日期—— 2008 年 1 月 16 日　　　　　银行盖章		备注	税务机关自征

图 3.2　厦门市电子缴税回单

5. 耕地占用税的优惠

1）下列情形免征耕地占用税。

① 军事设施占用耕地。

② 学校、幼儿园、养老院、医院占用耕地。

2）铁路线路、公路线路、飞机场跑道、停机坪、港口、航道占用耕地，减按每平方米两元的税额征收耕地占用税。

3）农村居民占用耕地新建住宅，按照当地适用税额减半征收耕地占用税。

4）民政部门举办的安置残疾人就业的福利工厂，可以按照残疾人员占工厂人员的比例，享受一定的减税优惠。

5）公路、桥梁建设用地，按低限额征税。

6）不是直接为农业生产服务的农田水利设施，但是确属综合性枢纽工程的，可以按照为农业服务的直接效益占工程总效益的比重，确定耕地占用税的免征额。

纳税申报表填表说明如下：

1）"纳税人类型"是指单位或个人。

2）"证件类型"是指"税务登记证"、"法人机构代码证"、"工商营业执照""、"身份证"、"军人证"、"护照"等。

3）"国土局编号"是指宗地号或合同号。

4）"国土局批准文号"是指经国土资源管理部门批准征用、占用土地的文件号。未经批准占用的注明"非法占地"。

5）"建设项目名称"根据国土局批文填写。

6）"建设项目用途"是指铁路线路、公路线路、飞机跑道、停机坪、港口、航道、工业建设、商业建设、住宅建设、农村居民住房、其他。

7）"征用地地址"填列纳税人从国土资源管理部门取得的占用土地文件上注明的土地位置，"非法占地"的纳税人填列实际占用土地的具体地点。

8）"取得方式"是指征用、使用、出让、划拨、出租等。

9）"占地类别"是指一般耕地、基本农田、农村宅基地、园地、其他农用地（指林地、牧草地、农用水利用地、养殖水面以及渔业水域滩涂等）、铁路线路、公路线路、飞机场跑道、停机坪、港口、航道占用耕地等。

10）"批准占用面积"填列国土资源管理部门批准征用、占用的土地面积。

11）"实际占用面积"填列纳税人实际占用的土地面积，包括批准占地面积、非法占地面积。

12）应纳税额＝计税面积×税率。

13）"减免面积"根据减免批文填写。

14）实际应纳税额＝应纳税额－减免税额。

3.2.2　城镇土地使用税

小知识

世界上最早征收土地税的国家是埃及，我国在周朝开始征收土地税。目前的城镇土地使用税源于民国时期的土地税。新中国成立后，于1950年1月曾规定全国统一征收地产税，不久与房产税并为城市房地产税。1984年10月国营企业第二步利改税和改革工商税制时，又决定把城市房地产税划分为城镇土地使用税和房产税，并于1988年11月1日起执行。

1. 城镇土地使用税概述

（1）定义

城镇土地使用税是国家对拥有土地使用权的单位和个人征收的一种税，它以纳税人实际占用的土地面积为计税依据。单位包括国有企业、集体企业、私营企业、股份制企业、外商投资企业、外国企业以及其他企业和事业单位、社会团体、国家机关、军队以及其他单位；个人包括个体工商户以及其他个人。

（2）纳税义务人

1）拥有土地使用权的单位和个人是纳税人。

2）拥有土地使用权的单位和个人不在土地所在地的，其土地的实际使用人和代管人为纳税人。

3）土地使用权未确定的或权属纠纷未解决的，其实际使用人为纳税人。

4）土地使用权共有的，共有各方都是纳税人，由共有各方分别纳税。

（3）征收范围

城镇土地使用税的征收范围为城市、县城、建制镇和工矿区的国家所有、集体、个人所有的土地，外商投资企业、外国企业和在华机构的用地也要征收城镇土地使用税。

2. 城镇土地使用税的计算

（1）计税依据

城镇土地使用税以纳税人实际占用的土地面积为计税依据，依照规定税额计算征收。

1）凡由省、自治区、直辖市人民政府确定的单位组织测定土地面积的，以测定的面积为准。

2）尚未组织测量，但纳税人持有政府部门核发的土地使用证书的，以证书确认的土地面积为准。

3）尚未核发土地使用证书的，应由纳税人申报的土地面积，据以纳税，待核发土地使用证以后再作调整。

（2）税率

土地使用税每平方米年税额如下。

1）大城市 1.5 元至 30 元。

2）中等城市 1.2 元至 24 元。

3）小城市 0.9 元至 18 元。

4）县城、建制镇、工矿区 0.6 元至 12 元。

市、县人民政府应当根据实际情况，将本地区土地划分为若干等级，在省、自治区、直辖市人民政府确定的税额幅度内，制定相应的适用税额标准，报省、自治区、直辖市人民政府批准执行。

经省、自治区、直辖市人民政府批准，经济落后地区土地使用税的适用税额标准可以适当降低，但降低额不得超过本条例第四条规定最低税额的 30%。经济发达地区土地使用税的税额标准可以适当提高，但须报财政部批准。

（3）计税公式

$$应纳年税额＝应税用地面积×每平方米土地年税额$$

【例 3.3】 问鼎煤炭开采有限公司在 W 县占用耕地 50 000 平方米，用于建设公司办公房，取得土地当年已缴纳耕地占用税 1 000 000 元。一年后继续占用此地应缴纳土地使用税，假设根据当地人民政府规定，土地使用税单位税额为每年每平方米 8 元。土地使用税按年计算，每半年缴纳一次。计算应纳税额。

解：

$$应纳税额＝应税用地面积×每平方米土地年税额$$
$$＝（50 000×8）÷2＝200 000（元）$$

每半年缴纳 200 000 元。

3．城镇土地使用税申报表填制与缴纳

（1）纳税义务发生的时间

1）征用的耕地，自批准征用之日起满 1 年时开始缴纳土地使用税。

2）征用的非耕地，自批准征用次月起缴纳土地使用税。

（2）纳税期限

土地使用税按年计算、分期缴纳，缴纳期限由省、自治区、直辖市人民政府确定。

（3）纳税方法

纳税人可通过直接申报、邮寄申报、网上申报和委托代征申报的方式向当地税务机关申报纳税。

（4）纳税申报表的填制

见表 3.5。

表 3.5 城镇土地使用税纳税申报表

金额单位：人民币元（列至角分）

纳税人名称		地 址							联系电话				
税务登记代码			开户银行网点名称				账号						
地块名称	房产名称	地块坐落地点	土地房屋权证号	应税面积	土地等级	税款所属期始	税款所属期止	单位税额	应纳税额	批准减免税（费）额	减免批文号码	非审批减免税（费）额	非审批减免说明	批准缓缴税（费）额	抵扣税（费）额	抵扣说明	应入库税额
				50 000				8	200 000.00								
合计																	

（说明：此表为多列表，下方为纳税人声明及税务机关受理区）

纳税人声明	本表所申报的各种税款（费）真实、准确，如有虚假内容，愿承担法律责任。	税务机关受理申报盖章
	申报单位（盖章）： 法人代表签名： 2008 年 1 月 15 日 （负责人）	受理人签名： 受理日期： 年 月 日

企业单位财务负责人： 办税员或税务代理主管： 填报日期：2008 年 1 月 15 日

4. 城镇土地使用税的账务处理

企业缴纳的土地使用税应通过"管理费用"账户核算。企业计算应纳土地使用税时，借记"管理费用"账户，贷记"应交税费——应交土地使用税"账户；分期缴纳土地使用税时，借记"应交税费——应交土地使用税"账户，贷记"银行存款"账户。

（1）土地使用税完税凭证

见图 3.3。

（2）土地使用税的账务处理

见图 3.3。

企业计算应纳土地使用税时：

借：管理费用 　　　　　　　　　　　　　　　　　　　　　　200 000

　　贷：应交税费——应交土地使用税 　　　　　　　　　　　　200 000

分期缴纳土地使用税时：

借：应交税费——应交土地使用税 　　　　　　　　　　　　　　200 000

　　贷：银行存款 　　　　　　　　　　　　　　　　　　　　　200 000

厦门市电子缴税回单

地税

隶属关系——　　　　　　　　　　　　　　　　　　　电子缴税号——

注册类型——　国有　　　填发日期——2008 年 1 月 15 日　　　征收机关——

缴税单位	代码		收款国库	国家金库　支库
	全称	问鼎煤炭开采有限公司	国库账号	
	账号		预算级次	（区）县级
	开户银行		国库开户银行	国家金库　支库
税款所属期	2008-1-1 至 2008-1-31		税款限缴日期	2008-1-31

预算科目	税　种　税　目	计税金额、销售收入或课税数量	税率或单位税额	已缴或扣除额	实缴税额
101120100	城镇土地使用税	50 000.00	8.00		200 000.00
金额合计	人民币贰拾万元整				￥200 000.00

申报方式	征收方式	打印次数	上列款项已核收记入收款单位账户。 扣款日期—— 2008 年 1 月 16 日 银行盖章	备注	税务机关自征

图 3.3　厦门市电子缴税回单

5. 土地使用税的优惠

下列土地免缴土地使用税。

1）国家机关、人民团体、军队自用的土地。

2）由国家财政部门拨付事业经费的单位自用的土地。

3）宗教寺庙、公园、名胜古迹自用的土地。

4）市政街道、广场、绿化地带等公共用地。

5）直接用于农、林、牧、渔业的生产用地。

6）经批准开山填海整治的土地和改造的废弃土地，从使用的月份起免缴土地使用税5～10年。

7）由财政部另行规定免税的能源、交通、水利设施用地和其他用地。

想一想

如果问鼎煤炭开采有限公司在你所在的城市或地区，该企业应该如何纳税？假设问鼎煤炭开采有限公司当年11月份在城市近郊又征用非耕地10 000平方米，用于建造仓库。该仓库实际占用8000平方米。当地政府规定近郊的非耕地土地使用税单位税额为每年每平方米4元。企业12月起税额应为多少？

3.3 房产税

小知识

房产税在我国是课征历史较早的税种。《周礼》曾记载"掌敛廛布，而入于泉府"，廛布即是当时课征的土地税的一部分，是对三种房屋征收税款。因此，有学者认为我国可以说是最早征收房产税的国家之一。

房产税真正作为一个独立的税种，是以唐朝建中四年（公元783年）征收的"间架税"开始的。

1840年，鸦片战争以后，殖民者在租界内开始强行征收房捐一类的捐税，这被认为是近代房捐史的源头。

1927年，国民政府划分国、地税后，房税被列为地方税。

新中国成立后，中央人民政府政务院于1950年1月颁布了《全国税政实施要则》，将房产税列入开征税种之一。1951年8月政务院又公布了《城市房地产税暂行条例》，将房产税与地产税合并为一个税种，定名为"城市房地产税"。1973年税制改革时，将其并入工商税。

1986年9月15日，国务院正式发布了《中华人民共和国房产税暂行条例》，从当年10月1日开始实施，并设定了众多的房地产税的优惠条款。

案例导入

问鼎煤炭开采有限公司建设好企业厂房后部分用于办公，部分作为对外接待的招待所，还出租部分给另一小型企业，请问这里是否涉及纳税，若纳税，应纳何税？如何纳税？

3.3.1 房产税概述

1. 定义

房产税是以房产为征税对象，按照房屋的计税余值或出租房屋的租金收入，向产权所有人（承典人、代管人或使用人）征收的一种税。凡座落在城市、县城、建制镇和工矿区范围内的房产，都应按规定征收房产税。

2. 纳税义务人

房产税由产权所有人缴纳；产权属于全民所有的，由经营管理的单位缴纳；产权出典的，由承典人缴纳；产权所有人、承典人不在房产所在地的，或者产权未确定及租典纠纷未解决的，由房产代管人或者使用人缴纳。产权所有人、经营管理单位、承典人、房产代管人或者使用人，统称为纳税义务人。

3. 征收范围

房产税在城市、县城、建制镇和工矿区征收。

3.3.2 房产税的计算

1. 计税依据

房产税采用从价计税，计税依据分为按计税余值计税和按租金收入计税两种。

2. 计算公式

（1）从价计征的计算

从价计征是按房产的原值减去一定比例后的余值计征，即自用房产税以房产原值一次减去 20%～25% 后的余值为计税依据，按 1.2% 的年税率计征缴纳。其公式为：

$$应纳税额 = 应税房产原值 × （1 - 扣除比例） × 年税率$$

（2）从租计征的计算

从租计征是按房产的租金收入计征，其公式为：

$$应纳税额 = 租金收入 × 12\%$$

【例 3.4】 问鼎煤炭开采有限公司 2008 年 1 月厂房总价值 7800 万元，其中，5300 万元的厂房企业自用（含办公及招待所），2500 万元由厂房企业用于出租，年租金收入 50 万元。假定按照当地政府的规定自用房产允许按原值一次扣除 20% 的余额计税。房产税按年计算，半年缴纳一次。试计算公司当年应纳房产税额。

解：计算说明：自用房产从价计征房产税，出租房产从租计征房产税。

企业自用房产当年应纳税额 = 应税房产原值 × （1 - 扣除比例） × 1.2%

$$= 5300 × （1 - 20\%） × 1.2\% = 50.88（万元）$$

企业出租房产当年应纳税额 = 租金收入 × 12%

$$= 50 × 12\% = 6（万元）$$

问鼎煤炭开采有限公司当年度应纳房产税 = 50.88 + 6 = 56.88（万元）

则每半年缴纳 284 400 元。

每半年缴纳房产税时：

借：应交税费——应交房产税　　　　　　　　　　　　　　284 400
　　贷：银行存款　　　　　　　　　　　　　　　　　　　　　　　284 400

3.3.3　房产税申报表填制与缴纳

1. 纳税义务发生时间

1）纳税人自建房屋，自建成次月起征收房产税。

2）纳税人委托施工企业建设的房屋，自办理验收手续次日起征收房产税。纳税人验收手续已经使用或出租、出借的新建房屋，应从使用或出租、出借当日起缴纳房产税。

3）纳税人将原有房产用于生产、经营的，从生产、经营之日起缴纳房产税。

2. 纳税期限

房产税按年征收，分期缴纳。具体纳税期限由省、自治区、直辖市人民政府确定。

3. 纳税方法

纳税人可通过直接申报、邮寄申报、网上申报的方式向当地地方税务机关申报纳税。

4. 纳税申报表的填制

见表3.6。

表3.6　房产税纳税申报表

金额单位：人民币元（列至角分）

纳税人名称	问鼎煤炭开采有限公司		地址						联系电话			
税务登记代码			开户银行网站名称				账号					
房产名称			房产地址			产权证号			房产来源			
应税房产原值或新增价值	金额	上年累计折旧	应税房产年初净值	租金收入	承租人名称	房产用途	税款所属期始	税款所属期止	租金取得时间	税率(%)	应纳税额	批准减免税(费)额	减免批文号码	非审批减免税(费)额	非审批减免说明	批准缓缴税(费)额	抵扣税额	抵扣说明	应入库税额
原值	21 200 000.00		21 200 000.00			自用	2008-1-1	2008-6-30		1.2	254 400.00								254 400.00
				250 000.00						1.2	30 000.00								30 000.00
纳税人声明	本表所申报的各种税款（费）真实、准确，如有虚假内容，愿承担法律责任。 申报单位（盖章）：　　法人代表签名：　　2008年1月15日 　　　　　　　　　　　（负责人）								税务机关受理申报盖章 受理人签名：　　受理日期：　　年 月 日			

企业单位财务负责人：　　　　办税员或税务代理主管：　　填报日期：2008年1月15日

3.3.4　房产税的账务处理

企业缴纳的房产税通过"管理费用"账户核算。企业计算应纳房产税时，借记"管理费用"账户，贷记"应交税费——应交房产税"账户；分期缴纳房产税时，借记"应交税费——应交房产税"账户，贷记"银行存款"账户。

1. 房产税完税凭证

见图 3.4。

2. 房产税的账务处理

见图 3.4。

企业计算房产税时：

借：管理费用   568 800

　　贷：应交税费——应交房产税   568 800

地税

隶属关系——   电子缴税号——

注册类型—— 国有   填发日期— 2008 年 1 月 15 日   征收机关——

缴税单位	代码		收款国库	国家金库××支库
	全称	问鼎煤炭开采有限公司	国库账号	
	账号		预算级次	（区）县级
	开户银行		国库开户银行	国家金库　支库
税款所属期	2008-1-1 至 2008-6-30		税款限缴日期	2008-1-31

预算科目	税 种 税 目	计税金额、销售收入或课税数量	税率或单位税额	已缴或扣除额	实缴税额
101100500	房产税—自用 —出租	21 200 000.00 250 000.00	1.20 12.00		254 400.00 30 000.00
金额合计	人民币贰拾捌万肆仟肆佰元整				￥284 400.00
申报方式	征收方式	打印次数	上列款项已核收记入收款单位账户。 扣款日期—— 2008 年 1 月 16 日 银行盖章	备注	税务机关自征

图 3.4　厦门市电子缴税回单

房产税纳税申报表的有关计税依据、使用税率均按《税法》规定填写，其注意事项说明如下：

1）办理税务登记、临时税务登记、扣缴义务人登记的纳税人在"税务登记代码"一栏填写纳税人代码，自然人申报纳税在"税务登记代码"一栏填身份证号码。未办税务登记的外来户进行纳税申报时，"税务登记代码"一栏填写外来登记户报验登记代码。

2）房产来源指自有、租入、转租、无偿使用他人房产。

3）用途指从价计征的填生产、营业、办公、职工用房，从租计征的填出租用房。

4）"批准减免税（费）额"是指由税务机关审批同意的减免税（费）项目金额（该项目需填写税务机关审批文书号码）。

5）"非审批减免税（费）额"是指纳税人在税务机关审批核准事项外可主动调整的

减免税额（该项目需填写减免说明）。

6）纳税人在填写"抵扣额"项目时，需填写所抵扣的应税凭证号码。

7）逾期纳税申报者，按《中华人民共和国税收征收管理法》规定，由税务机关责令限期改正，可以处二千元以下的罚款；情节严重的，可以处二千元以上一万元以下的罚款。

8）未按规定期限缴纳税款的，从滞纳税款之日起，按日加收滞纳金（2001 年 4 月 30 日前，按日加收滞纳税款千分之二的滞纳金，2001 年 5 月 1 日后按日加收滞纳税款万分之五的滞纳金）。

9）本表一式三份：经征收机关审核盖章后，退回一份给纳税人，作为已向税务机关申报的凭证。

3.3.5 房产税的优惠

1）国家机关、人民团体、军队自用的房产免征房产税，但上述免税单位的出租房产等应照章纳税。

2）由国家财政部门拨付事业经费的单位自用的房产免征房产税，但如学校的工厂、商店、招待所等应照章纳税。

3）宗教寺庙、公园、名胜古迹自用的房产免征房产税，但经营用的房产应照章纳税。

4）个人所有非营业用的房产免征房产税，但个人拥有的营业用房或出租的房产应照章纳税。

5）对行使国家行政管理职能的中国人民银行总行所属分支机构自用的房产，免征房产税。

6）经财政部批准免税的其他房产包括如下几种。

①老年服务机构自用的房产免税。

②已经损坏、不堪使用的房屋和危房，经有关部门（房管部门）鉴定，在停止使用后，可免征房产税。

③纳税人因房屋大修导致连续停用半年以上的，经纳税义务人申请，经税务机关审批，在房屋大修期间免征房产税。

④在基建工地为基建工地服务的各种工棚、材料棚、休息棚和办公室、食堂、茶炉房、汽车房等临时性房屋，在施工期间，一律免征房产税。但工程结束后，施工企业将这种临时性房屋交还或估价转让给基建单位的，应从基建单位验收的次月起，照章纳税。

⑤为鼓励利用地下人防设施，对做营业用的地下人防设施暂不征收房产税。

⑥从 1988 年 1 月 1 日起，对房管部门经租的居民住房，在房租调整改革之前收取租金偏低的，可暂缓征收房产税。对房管部门经租的其他非营业用房，是否给予照顾，由各省、自治区、直辖市根据当地具体情况按税收管理体制的规定办理。

⑦对高校后勤实体免征房产税。

⑧对非营利性的医疗机构、疾病控制机构和妇幼保健机构等卫生机构自用的房产，免征房产税。

⑨ 从 2001 年 1 月 1 日起，对按照政府规定价格出租的公有住房和廉租住房，包括企业和自收自支的事业单位向职工出租的单位自有住房、房管部门向居民出租的私有住房等，暂免征收房产税。

⑩ 向居民供热并向居民收取采暖费的供热企业的生产用房，暂免征收房产税。这里的"供热企业"不包括从事热力生产但不直接向居民供热的企业。

7）从 2001 年 1 月 1 日起，对个人按市场价格出租的居民住房，用于居住的，可暂按 4%的税率征收房产税。

想一想

问鼎煤炭开采有限公司建设好的企业厂房总价值 7800 万元，其中 1/3 用于办公，1/3 为企业自营对外接待的招待所，1/3 出租给另一小型企业，请问如何缴纳房产税？

3.4 车船使用税

案例导入

问鼎煤炭开采有限公司有货车 100 辆（载重量 15 吨）、大客车 30 辆，其中有 10 辆货车未挂牌照，只在公司内使用，不上公路行驶。请问公司是否涉及纳税，若纳税，应纳何税？如何纳税？

3.4.1 车船使用税概述

1. 定义

车船使用税是对行驶于公共道路的车辆和航行于国内河流、湖泊或领海口岸的船舶，按照其种类（如机动车辆、非机动车辆、载人汽车、载货汽车等）、吨位和规定的税额计算征收的一种使用行为税。

小知识

车船税在我国有着悠久的历史。汉武帝元狩四年（公元前 119 年）发布的缗钱令中就规定对民间车船予以课税。《史记·平准书》记载，西汉元光六年（公元前 129 年）"初算商车"；元狩四年（公元前 119 年），"初算缗钱"当时规定："平民车一辆，征税一算，商人加倍。船五丈以上，征税一算。""算"是单位税额，每"算"二十钱。明清时，朝廷就曾对内河商船征收船钞，规定按船只载料多少和运途远近计算征税。1944 年始，许多城市对车船开征牌照税。

新中国成立后，中央人民政府政务院于 1951 年颁布了《车船使用牌照税暂行条例》，对车船征收车船使用牌照税。1986 年 9 月国务院在实施工商税制改革时，发布了《中华人民共和国车船使用税暂行条例》，但同时规定对外商投资企业、外国企业及外籍个人仍征收车船使用牌照税。

国务院于2006年12月29日颁布了新的《中华人民共和国车船税暂行条例》，该条例在适用范围、税收性质、税目税额、减免税范围和征管等几个方面进行了完善，并于2007年1月1日起施行，对各类企业、行政事业单位和个人统一征收车船税。同时废止了1951年9月13日原政务院发布的《车船使用牌照税暂行条例》和1986年9月15日国务院发布的《中华人民共和国车船使用税暂行条例》。

2. 纳税义务人

车船税的纳税人是车辆、船舶的所有人或管理人，即在我国境内拥有车船的单位和个人。单位是指行政机关、事业单位、社会团体以及各类企业。个人是指我国境内的居民和外籍个人。应税车船的所有人或管理人未缴纳车船税的，应由使用人代缴。

3. 征收范围

车船税的征收范围是指行驶于公共道路的车辆和航行于国内河流、湖泊或领海口岸的船舶。以上车船是指依法应当在车船管理部门登记的车船。

4. 税率

车船税实行定额税率。具体税率由各省、自治区、直辖市、人民政府在国务院和主管税务机关规定的税目税额范围内确定，如表3.7所示。

表3.7　税目及税额等的规定

税目	计税单位	每年税额	备注
载客汽车	每辆	60～660元	包括电车
载货汽车	按自重每吨	16～120元	包括半挂牵引车、挂车
三轮汽车、低速货车	按自重每吨	24～120元	
摩托车	每辆	36～180元	
船舶	按净吨位每吨	3～6元	拖船和非机动驳船分别按船舶税额的50%计算
专项作业车、轮式专用机械车	计税单位及每年税额由国务院财政部门、税务主管部门确定		

注：载客汽车，分为大型客车、中型客车、小型客车和微型客车四种。其中，大型客车是指核定载客人数大于或者等于20人的载客汽车；中型客车是指核定载客人数大于9人且小于20人的载客汽车；小型客车是指核定载客人数小于或者等于9人的载客汽车；微型客车是指发动机气缸总排气量小于或者等于1升的载客汽车。

3.4.2　车船使用税的计算

1. 计税依据

车船使用税的计税依据为辆、净吨位、载重吨位三种。

1）乘人汽车、电车、摩托车、自行车、人力车、畜力车，以"辆"为计税依据。

2）载货汽车、机动船，以"净吨位"为计税依据。

3）非机动船，以"载重吨位"为计税依据。

2. 计税公式

车船使用税的应税项目及计税公式如表 3.8 所示。

表 3.8　车船使用税的应税项目及计税公式

应税项目	计税公式
机动船和载货汽车	应纳税额＝净吨位数×适用单位税额
非机动船	应纳税额＝载重吨位数×适用单位税额
除载货汽车以外的机动车和非机动车	应纳税额＝车辆数×适用单位税额
除机动车挂车以外的机动车和非机动车	应纳税额＝车辆数×（载货汽车净吨位年税额×70%）
从事运输业的拖拉机	应纳税额＝所挂拖车净吨位×（载货汽车净吨位年税额×50%）
客货两用汽车	乘人部分＝车辆数×（适用乘人汽车税额×50%）
	载货部分＝净吨位数×适用单位税额
载客汽车	应纳税额＝车辆数×适用单位税额

【例 3.5】　问鼎煤炭开采有限公司有货车 100 辆（载重量 15 吨），大客车 30 辆，其中有 10 辆货车未挂牌照，只在公司内使用，不上公路行驶。假定当地政府及税务主管机关规定的载重汽车纳税额自重每吨 60 元，大客车年纳税额每辆 320 元。计算企业应纳车船使用税的税额。

解： 应纳税额＝计税依据×使用单位税额

货车应纳税额＝100×60×15＝90 000（元）

大客车应纳税额＝（30－10）×320＝6400（元）

企业年度应纳车船税额＝90 000＋6400＝96 400（元）

3.4.3　车船使用税的缴纳与申报表填制

1. 纳税义务发生时间

1）纳税人使用应税车船的，从使用之日起，发生车船使用税的纳税义务。

2）纳税人新购置车船使用的，从购置使用的当月起，发生车船使用税的纳税义务。

3）已向交通航运管理机关上报全年停运或者报废的车船，当年不发生车船使用的纳税义务；停运后又重新使用的，从重新使用的当月起，发生车船使用税的纳税义务。

2. 纳税地点

车船使用税的纳税地点为纳税人的所在地。纳税人所在地，对单位来说，是指经营所在地或机构所在地；对个人来说，是指住所所在地。需要注意的是，企业的车船上了外省的车船牌照，仍应在企业经营所在地纳税，而不在领牌照所在地纳税。

3. 纳税方法

纳税人可通过直接申报、邮寄申报、网上申报和委托代征的方式向当地地方税务机关申报纳税。

4. 申报表的填制

现在有的地方车船税由保险公司在企业缴交"交强险"时代缴，无申报表。如厦门市自 2009 年始车船税就由保险公司在企业缴交"交强险"时代缴，无申报表。

3.4.4 车船使用税的账务处理

企业缴纳的车船使用税通过"管理费用"账户核算。企业计算应纳车船使用税时，借记"管理费用"账户，贷记"应交税费——应交车船使用税"账户；分期缴纳车船使用税时，借记"应交税费——应交车船使用税"账户，贷记"银行存款"账户。

1. 车船税完税凭证

见图 3.5。

保险业专用发票

开票日期：2009-1-16　　　　发 票 联　发票代码 235020931009　　发票号码 00150423

付款人：　问鼎煤炭开采有限公司	
承保险种：　交强险	
保险单号：　AXIMC28CTP09B004895Q　　批单号：　无	
保险费金额（大写）：　略　　　　（小写）：	
代收车船税（小写）：　RMB96 400.00　　滞纳金（小写）：	
合计（大写）人民币玖万陆仟肆佰元整　　　（小写）：	
附注：	

保险公司名称：　　　　　　　　复核：　　　　　　　　经手：

保险公司签章：　　　　　　　　地址：　　　　　　　　电话：

图 3.5　保险业专用发票

2. 车船税的账务处理

【例 3.6】　进行问鼎煤炭开采有限公司按规定计算及实际缴纳车船税的会计处理。

解： 计算车船税时：

借：管理费用　　　　　　　　　　　　　　　　　　　　　　　　　96 400

　　贷：应交税费——应交车船税　　　　　　　　　　　　　　　96 400

实际缴纳车船税时：

借：应交税费——应交车船税　　　　　　　　　　　　　　　96 400

　　贷：银行存款　　　　　　　　　　　　　　　　　　　　96 400

3.4.5　车船使用税的优惠

下列车船免征车船税。

1）非机动车船（不包括非机动驳船）。

2）拖拉机。

3）捕捞、养殖渔船。

4）军队、武警专用的车船。

5）警用车船。

6）按照有关规定已经缴纳船舶吨税的船舶。

7）依照我国有关法律和我国缔结或者参加的国际条约的规定应当予以免税的外国驻华使馆、领事馆和国际组织驻华机构及其有关人员的车船。

8）残疾人专用的车辆。

9）非营利性医疗机构、疾病控制机构和妇幼保健机构等卫生机构自用的车船。

想一想

若问鼎煤炭开采有限公司大客车30辆均上公路行驶。其缴纳税费有何变化？

练 习 题

一、单项选择题

1. 下列应交纳印花税的凭证是（　　）。

A. 房屋产权证、工商营业执照、卫生许可证

B. 土地使用证、专利证、经营许可证

C. 商标注册证、税务登记证、营运许可证

D. 房屋产权证、工商营业执照、商标注册证、专利证、土地使用证

2. 铁路线路、公路线路、飞机场跑道、停机坪、港口、航道占用耕地，按每平方米（　　）元的税额征收耕地占用税。

A. 2　　　　　　B. 1　　　　　　C. 4　　　　　　D. 3

3. 印花税的比例税率分为四个档次，下列不是印花税税率的是（　　）。

A. 4‰　　　　B. 0.5‰　　　　C. 1‰　　　　D. 0.3‰

4. 2008 年 2 月，甲公司将闲置的办公用房出租给乙公司，合同约定每月租金 3000 元，租期未定。签订合同时，预收租金 6000 元，双方对合同已缴纳印花税。7 月底合同解除，甲公司收到对方补交的租金 12 000 元。甲公司 7 月应补交印花税（　　）元。

    A. 8　　　　　　B. 13　　　　　　C. 6　　　　　　D. 12

5. 国家对耕地占用税的税额规定人均耕地超过 1 亩但不超过 2 亩的地区，每平方米的耕地占用税为（　　）。

    A. 10 元至 50 元　　　　　　　　　B. 6 元至 30 元

    C. 5 元至 25 元　　　　　　　　　D. 8 元至 40 元

6. 载货汽车、机动船，以（　　）为计税依据。

    A. "辆"　　　　B. "净吨位"　　　C. "载重吨位"　　　D. "行使公里"

7. 从 2001 年 1 月 1 日起，对个人按市场价格出租的居民住房，用于居住的，可暂按（　　）的税率征收房产税。

    A. 2%　　　　　B. 3%　　　　　C. 4%　　　　　D. 6%

8. 大型客车是指核定载客人数大于或者等于（　　）人的载客汽车。

    A. 25　　　　　B. 10　　　　　C. 15　　　　　D. 20

9. 纳税人因房屋大修导致连续停用（　　）以上的，在房屋大修期间免征房产税。

    A. 半年　　　　B. 一个月　　　C. 三个月　　　　D. 两个月

10. 经批准开山填海整治的土地和改造的废弃土地，从使用的月份起免缴土地使用税（　　）。

    A. 5 年至 8 年　　　　　　　　　B. 10 年至 15 年

    C. 5 年至 10 年　　　　　　　　D. 10 年至 20 年

11. 中等城市的土地使用税每平方米年税额为（　　）。

    A. 1.5 元至 30 元　　　　　　　　B. 1.5 元至 30 元

    C. 0.9 元至 18 元　　　　　　　　D. 0.6 元至 12 元

12. 经省、自治区、直辖市人民政府批准，经济落后地区土地使用税的适用税额标准可以适当降低，但降低额不得超过规定最低税额的（　　）。

    A. 20%　　　　　B. 30%　　　　　C. 15%　　　　　D. 50%

二、多项选择题

1. 下列属于印花税征收范围的有（　　）。

    A. 购销、加工承揽、建设工程承包、财产租赁、货物运输、仓储保管、借款、财产保险、技术合同或者具有合同性质的凭证

    B. 产权转移书据　　　　　　　C. 营业账簿

    D. 权利、许可证照　　　　　　E. 经财政部确定征税的其他凭证

2. 下列应税凭证中应采用定额税率计算缴纳印花税的有（　　）。

    A. 产权转移书据　　　　　　　B. 工商营业执照

    C. 技术合同　　　　　　　　　D. 商标注册证

3. 下列税率形式中，适用于印花税的有（　　　）。

    A. 定额税率　　　　B. 超额累进税率　　　C. 比例税率　　　D. 全额累进税率

4. 车船税纳税人可通过（　　　）的方式向当地地方税务机关申报纳税。

    A. 直接申报　　　　B. 邮寄申报　　　　　C. 网上申报　　　D. 委托代征

5. 企业缴纳车船税的载客汽车，划分为（　　　）等子税目。

    A. 大型客车　　　　B. 中型客车　　　　　C. 小型客车　　　D. 微型客车

6. 房产税采用从价计税。计税依据分为按（　　　）和（　　　）计税两种。

    A. 计税原值　　　　B. 租金收入　　　　　C. 计税余值　　　D. 合并计税

7. 国家对房产税的纳税期限规定为（　　　）。

    A. 按年征收　　　　B. 分期缴纳　　　　　C. 半年缴纳　　　D. 按月征收

8. 城镇土地使用税纳税人为个人的不包括（　　　）。

    A. 国有企业　　　　B. 个体工商户　　　　C. 外国企业　　　D. 军队

9. 印花税的纳税方法有（　　　）。

    A. 自行贴花　　　　B. 申报贴花　　　　　C. 汇贴或汇缴　　D. 委托代征

10. 印花税按收取金额的 5‰ 贴花的合同有（　　　）。

    A. 加工承揽合同　　　　　　　　　B. 建设工程勘察设计合同

    C. 货物运输合同　　　　　　　　　D. 建筑安装工程承包合同

11. 耕地是指用于种植农作物的土地，包括占用前 3 年内曾用于种植的（　　　）。

    A. 土地　　　　　　　　　　　　　B. 从事其他非农生产建设

    C. 其他农业用地建房　　　　　　　D. 鱼塘

三、判断题

1. 合同的担保人、证人、鉴定人不是印花税的纳税义务人，但合同的当事人的代理人有代理纳税义务。　　　　　　　　　　　　　　　　　　　　　　　　　（　　　）

2. 对于由委托方提供原材料的加工承揽合同，凡是合同中分别记载加工费金额和原材料金额的，应分别按"加工承揽合同"和"购销购销合同"计税贴花；若合同中未分别记载，则应就全部金额依照"加工承揽合同"计税贴花。　　　　　　　（　　　）

3. 耕地占用税是在实际占用耕地之前一次性交纳的，不存在与征税机关清算和结算的问题。　　　　　　　　　　　　　　　　　　　　　　　　　　　　　　（　　　）

4. 车船使用税的纳税地点为车船行驶地。　　　　　　　　　　　　　　（　　　）

5. 已向交通航运管理机关上报全年停运或者报废的车船，当年不发生车船使用的纳税义务。停运后又重新使用的，从重新使用的次月起，发生车船使用税的纳税义务。

                                              （　　　）

6. 车船税的纳税人为应税车船的所有人或管理人，使用人无代缴义务。　（　　　）

7. 纳税人将原有房产用于生产、经营的，从生产、经营之日起缴纳房产税。（　　　）

8. 国家机关、人民团体、军队自用的房产税免征房产税，包括上述免税单位的出租房产。　　　　　　　　　　　　　　　　　　　　　　　　　　　　　　　（　　　）

9. 征用的耕地城镇土地使用税纳税义务发生的时间为自批准征用之日起满 1 年时开始缴纳。　　　　　　　　　　　　　　　　　　　　　　　　　　（　　）

10. 拥有土地使用权的单位和个人不在土地所在地的，其土地的实际使用人和代管人为纳税人。　　　　　　　　　　　　　　　　　　　　　　　　　　（　　）

11. 企业为购建固定资产而交纳的耕地占用税，作为固定资产价值的组成部分，记入"在建工程"科目。　　　　　　　　　　　　　　　　　　　　　（　　）

12. 财产租赁合同按 1‰ 贴花，税额不足 1 元的不贴花。　　　　　　　（　　）

四、实务题

1. 某企业 2008 年 2 月开业，领受房产证、工商营业执照、土地使用证各一件；与其他企业订立转移专有技术使用权书据，所载金额 90 万元；订立产品购销合同，所载金额 140 万元；订立借款合同，所载金额 40 万元；企业设立营业账簿 7 本，"实收资本"科目载有资金 800 万元；2008 年 12 月该企业"实收资本"科目所载资金增加为 1000 万元。试计算下面所列出的该企业本年度应纳印花税，并作出会计处理。

（1）2008 年 2 月开业应缴纳的印花税。

1）领受权利许可证照应缴纳印花税。

2）资金账簿应缴纳印花税。

3）其他账簿应缴纳印花税。

4）订立转移专有技术使用权书据应缴纳印花税。

5）订立产品购销合同应缴纳印花税。

6）订立借款合同应缴纳印花税。

7）企业 2008 年 2 月共应缴纳印花税。

（2）2008 年 12 月增资后应缴纳的印花税。

2. 某企业年初占用土地 30 000 平方米。该企业所在地的人民政府规定，土地使用税单位税额为每年每平方米 8 元，9 月该企业在其他区域征用非耕地 10 000 平方米，用于建造招待所。该招待所实际占用土地 6960 平方米。其所在地人民政府规定，土地使用税单位税额为每年每平方米 10 元。试计算下面所列出的该企业年度应纳税额。

1）企业 1～9 月占用土地应缴纳的土地使用税。

2）企业 10～12 月占用土地应缴纳的土地使用税。

3）企业全年占用土地应缴纳的土地使用税。

3. 某企业在其所在城市市区有房屋三幢，其中两幢用于本企业生产经营，两幢房产账面原值共 1200 万元，另外一幢房屋租给某私营企业，年租金收入为 20 万元，租期 10 年；自 7 月份起企业将自用的生产经营用房的 1/2 对外投资联营，经营期限 20 年。每年收取固定分红 48 万元。该省规定允许按房产原值一次扣除 30%。试计算下面所列出的该企业年度应纳税额。

1）纳税人从价计征自用房屋房产税。

2）纳税人从价计征出租房屋房产税。

3）纳税人从价计征联营房屋房产税。

4）企业全年应缴纳的房产税。

4. 某公司拥有载货汽车 10 辆（其中 2 辆年初已向主管税务机关报停使用），载重净吨位均为 5 吨；四门六座客货两用汽车 2 辆，载重净吨位为 2.6 吨；大客车 4 辆（其中子弟学校 2 辆），均为 45 座；小轿车 5 辆。该地车船税的年税额载重汽车为每吨 30 元；乘人汽车在 20 座以上每辆 200 元，5 座以下每辆 180 元。试计算该企业年度应纳税额。

1）载货汽车的应纳车船税。

2）六座客货两用汽车应纳车船税。

3）大客车应纳车船税。

4）小轿车应纳车船税。

5）企业全年应缴纳的车船税。

第4章

购进环节纳税

学 习 向 导

知识目标

1. 掌握关税、消费税、增值税、车辆购置税、契税的概念、纳税人以及征税对象。

2. 掌握消费税、增值税、车辆购置税、契税的应纳税额的计算。

3. 掌握消费税、增值税、车辆购置税、契税的纳税申报和税款缴纳。

能力目标

1. 能判断哪些购进环节要征收税，征何种税。

2. 能根据业务资料进行购进环节应纳税费的涉税会计业务处理。

情感目标

纳税光荣。

识记

购进环节应纳的各种税费的概念、征税对象、纳税时间、纳税地点。

案例导入

问鼎煤炭开采有限公司（一般增值税纳税人，有商品进出口权）从国外进口 1 辆小汽车自用，请问该公司在此环节要交些什么税？

4.1　关税

4.1.1　关税概述

1. 关税的概念

关税是海关依法对进出境货物、物品征收的一种税。

2. 征收机关和纳税人

1）关税的征收机关为海关。
2）关税纳税人为进口货物的收货人、出口货物的发货人、进出境物品的所有人。

3. 征税对象

关税的征税对象是准允进出境的货物和物品。货物是指贸易性商品；物品是非贸易性商品，包括入境旅客随身携带的行李和物品、个人邮递物品、各种运输工具上的服务人员携带进口的日用物品、馈赠物品以及其他方式进入国境的个人物品。

想一想

某游客从国外旅游回来带回一些外国食品和一台摄像机，这些东西要交关税吗？

4. 税率计征办法

1）从价税：按进出口货物的价值征收关税。进口商品基本上都实行从价税。
2）从量税：对进出口货物按计量单位征收关税。目前我国对原油、部分鸡产品、啤酒、胶卷的进口分别以重量、容量、面积计征从量税。
3）复合税：将从价税和从量税混合使用。目前我国对录像机、放像机、摄像机、数字照相机和摄录一体机实行复合税。
4）滑准税：根据同一种商品进口价格的不同，分别实施不同档次的税率，价格高的税率低，价格低的税率高，目前我国对新闻纸实行滑准税。

5. 进口关税税率

进口关税分为最惠国税率、协定税率、特惠税率、普通税率、关税配额税率共五种税率，一定时期内可实行暂定税率、比例税率（20%～40%）。

6. 出口关税税率

我国现行税则对 36 种商品计征出口关税，实际真正征收出口关税的商品只有 20 种，税率也较低，其余的商品出口均为零关税。

想一想

为什么对进口货物大部分要征税，而对出口货物只有小部分要征税？

4.1.2 关税的计算

1. 一般进口货物的完税价格（本书只介绍进口货物的完税价格）

进口货物的完税价格由海关以货物的成交价格为基础审查确定，并包括该货物运抵中华人民共和国境内输入地点起卸前（第一口岸）的运输及其相关费用、保险费。

2. 从价税应纳税额

$$关税税额＝应税进口货物数量×单位完税价格×税率$$

4.1.3 关税的缴纳

进口货物自运输工具申报进境之日起 14 日内，出口货物在其运抵海关监管区后装货的 24 小时内，应由进出口货物的纳税义务人向货物进出境地海关申报。

纳税义务人应当自海关填发税款缴款书（图 4.1）之日起 15 日内，向指定银行缴纳税款。

海关进口关税专用缴款书

收入系统：海关系统　　　　　填发日期：2010 年 7 月 1 日　　　　　号码 NO.×××

收款单位	收入机关	中央金库			缴款单位	名　　称	问鼎煤炭开采有限公司
	科目	进口关税	预算级次	中央		账　　号	
	收款国库	人行××中心支行国库处（×××）				开户银行	

税号	货物名称	数量	单位	完税价格	税率（%）	税款金额
×××	小汽车	1	辆	623 200.00	25.00	155 800

金额人民币（大写）壹拾伍万伍仟捌百元整		合计	¥155 800.00
申请单位编号	×××	报关单编号	××××	填制单位	
合同（批文）号	××××	运输工具（号）	×××	制单人	收款国库（银行）
缴款期限	2010 年 7 月 16 日前	提/装货单号	×××	复核人	
备注：一般贸易　照章征税　2010-7-1　国标代码×××				××	
155 800.00					

从填发缴款书之日起限 15 日内缴纳（期末遇法定节假日顺延），逾期按日征收税款总额万分之五的滞纳金。

图 4.1　海关进口关税专用缴款书

4.1.4　关税的账务核算

【例 4.1】　2010 年 7 月 1 日问鼎煤炭开采有限公司（一般增值税纳税人）从国外进口 1 辆小汽车自用，完税价格为 62.32 万元，问进口关税是多少（关税税率 25%）。

解： 进口关税＝62.32×25%×1＝15.58（万元）

账务处理：

借：固定资产　　　　　　　　　　　　　　　　　　　　　155 800
　　贷：应交税费——应交关税　　　　　　　　　　　　　　　155 800

实际纳税时：

借：应交税费——应交关税　　　　　　　　　　　　　　　　155 800
　　贷：银行存款　　　　　　　　　　　　　　　　　　　　　155 800

小知识

世界各国有趣的税种

洗脸税： 土耳其总统塞泽尔 2007 年 5 月批准了税法修改条例。根据该条例，土耳其人在打开水龙头洗脸的时候要同时缴三种税。首先是环境清洁税，土耳其老百姓一直叫其作垃圾税；第二种税叫污水费，由政府按自来水费 50% 的标准收取；第三种税是增值税，不论是家庭还是写字楼都要支付这个费用，按水费的 18% 收取。

肥尸税： 英国伯明翰市规定死者使用棺材宽度为 23 英寸（58 厘米），每超 1 英寸得付税 7.5 英镑。

改名税： 比利时新的法律规定，父母可以任意给子女改名，但必须交纳 200 比利时法郎的改名税。

4.2　消费税

想一想

高档化妆品的成本并不是很高，为什么销售价格会很高？

4.2.1　消费税概述

1. 消费税的概念

消费税是对我国境内从事生产、委托加工和进口应税消费品的单位和个人，就其销售额或销售数量，在特定环节征收的一种税。

2. 征税机关和纳税义务人

1）征税机关：进口应税消费品由报关地海关代征；销售应税消费品以及自产自用的

应税消费品，国家另有规定的除外，由纳税人核算地主管税务机关征收。

2）纳税义务人：在中华人民共和国境内生产、委托加工和进口应税消费品的单位和个人，为消费税的纳税义务人。

3. 征税对象

按照《消费税暂行条例》的规定，确定征收消费税的有烟、酒、化妆品、贵重首饰及珠宝玉石、鞭炮和焰火、成品油、汽车轮胎、小汽车、摩托车、高尔夫球及球具、高档手表、游艇、木制一次性筷子、实木地板等14个税目，有的税目还进一步划分了若干个子目。具体见表4.4。

4. 税率形式

消费税的税率形式有比例税率和定额税率及其二者相结合的形式。

1）比例税率：是指从价计税时按照法定比例作为计税依据计算应纳税额，该法定比例通常采用固定的百分比的形式。消费税的比例税率有十档：3%～45%，如鞭炮、焰火为15%。

2）定额税率：又称税额标准，是指从量计税时按照计量单位作为计税依据计算应纳税额。消费税有四档，只适用于啤酒、黄酒、成品油，如：含铅汽油每升1.40元。

3）定额税率和比例税率相结合，如表4.1所示。

表4.1　定额税率和比例税率相结合

应税消费品	定额税率	比例税率
卷烟	每标准箱150元	45%、30%
粮食白酒	每斤0.5元	20%

4.2.2　消费税的计算

1. 计税公式

计税公式如表4.2所示。

表4.2　计税公式

三种计税方法	计税公式	适用范围
1.从价定率计税	应纳税额＝销售额×比例税率	绝大部分应税消费品
2.从量定额计税	应纳税额＝销售数量×定额税率	啤酒、黄酒、成品油
3.复合计税	应纳税额＝销售额×比例税率＋销售数量×定额税率	粮食白酒、薯类白酒、卷烟

2. 进口一般货物应纳消费税的计算（本书只介绍从价定率计税，下同）

组成计税价格＝（关税完税价格＋关税）/（1－消费税比例税率）

应纳消费税税额＝组成计税价格×消费税比例税率

公式中的"关税完税价格"是指海关核定的关税计税价格。

纳税人销售的应税消费品，以外汇结算销售额的，其销售额的人民币折合率可以选择结算的当天或者当月 1 日的国家外汇牌价（原则上为中间价）。纳税人应事先确定采取何种折合率，确定后原则上一年内不得变更。

【例 4.2】　2010 年 7 月 1 日问鼎煤炭开采有限公司（一般增值税纳税人）从国外进口 1 辆汽车自用，完税价格为 62.32 万元，计算进口消费税（消费税税率 9%）。

解： 组成计税价格＝（623 200＋155 800）/（1－9%）＝856 043.96（元）

应纳消费税税额＝856 043.96×9%＝77 043.96（元）

账务处理：

借：固定资产　　　　　　　　　　　　　　　　　　　　　　　77 043.96

　　贷：应交税费——应交消费税　　　　　　　　　　　　　　　　　77 043.96

实际纳税时：

借：应交税费——应交消费税　　　　　　　　　　　　　　　　77 043.96

　　贷：银行存款　　　　　　　　　　　　　　　　　　　　　　　77 043.96

图 4.2 为该海关开出的进口消费税专用缴款书。

海关进口消费税专用缴款书

收入系统：海关系统　　　　　　　填发日期：2010 年 7 月 1 日　　　　　号码 NO×××

收款单位	收入机关	中央金库			缴款单位	名　称	问鼎煤炭开采有限公司
	科目	进口消费税	预算级次	中央		账　号	
	收款国库	人行××中心支行国库处（×××）				开户银行	

税号	货物名称	数量	单位	完税价格	税率（%）	税款金额
××	小汽车	1	辆	856 043.96	9.00	77 043.96

金额人民币（大写）柒万柒仟零肆拾叁元玖角陆分			合计	￥77 043.96
申请单位编号	×××	报关单编号	××××	填制单位
合同（批文）号	××××	运输工具（号）	×××	
缴款期限	2010 年 7 月 16 日前	提/装货单号	×××	制单人　收款国库（银行）复合人　×××
备注：一般贸易　照章征收　2010-7-1　国标代码×××				
		77 043.96		

从填发缴款书之日起限 15 日内缴纳（期末遇法定节假日顺延），逾期按日征收税款总额万分之五的滞纳金。

图 4.2　海关进口消费税专用缴款书

3. 生产的应税消费品在销售环节应纳消费税的计算（从价定率计税）

应纳税额＝应税消费品的销售额×消费税比例税率

（1）应税消费品的销售额一般规定

应税消费品的销售额＝销售应税消费品从购买方收取的不含增值税的全部价款＋价外费用

1）销售应税消费品从购买方收取的全部价款不包括向购买方收取的增值税税额，

以及符合《税法》条件由承运部门开具的运费发票，即发票的抬头为购货方，由销售方代垫该运费，并将该发票转交给购货方。

2）价外费用是指价外收取的手续费、包装物、滞纳金、基金、集资费、返还利润、补贴、违约金（延期付款利息）等。但要注意该价外费用应视同含增值税。如某汽车厂门市部销售一辆汽车，售价为 200 000 元，增值税为 34 000 元，代办车牌照收取手续费351 元。则应税消费品的销售额为 200 300（200 000＋351÷1.17）元。

（2）含增值税销售额的换算

应税消费品的销售额＝含增值税的销售额÷（1＋增值税税率或征收率）

进口一般货物应纳消费税的计算。（本书只介绍从价定率计税，下同）

组成计税价格＝（关税完税价格＋关税）/（1－消费税比例税率）

应纳消费税税额＝组成计税价格×消费税比例税率

如某应税消费品的销售价格为 117 000 元（含税），则其应税消费品的销售额为100 000 元［117 000÷（1＋17%）］。

【例 4.3】 2010 年 7 月 10 日，问鼎煤炭开采有限公司（一般增值税纳税人）销售应税消费品一批，不含增值税的售价为 10 万元，消费税适用税率为 10%，问该企业要交的消费税是多少。

解：消费税＝10×10%＝1（万元）

账务处理：

借：营业税金及附加 10 000

贷：应交税费——应交消费税 10 000

实际纳税时：

借：应交税费——应交消费税 10 000

贷：银行存款 10 000

小知识

商品在销售时有些是需要包装物的，有的包装物采用收押金的形式，有的连同产品一起售出，其包装物的有关处理如下：

（1）非酒类产品的包装物

1）连同产品出售（含单独计价和不单独计价），视同价外费用并入应纳税额。

2）只是收取押金并及时退还，不考虑征税。

3）没收的押金和收取的押金一年以上，视同价外费用并入应纳税额。

（2）酒类产品的包装物

无论采取何种形式，视同价外费用并入应纳税额。

4. 委托加工环节（从价定率计税）

委托加工的应税消费品，按照受托方同类消费品的销售价格计算纳税；没有同类消费品销售价格的，按组成计税价格计算纳税。计算公式为：

组成计税价格＝（材料成本＋加工费）/（1－消费税比例税率）

应纳税额＝组成计税价格×消费税比例税率

公式中的"材料成本"是指委托方所提供加工材料的实际成本。委托加工应税消费品的纳税人，必须在委托加工合同上注明（或以其他方式提供）材料成本，凡未提供材料成本的，受托方所在地主管税务机关有权核定其材料成本。"加工费"是指受托方加工应税消费品向委托方所收取的全部费用（包括代垫辅助材料的实际成本）。

小知识

委托加工是指委托方提供原料及主要材料，受托方按照委托方的要求制造货物并收取加工费的业务。此处受托方要提供的材料只能是辅料。如果是受托方按委托方的要求提供主要原材料生产的加工品或受托方先将原材料卖给委托方，然后再委托加工的或受托方以委托方名义购进原材料生产的加工品都不得作为委托加工物资，而由受托方按销售自制品缴纳税费。

【例 4.4】　2010 年 7 月 14 日，问鼎煤炭开采有限公司（一般增值税纳税人）委托某单位加工一批应税消费品，该批商品的成本为 30 万元，支付的不含增值税的加工费为 6 万元，假设其适用的消费税税率为 10%，问鼎煤炭开采有限公司收回委托商品后直接出售，计算问鼎煤炭开采有限公司要交的消费税。

解： 组成计税价格＝（30＋6）/（1－10%）＝40（万元）

应纳税额＝40×10%＝4（万元）

账务处理：

借：委托加工物资　　　　　　　　　　　　　　　　　　　　40 000
　　贷：银行存款　　　　　　　　　　　　　　　　　　　　　　　40 000

【例 4.5】　假设例 4.4 中，问鼎煤炭开采有限公司收回委托商品后准备继续加工成应税消费品，计算问鼎煤炭开采有限公司要交的消费税。

解： 组成计税价格＝（30＋6）/（1－10%）＝40（万元）

应纳消费税税额＝40×10%＝4（万元）

账务处理：

借：应交税费——应交消费税　　　　　　　　　　　　　　　40 000
　　贷：银行存款　　　　　　　　　　　　　　　　　　　　　　　40 000

想一想

1）例 4.4 和例 4.5 中有何不同？（注意账务处理）

2）某啤酒厂（一般增值税纳税人）2010 年 7 月销售甲类啤酒 1000 吨，每吨啤酒的出厂价为 3200 元，其适用的消费税的定额税率为 250 元/吨，请问该啤酒厂要交的消费税是多少？

3）某白酒生产企业（一般增值税纳税人）2010年1月销售粮食白酒40吨，不含增值税的售价为每吨100万元，白酒适用比例税率20%，定额税率每500克0.5元，请问该白酒生产企业要交的消费税是多少？

5. 自产自用（含赠送）应税消费品

纳税人自产自用但不是用于连续生产应税消费品的（如生产的应税消费品发给职工做福利），按照纳税人生产的同类消费品的销售价格计算纳税。"同类消费品的销售价格"，是指纳税人或代收代缴义务人当月销售的同类消费品的销售价格，如果当月同类消费品各期销售价格高低不同，应按销售数量加权平均计算。但销售的应税消费品如果销售价格明显偏低又无正当理由，或无销售价格，此时不得加权平均计算。如果当月无销售或者当月末完结，应按同类消费品上月或最近月份的销售价格计算纳税。

没有同类消费品销售价格的，按照组成计税价格计算纳税。计算公式为

$$组成计税价格＝（成本＋利润）/（1－消费税税率）$$

公式中的"成本"是指应税消费品的生产成本，"利润"是指根据应税消费品的全国平均成本利润率计算的利润。应税消费品的全国平均成本利润率规定为：甲类卷烟10%；乙类卷烟5%；雪茄烟5%；烟丝5%；粮食白酒10%，薯类白酒5%，其他酒5%；酒精5%；化妆品5%；鞭炮、焰火5%；贵重首饰及珠宝玉石6%；汽车轮胎5%；摩托车6%；乘用车8%；中轻型商用客车5%；高尔夫球及球具10%；高档手表20%；游艇10%；木制一次性筷子5%；实木地板5%。

【例 4.6】 问鼎煤炭开采有限公司将一批自产的应税消费品发给职工做节日礼物，该商品的成本100 000元，该商品无同类产品市场销售价格，其成本利润率为5%，消费税税率为30%。计算该公司要交的消费税。

解：组成计税价格＝100 000×（1＋5%）/（1－30%）＝150 000元

应纳消费税税额＝150 000×30%＝45 000元

账务处理：

借：营业税金及附加   45 000

    贷：应交税费——应交消费税   45 000

实际纳税时：

借：应交税费——应交消费税   45 000

    贷：银行存款   45 000

4.2.3 消费税申报表填制与缴纳

1. 纳税义务发生时间

纳税人生产的应税消费品主要按用途分别纳税，销售的于销售时纳税，自用或赠送

的于自用或赠送时纳税，委托加工的于收回环节纳税，进口消费品应当于报关进口环节纳税。但金银首饰、钻石及钻石饰品在零售环节纳税。

2. 纳税期限

纳税人以 1 个月或以 1 个季度为一期纳税的，自期满之日起 15 日内申报纳税；以 1 日、3 日、5 日、10 日或者 15 日为一期纳税的，自期满之日起 5 日内预缴税款，于次月 1 日起至 15 日内申报纳税，并结清上月应纳税款。

纳税人进口应税消费品，应当自海关填发海关进口《消费税专用缴款书》之日起 15 日内缴款税款。

3. 纳税地点

1）纳税人销售的应税消费品，以及自产自用的应税消费品，除国家另有规定的外，应当向纳税人核算地主管税务机关申报纳税。

2）委托个人加工的应税消费品，由委托方向其机构所在地或者居住地主管税务机关申报纳税。除此之外，由受托方向所在地主管税务机关代收代缴消费税税款。

3）进口的应税消费品，由进口人或者其代理人向报关地海关申报纳税。

4. 纳税申报

参阅表 4.3。

表 4.3 消费税纳税申报表

根据《中华人民共和国消费税暂行条例》第十三和第十四条的规定，制定本表。纳税人不论有无销售，均应按月填制本表，于次月一日起十日内，向当地主管国家税务机关申报。

纳税人识别号：		纳税人名称：			问鼎煤炭开采有限公司			
所属时期：2010 年 7 月 1 日至 2010 年 7 月 31 日		申报日期			2010 年 8 月 1 日			
序号	征收品目代码	应税销售额	适用税率	应税数量	单位税额	当期准予扣除外购应税消费品买价				外购应税消费品适用税率	外购应税消费品单位税额
						合计	期初库存外购应税消费品买价	当期购进外购应税消费品买价	期末库存外购应税消费品买价		
①	②	③	④	③	④	⑤=⑥+⑦-⑧	⑥	⑦	⑧	⑨	⑨
		100 000	10%								
		150 000	30%								
合计		250 000									

当期准予扣除外购应税消费品已纳税款	当期准予扣除委托加工应税消费品已纳税款				应纳消费税		已纳消费税		本期应补（退）税金额	
	合计	期初库存委托加工应税消费品已纳税款	当期购进委托加工应税消费品已纳税款	期末库存委托加工应税消费品已纳税款	本期	累计	本期	累计	合计	上期结算金额
					$⑮=③×④-⑩-⑪$	⑯	⑰	⑱		
$⑩=⑤×⑨$	$⑪=⑫+⑬-⑭$	⑫	⑬	⑭					$⑲=⑮-⑰+⑳+㉑+㉒$	⑳
	40 000				15 000				150 00	

本期应补（退）税金额		截止上年底累计欠税额	本年度新增欠税额		减免税额	预缴税额	多缴税额
补交本年度欠税	补交以前年度欠税		本期	累计			
㉑	㉒	㉓	㉔	㉕	㉖	㉗	㉘

如纳税人填表，由纳税人填写以下各栏		如委托代理人填表，由委托代理人填写以下各栏		声明：如果你已授权代理人申报，请填写下列资料
				为代理一切税务事宜现授权（　　）为本纳税人的代理申报人
会计主管（签章）	纳税人（公章）	代理人名称		此纳税申报表是根据《中华人民共和国消费税暂行条例》填报的，我确信它是真实的、可靠的、完整的
		代理人地址	代理人（公章）	
		经办人		
		电话		声明人签字
以下由税务机关填写				
收到申报表日期			接收人	

备注：本表一式二联，第一联纳税人留存，第二联由主管税务机关留存。

《中华人民共和国消费税暂行条例》于 2008 年 11 月 5 日经国务院第三十四次常务会议修订通过，自 2010 年 1 月 1 日起施行。表 4.4 为消费税的税目、税率表。

表 4.4 消费税税目税率表

项　目		税　率
一、烟	1.卷烟	
	（1）甲类卷烟	45%加 0.003 元/支
	（2）乙类卷烟	30%加 0.003 元/支
	2.雪茄烟	25%
	3.烟丝	30%

续表

项 目		税 率
二、酒及酒精	1.白酒	20%加 0.5 元/500 克（或者 500 毫升）
	2.黄酒	240 元/吨
	3.啤酒	
	（1）甲类啤酒	250 元/吨
	（2）乙类啤酒	220 元/吨
	4.其他酒	10%
	5.酒精	5%
三、化妆品		30%
四、贵重首饰及珠宝玉石	1.金银首饰、铂金首饰和钻石及钻石饰品	5%
	2.其他贵重首饰和珠宝玉石	10%
五、鞭炮、焰火		15%
六、成品油	1.汽油	
	（1）含铅汽油	0.28 元/升
	（2）无铅汽油	0.20 元/升
	2.柴油	0.10 元/升
	3.航空煤油	0.10 元/升
	4.石脑油	0.20 元/升
	5.溶剂油	0.20 元/升
	6.润滑油	0.20 元/升
	7.燃料油	0.10 元/升
七、汽车轮胎		3%
八、摩托车	1.气缸容量（排气量，下同）在 250 毫升（含 250 毫升）以下的	3%
	2.气缸容量在 250 毫升以上的	10%
九、小汽车	1.乘用车	
	（1）气缸容量（排气量，下同）在 1.0 升（含 1.0 升）以下的	1%
	（2）气缸容量在 1.0 升以上至 1.5 升（含 1.5 升）的	3%
	（3）气缸容量在 1.5 升以上至 2.0 升（含 2.0 升）的	5%
	（4）气缸容量在 2.0 升以上至 2.5 升（含 2.5 升）的	9%
	（5）气缸容量在 2.5 升以上至 3.0 升（含 3.0 升）的	12%
	（6）气缸容量在 3.0 升以上至 4.0 升（含 4.0 升）的	25%
	（7）气缸容量在 4.0 升以上的	40%
	2.中轻型商用客车	5%
十、高尔夫球及球具		10%
十一、高档手表		20%
十二、游艇		10%
十三、木制一次性筷子		5%
十四、实木地板		5%

世界各国有趣的税种

离婚税：美国加利福尼亚州实行一项简便的离婚法，规定结婚不满两年，未生养又无贵重财产的夫妻，欲离婚只要向州政府法律部门邮寄30美元离婚税，并保证双方无争执地分割好私产，其离婚即自动生效。

作品税：墨西哥财政部对绘画、雕塑等艺术家制定了一项新纳税方法，即如果不愿付现金，登记备案后，可用自己的作品代替税款。

外国新娘税：阿拉伯联合酋长国颁布了这么一条法律，如果娶外国女子，就必须向政府上缴一笔数量可观的外国新娘税。阿联酋政府为什么要做出这项规定呢？原来在该国，男子结婚要送给女方高达数万美元的彩礼，许多男子因无法支付如此厚重的彩礼，转而娶外国女子为妻。为了对这一行为进行控制，阿联酋政府才出此怪招。

4.3 增值税

4.3.1 增值税概述

1. 增值税的概念

增值税是对从事销售货物或提供加工、修理修配劳务，以及进口货物的单位和个人取得的增值额为课税对象征收的一种税。增值额如表4.5所示。

表4.5 企业的增值额（元）

企业类型	买价	售价	增值额
生产企业	90（原材料）	140	50
批发企业	140	150	10
零售企业	150	200	50

想一想

前面学过有14个项目发生应税行为时要交消费税，请问它们此时还要交增值税吗？

2. 我国现行增值税征税范围的一般规定

1）销售货物，主要是指有实物形态的货物。

2）提供加工和修理修配劳务："加工"是指受托加工货物，即委托方提供原料及主要材料，受托方按照委托方的要求制造货物并收取加工费的业务，如委托加工物资；"修理修配"是指受托方对损伤和丧失功能的货物进行修复，使其恢复原状和功能的业务，如修汽车、修钟表。注意装修房子不属于该范围，它属于营业税范围。

3）进口货物，主要是指有实物形态的货物。

3. 增值税纳税人的基本规定

凡在我国境内销售货物或提供加工、修理修配劳务，以及进口货物的单位和个人，都是增值税的纳税人。

4. 增值税纳税人的分类

增值税纳税人的分类如表 4.6 所示。

表 4.6　增值税纳税人的分类

纳税人	认定标准	特别说明	发票的使用
小规模纳税人	1）以货物生产为主：年应税销售额50 万元（含）以下 2）以货物批发、零售为主：年应税销售额 80 万元（含）以下	年应税销售额不足 80 万元的小规模商业企业，不得认定为一般纳税人	普通发票
一般纳税人	1）以货物生产为主：年应税销售额50 万元以上 2）以货物批发、零售为主：年应税销售额 80 万元以上 3）以货物生产为主：年应税销售额不足 30 万元，但会计核算健全	1）除商业企业以外，纳税人总分机构实行统一核算，其总机构年应税销售额超过小规模企业标准，但分支机构年应税销售额未超过小规模企业标准的，其分支机构可以申请办理一般纳税人认定手续 2）个人经营者只要符合条件，就可以成为一般纳税人	增值税专用发票

下列纳税人不能认定为一般纳税人：

1）年应税销售额未超过小规模纳税人标准的企业。

2）个人（除个人经营者以外的其他个人），如学生、居民。

3）非企业性单位，如行政单位（市政府）、事业单位（学校）。

4）不经常发生增值税应税行为的企业。

5. 我国增值税税率

1）基本税率：税率为 17%。

① 纳税人销售或者进口货物，下面列举的除外。

② 提供加工、修理修配劳务的。

2）低税率：纳税人销售或进口下列货物的，税率为 13%。

① 粮食、食用植物油、鲜奶。

② 自来水、暖气、冷气、热水、煤气、石油液化气、天然气、沼气、居民用煤炭制品。

③ 图书、报纸、杂志。

④ 饲料、化肥、农药、农机、农膜。

⑤ 农产品：指种植业、养殖业、林业、牧业、水产业生产的各种植物、动物的初级

产品。初级农业产品，即只是通过简单的晒干、腌制、切片等粗略的方式制成的农业产品。如面粉属于初级农产品，按13%的税率征税；面条则属于加工后的成品，按17%的税率征税。

⑥ 音像制品。

⑦ 电子出版物。

⑧ 二甲醚。

3）零税率：纳税人出口货物，税率为零。但是国务院另有规定的除外。

想一想

我们在生活中接触较多的产品，如衣服、鞋子、零食、牛奶、课本、笔、杂志等，它们的适用税率各是多少？

4.3.2 一般纳税人增值税的计算

1. 增值税销项税额

（1）销项税额的概念及计算公式

销项税额是指纳税人销售货物或应税劳务，按照销售额和增值税税率计算，并向购买方收取的增值税额。其计算公式为

$$销项税额＝销售额×税率$$

（2）销售额确定

1）销售额包括以下三项内容：

① 销售货物或应税劳务向购买方收取的销售价款。

② 向购买方收取的各种价外费用，即价外收入，如违约金、包装费、包装物租金、储备费、优质费、运输装卸费、代收款项、代垫款项及其他各种性质的价外收费，在并入销售额征税时，其视同含税价，应将其换算为不含税收入后再并入销售额征税。

③ 消费税税金。消费税属于价内税，因此，凡征收消费税的货物在计征增值税额时，其应税销售额应包括消费税税金。

2）销售额不包括以下三项内容：

① 向购买方收取的销项税额。因为增值税属于价外税，其税款不应包含在销售货物的价款之中。

② 受托加工应征消费税的货物，由受托方代收代缴的消费税。

③ 代垫运费：符合《税法》条件由承运部门开具的运费发票，即发票的抬头为购货方，由销售方代垫该运费并将该发票转交给购货方。

【例4.7】 2010年7月10日，问鼎煤炭开采有限公司将生产的居民用煤炭制品10 000吨销售给大大商店（一般纳税人），每吨不含税的售价为500元，货款收到存入

银行。该企业要交的增值税的销项税额是多少？（图 4.3 为增值税专用发票）

解： 居民用煤炭制品的增值税适用税率为 13%。

增值税的销项税额＝（10 000×500）×13%＝650 000（元）

账务处理：

借：银行存款　　　　　　　　　　　　　　　　　　　　5 650 000

贷：主营业务收入　　　　　　　　　　　　　　　　　5 000 000

应交税费——应交增值税（销项税额）　　　　　　650 000

增值税专用发票　　NO.

记账联　　　　　　　　　开票日期：2010 年 7 月 10 日

购货单位	名称：大大商店 纳税人识别号：×××××××× 地址、电话：×××××××× 开户行及账号：××××××××			密码区			
货物或应税劳务名称	规格型号	单位	数量	单价	金额	税率	税额
居民用煤炭制品		吨	10 000	500	5 000 000	13%	650 000
价税合计（大写）	人民币伍佰陆拾伍万元整		（小写）￥5 650 000.00				
销货单位	名称：问鼎煤炭开采有限公司 纳税人识别号：×××××××× 地址、电话：×××××××× 开户行及账号：××××××××			备注			

收款人：　　　　复核：　　　　开票人：　　　　销货单位：（章）

图 4.3　增值税专用发票

小知识

增值税发票三联的区别见表 4.7。

表 4.7　增值税发票三联的区别

增值税发票	颜色	作用	由销货方开出
第一联	绿色	抵扣联	单位扣税凭证，第一联将由购买方交给税务局进行抵扣
第二联	黄色	发票联	记账凭证，由购买方保存，作为购买物品的原始凭证入账
第三联	深蓝	记账联	此联是销货单位作为销售产品的原始凭证

2. 对视同销售货物行为的征税规定

视同销售货物行为属于比较特殊的一类业务。生产产品的主要用途是销售，而此时商品发生了转移行为并不是因销售引起的，而是因赠送、投资或用于职工福利等引起的。在会计上虽然没有作为销售核算（有些没有开出增值税专用发票），但在税收上要作为销售，按同类商品的售价确认收入计缴税费，这便是视同销售货物行为。具体讲包括以下几种。

1）将货物交付他人代销。

2）销售代销货物。

3）设有两个以上机构并实行统一核算的纳税人,将货物从一个机构移送到其他机构用于销售,但相关机构设在同一县（市）的除外。

4）将自产或委托加工的货物用于非应税项目。

5）将自产、委托加工或购买的货物作为投资,提供给其他单位或个体经营者。

6）将自产、委托加工或购买的货物分配给股东或投资者。

7）将自产、委托加工的货物用于集体福利或个人消费。

8）将自产、委托加工或购买的货物无偿赠送给他人。

【例4.8】 2010 年 7 月 14 日,问鼎煤炭开采有限公司将生产的居民用煤炭制品 30 吨用于职工福利,每吨不含税的售价为 500 元。该企业要交的增值税的销项税额是多少?

解：增值税的销项税额＝增值税的销项税额＝（30×500）×13%＝1950（元）

3. 进项税额

（1）进项税额的含义

纳税人购进货物或者接受应税劳务时,其所支付或者负担的增值税额即为进项税额。在国内对于买卖双方均为一般纳税人的,在同一交易中,该发票是由售货方开出的,在没有运费发生的情况下,卖方的销项税额即是买方的进项税额。

（2）进口环节的增值税的进项税额（进口环节应纳的消费税由海关代征）

准予抵扣的进项税额及标准：从海关取得的完税凭证上注明的增值税额公式为

$$计税价格＝完税价格＋关税＋消费税$$

$$增值税的进项税额＝计税价格×增值税适用税率$$

【例4.9】 2010 年 7 月 1 日问鼎煤炭开采有限公司（一般增值税纳税人）从国外进口 1 辆汽车自用,完税价格为 623 200 元,关税为 155 800 元,消费税为 77 043.96 元,由海关代征的进口增值税的进项税额是多少?（缴款书填写见图4.4）

解：计税价格＝623 200＋155 800＋77 043.96＝856 043.96（元）

增值税的进项＝856 043.96×17%＝145 527.47（元）

账务处理：

借：固定资产   145 527.47

贷：银行存款   145 527.47

想一想

此处有增值税票在账务,为什么不能抵扣增值税?

海关进口增值税专用缴款书

收入系统：海关系统　　　　　填发日期：2010 年 7 月 1 日　　　　　号码 NO.×××

收款单位	收入机关		中央金库		缴款单位	名　称	问鼎煤炭开采有限公司
	科目	进口增值税	预算级次	中央		账　号	
	收款国库		人行××中心支行国库处（×××）			开户银行	

税号	货物名称	数量	单位	完税价格	税率（%）	税款金额
××	小汽车	1	辆	856 043.96	17.00	145 527.47

金额人民币（大写）壹拾肆万伍仟伍佰贰拾柒元肆角柒分	合计	￥145 527.47

申请单位编号	×××	报关单编号	××××	填制单位	
合同（批文）号	××××	运输工具（号）	×××		
缴款期限	2010 年 7 月 16 日前	提/装货单号	×××	制单人	收款国库（银行）
备注：一般贸易　照章征税　2010-7-1　国标代码×××			145 527.47	复合人 ××	

从填发缴款书之日起限 15 日内缴纳（期末遇法定节假日顺延），逾期按日征收税款总额万分之五的滞纳金。

图 4.4　海关进口增值税专用缴款书

小知识

固定资产的进项税额处理见图 4.5。

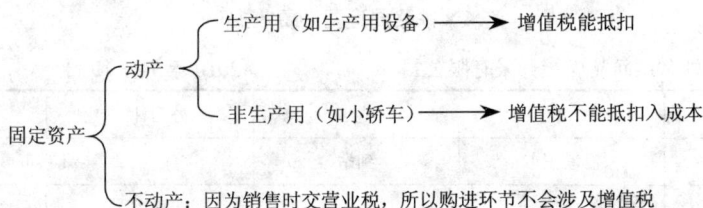

图 4.5　固定资产的进项税额处理

（3）一般采购环节增值税的进项税额

准予抵扣的进项税额及标准：销售方取得的增值税专用发票上注明的增值税额。

运输费用进项税额抵扣：一般纳税人外购货物所支付的运输费用，经主管税务局认定，准予按运费，结算单据所列运费和运费建设基金的 7% 计算进项税额抵扣，运输单位开具的货票上注明的装卸、保险等杂费，不能按 7% 计算进项税额抵扣。

【例 4.10】　2010 年 7 月 15 日问鼎煤炭开采有限公司（一般增值税纳税人）从正旺有限公司购进一批甲材料 400 吨，买价为 400 000 元，增值税税率 17%，运费 2000 元，装车费 150 元，货款以银行存款支付，材料入库。增值税的可抵扣的进项税额是多少？（增值税发票和杂费收据填写见图 4.6、图 4.7）

解：增值税的进项税额＝400 000×17%＋2000×7%＝68 140（元）

账务处理：

借：原材料 402 010

应交税费——应交增值税（进项税额） 68 140

贷：银行存款 470 150

增值税专用发票　　NO.

发票联　　　　　　　　　开票日期 2010 年 7 月 15 日

购货单位	名称：问鼎煤炭开采有限公司 纳税人识别号：××××××× 地址、电话：××××××× 开户行及账号：×××××××					密码区	（略）	
货物或应税劳务名称	规格型号	单位	数量	单价	金额	税率	税额	
甲材料		吨	400	1000	400 000	17%	68 000	
价税合计（大写）	人民币肆拾陆万捌仟元整				（小写）￥468 000.00			
销货单位	名称：正旺有限公司 纳税人识别号：××××××× 地址、电话：××××××× 开户行及账号：×××××××					备注		

收款人：　　　　复核：　　　　开票人：　　　　销货单位（章）

图 4.6　增值税专用发票

××铁路局运费杂费收据

付款单位或姓名：问鼎煤炭开采有限公司　　　　2010 年 7 月 15 日

原运输票据	年 月 日 第 号		办理种别		
发站	石家庄市	到站		北京市	
车种车号			标重		
货物名称	件数	包装	重量	计费重要	
甲材料					
类别	费率	数量	数额	附记	
运费			2 000		
装车费			150		
合计			￥2 150		
合计（大写）					
收款单位：	经办人：×××				

图 4.7　××铁路局运费杂费收据

（4）委托加工环节进项税额

见图 4.8。

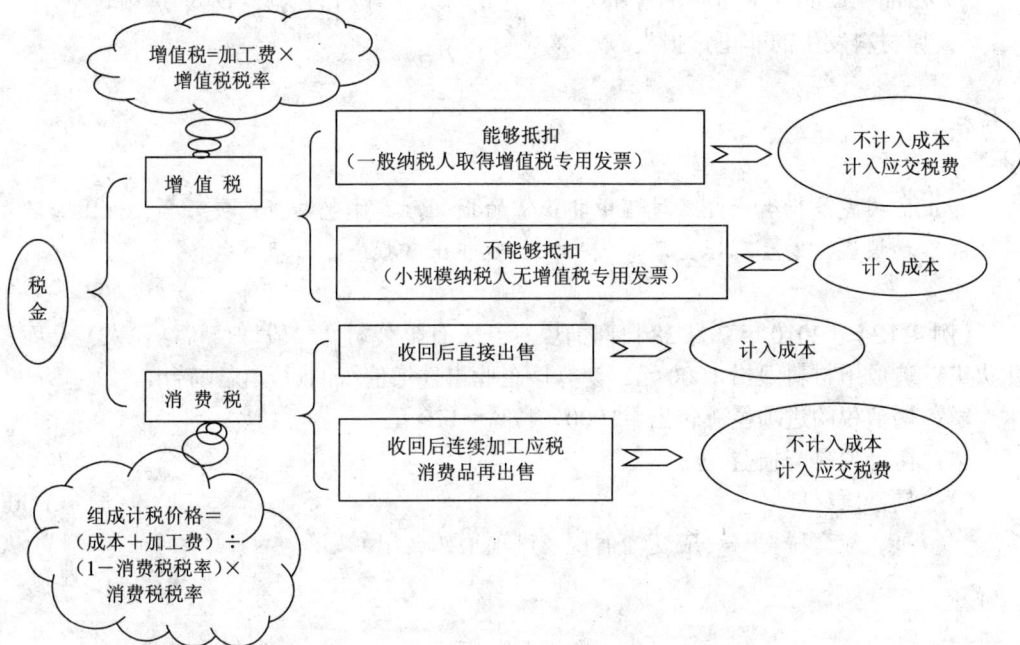

图 4.8　委托加工环节进项税额

（5）购进免税农副产品的进项税额

1）准予抵扣的进项税额及标准：一般纳税人向农业生产者购买的免税农业产品，没有税票，但经主管税务局认定，准予按买价的 13% 的扣除率计算进项税额。

2）运输费用进项税额抵扣：一般纳税人外购免税农副产品所支付的运输费用，经主管税务局认定，准予按运费结算单据所列运费和运费建设基金的 7% 计算进项税额抵扣，运输单位开具的货票上注明的装卸、保险等杂费不能按 7% 计算进项税额抵扣。

【例 4.11】　2010 年 7 月 25 日问鼎煤炭开采有限公司（一般增值税纳税人）从农业生产者处购进一批免税农产品，经税务机关认证买价为 10 000 元，增值税税率 13%，货款以库存现金支付，材料入库，增值税的进项是多少？

解：增值税的进项＝ 10 000 × 13% ＝ 1300 元

账务处理：

借：原材料　　　　　　　　　　　　　　　　　　　　　　　　　　　8 700

　　应交税费——应交增值税（进项税额）　　　　　　　　　　　　　1 300

　　贷：库存现金　　　　　　　　　　　　　　　　　　　　　　　　　10 000

4. 不能抵扣的进项税额（进项税额转出）

1）购进的货物改变生产经营用途，用于集体福利或个人消费。

2）购进的货物用于不动产支出。

3）购进的货物发生非正常损失。

4）产品、成品发生的非正常损失，此处是将其所耗用的购进材料的进项转出。

5）原材料发生的非正常损失。

小知识

非正常损失是指生产经营过程中非正常的损失，具体包括自然灾害损失；因管理不善造成货物被盗、发生霉烂变质等损失；其他非正常损失，如盘亏等。

【例4.12】 2010年7月28日问鼎煤炭开采有限公司（一般增值税纳税人）仓库发生火灾，造成甲材料毁损1000元。计算该企业事件增值税的进项税额转出。

解：增值税的进项税额转出=1000×17%=170元

借：待处理财产损益　　　　　　　　　　　　　　　　　　　　1 170

　　贷：原材料　　　　　　　　　　　　　　　　　　　　　　1 000

　　　　应交税费——应交增值税（进项税额转出）　　　　　　　170

小知识

视同销售和进项税额转出的区别：

1）进项税额转出，是对增值税进项税额而言的，是指将用于生产用的原材料改变用途自用了，载体是原材料。视同销售情况只要是经过加工的产品（比如自产、委托加工的产品），无论用于企业内部（如用于集体福利），还是用于企业外部（如捐赠），都视同销售。

2）看是否增值，若增值一切都视同销售，生产的产品和委托加工的产品都属于增值，不论对内（消费、职工福利、用于非应税），还是对外（分配、捐赠、投资），都为视同销售，计算销项税。如果未增值，则看对内还是对外，对内不得抵扣（需做进项税额转出处理），对外视同销售。未经加工的货物（如买入的货物），只有用于企业外部才视同销售（捐赠、对外投资、分配给股东等），用于企业内部（用于集体福利、非应税项目、在建工程、个人消费等）则属于"进项税转出"。

5. 计算应交的增值税

本月应交的增值税=当期销项税额-（当期进项税额-当期进项税额转出）-月初余额

【例4.13】 根据例4.7到例4.12，计算问鼎煤炭开采有限公司（一般增值税纳税人）本月应交的增值税。

解：本月应交的增值税=650 000+1950-（68 140+1300-170）

　　　　　　　　　　=582 680（元）

4.3.3　小规模纳税人增值税的计算

小规模纳税人增值税适用税率为 3%，其进项税额不能抵扣，因此也没有进项税额转出，其只有销项，开出普通发票上注明的销售额均为价款和价税合并收取的销售额。应将其换算为不含税收入后，再并入销售额征税。

换算公式：不含税销售额＝含税销售额/（1＋征收率）

本月应交的增值税＝本月累计的销项税额

【例 4.14】　某商店为增值税小规模纳税人，6 月因销售开出的普通发票上注明收入为 51 500 元。计算该商店 6 月应缴纳的增值税税额（见图 4.9）。

解：账务处理：

借：银行存款　　　　　　　　　　　　　　　　　　　　　51 500

　　贷：主营业务收入　　　　　　　　　　　　　　　　　　50 000

　　　　应交税费——应交增值税（销项税额）　　　　　　　1 500

本月应交的增值税＝销项税额＝1500

实际缴纳时：

借：应交税费——应交增值税　　　　　　　　　　　　　　1 500

　　贷：银行存款　　　　　　　　　　　　　　　　　　　　1 500

货物销售发票

记账联　　　　　　　　发票代码×××××××

发票号码××××××

购货单位：××××××　　　　　　　2010 年 6 月 20 日

品名及规格型号	单　位	数　量	单　价	金　额	备　注
	台	500	103	51 500	

合计（大写）：人民币伍万壹仟伍佰元整	￥51 500.00

销货单位：×××××××　　　　税务登记号：××××××

公司地址：×××××　　　　　服务监督电话：××××××

开票单位盖章（盖章有效，微机专用，手开无效）收款人：×××　　　开票人：×××

图 4.9　货物销售发票

想一想

小规模纳税人和一般纳税人在增值税的核算上有什么异同？

4.3.4　增值税申报表填制与缴纳

1. 纳税义务发生时间

纳税人销售的应税品和提供的劳务，其纳税义务发生时间为收讫销货款项或者取得销货款项凭据的当天；先开具发票的，为开具发票的当天；进口应税品应当为报关进口的当天。

2. 纳税期限

纳税人以1个月或以1个季度为一期纳税的，自期满之日起15日内申报纳税；以1日、3日、5日、10日或者15日为一期纳税的，自期满之日起5日内预缴税款，于次月1日起至15日内申报纳税，并结清上月应纳税款。

纳税人进口应税品，应当自海关填发海关进口增值税专用缴款书之日起15日内缴纳税款。

3. 纳税地点

1）属地原则：固定纳税人销售的应税品和提供的劳务，应当向其机构所在地的主管税务机关申报纳税。

2）进口的应税品，向报关地海关申报纳税。

4. 增值税申报表填制

参阅表4.8和表4.9。

表4.8　增值税纳税申报表

（适用于增值税一般纳税人）

根据《中华人民共和国增值税暂行条例》第二十二条和第二十三条的规定制定本表。纳税人不论有无销售额，均应按主管税务机关核定的纳税期限按期填报本表，并于次月1日起10日内，向当地税务机关申报。

税款所属时间：自2010年7月1日至2010年7月31日　　填表日期：2010年8月2日

纳税人识别号：□□□□□□□□□□□□□□□□□□□□　所属行业：

纳税人名称	问鼎煤炭开采有限公司（公章）	法定代表人姓名		注册地址		营业地址	
开户银行及账号			企业登记注册类型			电话号码	

	项　目	栏次	一般货物及劳务		即征即退货物及劳务	
			本月数	本年累计	本月数	本年累计
销售额	（一）按适用税率征税货物及劳务销售额	①	5 015 000	略		
	其中：应税货物销售额	②	5 015 000			
	应税劳务销售额	③				
	纳税检查调整的销售额	④				
	（二）按简易征收办法征税货物销售额	⑤				
	其中：纳税检查调整的销售额	⑥				
	（三）免、抵、退办法出口货物销售额	⑦			——	——
	（四）免税货物及劳务销售额	⑧			——	——
	其中：免税货物销售额	⑨			——	——
	免税劳务销售额	⑩			——	——

续表

纳税人名称	问鼎煤炭开采 有限公司（公章）	法定代表人姓名		注册地址		营业地址	
开户银行及账号			企业登记注册类型			电话号码	

项　目		栏次	一般货物及劳务		即征即退货物及劳务	
			本月数	本年累计	本月数	本年累计
税款计算	销项税额	⑪	651 950			
	进项税额	⑫	69 440			
	上期留抵税额	⑬	——		——	
	进项税额转出	⑭	170			
	免抵退货物应退税额	⑮	——		——	
	按适用税率计算的纳税检查应补缴税额	⑯				
	应抵扣税额合计	⑰＝⑫＋⑬－⑭－⑮＋⑯	69 270			
	实际抵扣税额	⑱（如⑰<⑪，则为⑰，否则为⑪）	69 270			
	应纳税额	⑲＝⑪－⑱	582 680			
	期末留抵税额	⑳＝⑰－⑱	——		——	
	简易征收办法计算的应纳税额	㉑				
	按简易征收办法计算的纳税检查应补缴税额	㉒				
	应纳税额减征额	㉓				
	应纳税额合计	㉔＝⑲＋㉑－㉓	582 680			
税款缴纳	期初未缴税额（多缴为负数）	㉕				
	实收出口开具专用缴款书退税额	㉖			——	
	本期已缴税额	㉗＝㉘＋㉙＋㉚＋㉛				
	①分次预缴税额	㉘			——	
	②出口开具专用缴款书预缴税额	㉙			——	
	③本期缴纳上期应纳税额	㉚				
	④本期缴纳欠缴税额	㉛				
	期末未缴税额（多缴为负数）	㉜＝㉔＋㉕＋㉖－㉗				
	其中：欠缴税额（≥0）	㉝＝㉕＋㉖－㉗				
	本期应补（退）税额	㉞＝㉔－㉘－㉙	582 680		——	
	即征即退实际退税额	㉟			——	
	期初未缴查补税额	㊱				
	本期入库查补税额	㊲				
	期末未缴查补税额	㊳＝⑯＋㉒＋㊱－㊲			——	
授权声明	如果你已委托代理人申报，请填写下列资料： 为代理一切税务事宜，现授权　　　　　（地址）　　　　　为本纳税人的代理申报人，任何与本申报表有关的往来文件，都可寄予此人 授权人签字：		申报人声明	此纳税申报表是根据《中华人民共和国增值税暂行条例》的规定填报的，我相信它是真实的、可靠的、完整的 声明人签字：			

以下由税务机关填写：

收到日期：　　　　　　　　　接收人：　　　　　　　　　　主管税务机关盖章：

表 4.9 增值税纳税申报表

（适用于增值税小规模纳税人）

纳税人识别号××××

纳税人名称（公章）   金额单位：元（列至角分）

税款所属时间：自 2010 年 6 月 1 日至 2010 年 6 月 30 日   填表日期：2010 年 7 月 2 日

项　目		栏　次	本月数	本年累计
一、计税依据	（一）应征增值税货物及劳务不含税销售额	①	50 000	（略）
	其中：税务机关代开的增值税专用发票不含税销售额额	②		
	税控器具开具的普通发票不含税销售额	③	50 000	
	（二）销售使用过的应税固定资产不含税销售额	④		
	其中：税控器具开具的普通发票不含税销售额	⑤		
	（三）免税货物及劳务销售额	⑥		
	其中：税控器具开具的普通发票销售额	⑦		
	（四）出口免税货物销售额	⑧		
	其中：税控器具开具的普通发票销售额	⑨		
二、税款计算	本期应纳税额	⑩	1500	
	本期应纳税额减征额	⑪		
	应纳税额合计	⑫＝⑩－⑪	1500	
	本期预缴税额	⑬	0	
	本期应补（退）税额	⑭＝⑫－⑪	1500	

纳税人或代理人声明：此纳税申报表是根据国家税收法律的规定填报的，我确定它是真实的、可靠的、完整的	如纳税人填报，由纳税人填写以下各栏：	
	办税人员（签章）：××	财务负责人（签章）：××
	法定代理人（签章）：×××　　联系电话：××××	
	如委托代理人填报，由代理人填写以下各栏：	
	代理人名称：　　　经办人（签章）：　　　　联系电话：	
	代理人（公章）：	

受理人：　　　　受理日期：　　年　月　日　　　受理税务机关（盖章）：

消费税与增值税异同比较

（1）不同

1）征税的范围不同。消费税征税范围是在应交增值税的商品中选取 14 种交消费税，而增值税是所有的有形动产、货物和应税劳务。

2）征税环节不同。消费税征税环节是一次性的（单一的），增值税在货物的每一个流转环节都要交纳。

3）计税方法不同。消费税是从价征收、从量征收、从价从量征收，根据应税消费品选择计税的方法；增值税是根据纳税人选择计税的方法。

（2）相同

对于应税消费品既要缴增值税也要缴消费税。在某一指定的环节，两个税同时征收时，两个税的计税依据（销售额）在从价定率征收的情况下一般是相同的。

世界各国有趣的税种

开窗税： 古希腊规定，凡是朝着大街和向外打开的窗户，户主要交纳开窗税。

风景税： 美国加州有个小镇规定、凡是住在海滨、住宅面向海洋的居民，每年须缴纳 66～184 美元的风景税。

老鼠税： 由于鼠害严重，印度尼西亚西部地区首长曾经在 1987 年 7 月颁布了一项关于缴纳老鼠税的法令。这项法令规定：每耕作一公顷稻田，需上交 75 只活的或死的老鼠才能开耕；凡向银行贷款或办理旅行手续的，也要上交 75 只老鼠才能获得批准。甚至连结婚或离婚也要上交 50 只老鼠才能办理有关手续。

4.4　车辆购置税

4.4.1　车辆购置税概述

1. 车辆购置税的概念

车辆购置税是以在中国境内购置规定的车辆、通过非贸易方式进口自用的应税车辆为课税对象，在特定的环节向车辆购置者征收的一种税。

2. 车辆购置税纳税义务人

在中华人民共和国境内购置应税车辆的单位和个人均为车辆购置税的纳税义务人。应税车辆具体来讲包括以购买、进口、受赠、自产、获奖、拍卖、抵债、走私、罚没等方式取得并自用的车辆。

3. 车辆购置税的征税范围

车辆购置税的征收范围包括汽车、摩托车、电车、挂车、农用运输车。

4. 车辆购置税的税率

我国车辆购置税实行统一的比例税率，税率为 10%。

想一想

为什么 2010 年起有的小汽车暂按 7.5% 的税率征收车辆购置税?

4.4.2 车辆购置税的应纳税额的计算

1. 购买自用应税车辆

计税价格＝购买应税车辆而支付给销售者的全部价款（不包括增值税税款）＋价外费用，如为含增值税的销售价格，要还原为不含增值税的销售价格。

$$应纳税额＝计税价格×税率$$

想一想

在计算关税、消费税、增值税时，他们的计税价格有何异同?

【例 4.15】 2010 年 7 月 20 日，问鼎煤炭开采有限公司（一般增值税纳税人）从上海汽车厂购进 3 辆小汽车（2.0L）自用，支付的价款总计 36 万元，增值税为 6.12 万元，另支付购买零配件价款 0.9 万元，上海汽车厂开具了机动车销售统一发票和有关票据。请计算问鼎煤炭开采有限公司要交的车辆购置税。（完税凭证见图 4.10）

解：车辆购置税＝（36＋0.9）×10%＝3.69 万元

账务处理：

借：固定资产   36 900
　　贷：银行存款   36 900

中华人民共和国税收通用完税凭证

（×）国完电 ×　号

注册类型　　　　　填发日期 2010 年 07 月 20 日　　　征收机关：××市××区国家税务局

纳税人代码	×××××		地址		××市××区××路×号	
纳税人名称	问鼎煤炭开采有限公司		税款所属时期		2010 年 07 月 20 日	
税种	品目名称	课程数量	计税金额或销售收入	税率或单位税率	已缴或扣除额	实收金额
车辆购置税		3	¥369 000.00	10%		¥36 900.00
金额合计（大写）人民币叁万陆仟玖佰元整				¥36 900.00		
税务机关 （盖章）	委托代征单位 （人） （盖章）		填票人 （章）××	备注		

图 4.10　完税凭证

2. 进口自用应税车辆

应纳税额＝（关税完税价格＋关税＋消费税）×税率

【例 4.16】 2010 年 7 月 1 日问鼎煤炭开采有限公司（一般增值税纳税人）从国外进口 1 辆汽车生产用，每辆的完税价格为 62.32 万元，计算问鼎煤炭开采有限公司要交的车辆购置税。

解： 车辆购置税＝（62.32＋15.58＋7.704）×10%＝8.5604 万元

计算时账务处理：

借：固定资产　　　　　　　　　　　　　　　　　　　85 604

　　贷：应交税费——应交车辆购置税　　　　　　　　　　　85 604

实际交纳时账务处理：

借：应交税费——应交车辆购置税　　　　　　　　　　85 604

　　贷：银行存款　　　　　　　　　　　　　　　　　　　85 604

4.4.3 车辆购置税的申报

1. 纳税时间

纳税人应当在向公安机关等车辆管理机构办理登记注册手续前缴纳车辆购置税。

2. 纳税地点

纳税人购置应税车辆，应当向车辆的上牌落籍地或落户地的主管税务机关申报纳税。

3. 纳税期限

纳税人购买自用的应税车辆，应当自购买之日起 60 日内申报纳税；进口自用的应税车辆，应当自进口之日起 60 日内申报纳税；自产、获奖和以其他方式取得并自用的应税车辆，应当自取得之日起 60 日内申报纳税。

4. 车辆购置税申报表

见表 4.10。

表 4.10 车辆购置税纳税申报表

填表日期：　　年　月　日　　　　　行业代码：　　　　　　注册类型代码：

纳税人名称：

金额单位：元

纳税人证件名称			证件号码	
联系电话		邮政编码	地址	
车辆基本情况				
车辆类别	1.汽车　　2.摩托车　　3.电车　　4.挂车　　5.农用运输车			
生产企业名称	.		机动车销售统一发票（或有效凭证）价格	

厂牌型号		关税完税价格	
发动机号码		关税	
车辆识别代号（车架号码）		消费税	
购置日期		免（减）税条件	

申报计税价格	计税价格	税率	免税、减税额	应纳税额

申报人声明	授权声明
此纳税申报表是根据《中华人民共和国车辆购置税暂行条例》的规定填报的，我相信它是真实的、可靠的、完整的 　　　　　　　声明人签字：	如果你已委托代理人申报，请填写以下资料： 　　为代理一切税务事宜，现授权（　　），地址 （　　　　）为本纳税人的代理申报人，任何与本申报表有关的往来文件，都可寄予此人 　　　　　　　授权人签字：

纳税人签名或盖章	如委托代理人的，代理人应填写以下各栏		代理人（章）
	代理人名称		
	地址		
	经办人		
	电话		

接收人： 接收日期：	主管税务机关（章）：

小知识

世界各国有趣的税种

　　胡须税： 在俄国，蓄须者需要纳税，如果某个男人拒绝这样做，那么，随身携带剪刀的检查人员一定会把他的胡须剪掉。

　　假发税： 在美国纽约和欧洲的一些地方，曾一度规定缴纳假发税。

　　乞丐税： 法国巴黎的香榭丽舍大道，是世界最有名的大道。外地的乞丐和流浪汉纷纷涌向这里行乞和逗留，使当局感到大煞风景。于是规定，只有缴纳 1.5 万法郎税款的乞丐，才能获准在这里行乞。

4.5 契税

4.5.1 契税概述

1. 契税的概念

　　契税是以在中华人民共和国境内转移土地、房屋所属权为征税对象，向产权承受人征收的一种财产税，即土地、房屋的所有权发生了变化就会涉及到契税，但不一定涉及到钱的给付，如接受捐赠的房屋。

2. 契税的纳税人

契税由境内转移土地、房屋所属权的财产承受人和单位纳税。一般税种在税制中确定卖方为纳税人，而契税则为买方为纳税人。

3. 契税的征税范围

契税的征税对象是境内转移土地、房屋所属权，具体包括国有土地使用权出让（土地的所有权归国家）、土地使用权的转让、房屋买卖、房屋赠与、房屋交换、承受国有土地使用权支付的土地出让金。

小知识

国有土地使用权出让和土地使用权转让的区别

1）土地使用权出让是国家以土地所有人的身份将土地使用权在一定期限内让与土地使用者，由土地使用者向国家支付土地使用权出让金的行为。土地使用权出让有拍卖、招标和协议三种方式。

2）土地使用权转让是指通过出让方式取得国有土地使用权的单位和个人，将土地使用权再转移的行为，如出售、交换、赠与等。

想一想

1）为了改善居住条件，某居民将一小户型面积的房子卖掉，买入一大户型面积的房子，请问要缴纳契税吗？如果要交是谁交？

2）某运动员因在 2010 年冬奥会上获得奖牌，成都某房产公司特奖励一套住房给他，请问要缴纳契税吗？如果要交是谁交？

4. 契税的税率

契税采用比例税率，实行 3%～5%的幅度税率。

4.5.2 契税的应纳税额的计算

$$应纳税额＝计税依据×税率$$

1）以国有土地使用权出让、土地使用权的转让、房屋买卖的成交价为计税依据。

2）房屋赠与时由征收机关参照市场价格作为计税依据。

3）房屋交换，交换价格相等时免征契税；交换价格不等时，由多交付货币、实物等其他经济利益的一方缴纳。

【例 4.17】 2010 年 7 月 20 日问鼎煤炭开采有限公司（一般增值税纳税人）从某房

产公司购买一套房子做办事处，成交价格为 870 000 元，问鼎煤炭开采有限公司应缴的契税是多少？（假定税率为 4%）（完税凭证见图 4.11）

解： 应纳税额＝870 000×4%＝34 800 元

账务处理：

借：固定资产 34 800

贷：银行存款 34 800

中华人民共和国契税完税凭证

填发日期：2010 年 07 月 20 日　　　　（2010）农税电字 NO

纳税人代码	×××××		纳税人名称	问鼎煤炭开采有限公司	地址	
房地产位置	××××××		税款所属日期		契约（合同）成立日期	
税目	房地产权属转移面积（M）		计税金额	税率%	实纳金额	
	300		870 000	4%	34 800	
逾期　　天，每日按滞纳税款加收　%的滞纳金						
金额合计（大写）：人民币叁万肆仟捌佰元整					￥34 800.00	
征收机关（盖章）		委托代征代扣单位（盖章）		备注：		
经办人（章）		经办人（章）				

图 4.11　完税凭证

【例 4.18】 2010 年 7 月 30 日问鼎煤炭开采有限公司和某房产公司因需要互换办公楼，经评估部门确认，问鼎煤炭开采有限公司办公楼价值为 800 万元，某房产公司办公楼价值为 900 万元，差额部分由问鼎煤炭开采有限公司以银行存款 100 万元补足。问鼎煤炭开采有限公司应缴的契税是多少？（假定税率为 4%）

解： 问鼎煤炭开采有限公司如果买这办公楼是需要 900 万元，但其是以房子换入，其换出的房子值 800 万元，所以只要支付 100 万元差额。按照《税法》规定房屋交换，交换价格相等时免征契税；交换价格不等时，由多交付货币、实物等其他经济利益的一方缴纳。

问鼎煤炭开采有限公司应纳税额＝100×4%＝4 万元

账务处理：

借：固定资产 40 000

贷：应交税费——应交契税 40 000

借：应交税费——应交契税 40 000

贷：银行存款 40 000

想一想

会计上有哪些税的核算不通过"应交税费"科目核算？

4.5.3　契税的申报

1. 纳税地点

向土地、房屋所在地的契税征收机关缴纳。

2. 纳税期限

纳税人应当自纳税义务发生之日起 10 日内，向土地、房屋所在地的契税征收机关办理纳税申报，并在契税征收机关核定的期限内缴纳。

练 习 题

一、单项选择题

1. 在税则的同一税目中，有从价和从量两种税率，征税时既采用从量又采用从价两种办法计征税款的，被称为（　　）。

　　A. 滑准税　　　　　　B. 复合税　　　　　C. 从价税　　　　　D. 从量税

2. （　　）是根据同一种商品进口价格的不同，分别实施不同档次的税率，价格高的税率低，价格低的税率高。

　　A. 从价税　　　　　　B. 复合税　　　　　C. 滑准税　　　　　D. 从量税

3. 从价计征的应税销售额包括（　　）。

　　A. 售价　　　　　　　B. 增值税　　　　　C. 代垫运费　　　　D. 计量单位

4. 目前，我国的消费税共列举（　　）个税目的征税范围。

　　A. 14　　　　　　　　B. 11　　　　　　　C. 9　　　　　　　　D. 8

5. 某公司（一般增值税纳税人）销售应税消费品一批，含增值税的售价为 9.36 万元，消费税适用税率为 10%，请问该企业要交的消费税是（　　）万元。

　　A. 8　　　　　　　　　B. 0.8　　　　　　　C. 0.936　　　　　　D. 1.36

6. 纳税人进口应税消费品，应当自海关填发税款缴纳证的次日起（　　）内缴纳税款。

　　A. 3 日　　　　　　　B. 7 日　　　　　　C. 10 日　　　　　　D. 15 日

7. 根据我国现行消费税的规定，下列选项中应当缴纳消费税的是（　　）。

　　A. 彩电　　　　　　　　　　　　　　B. 个人销售使用过的电动自行车

　　C. 酒厂门市部销售白酒　　　　　　D. 销售冰箱

8. 进口的应税品，向（　　）申报纳税。

　　A. 其机构所在地的主管税务机关

　　B. 报关地海关

　　C. 销售时所在地的主管税务机关

　　D. 第一口岸

9. 下列行为中，属于增值税征税范围的是（   ）。

    A. 电力局销售电力　　　　　　　　B. 公交公司的客运收入

    C. 银行提供储蓄业务　　　　　　　D. 咨询公司提供中介服务

10. 增值税一般纳税人销售货物，适用13%税率的是（   ）。

    A. 销售冰箱　　　B. 销售粮食　　　C. 销售化妆品　　　D. 销售机器设备

11. 下列各项中不应视同销售货物并计算销项税额的是（   ）。

    A. 企业将自产的货物作为福利发给个人

    B. 企业将自产的货物作为礼品赠送给客户

    C. 企业将部分外购的生产用钢材用于扩建厂房

    D. 企业将自产的货物作为投资，提供给其他单位或个体经营者

12. 某单位外购如下货物，按照增值税的有关规定，可以作为进项税额从销项税额中抵扣的是（   ）。

    A. 外购的低值易耗品　　　　　　　B. 外购的不动产

    C. 外购的货物用于基建工程　　　　D. 外购的货物分给职工

13. 目前允许凭非增值税专用发票计算抵扣进项税额的是（   ）。

    A. 购进免税农产品

    B. 生产企业一般纳税人从小规模纳税人处购进材料（普通发票）

    C. 购进固定资产

    D. 工业企业一般纳税人从一般纳税人处购进原材料

14. 某超市为增值税小规模纳税人（增值税税率3%），2010年6月零售粮食、食用植物油、各种蔬菜和水果取得收入51 500元，销售其他商品取得收入247 200元，该超市对上述业务正确的税务处理是（   ）。

    A. 该超市应纳增值税8700元　　　　B. 该超市应纳增值税58 916元

    C. 该超市应纳增值税1500元　　　　D. 该超市应纳增值税7200元

15. 某增值税一般纳税人将购进的一批货物分配给投资者。下列税务处理中正确的是（   ）。

    A. 将该批货物视同销售计算销项税额，其进项税额符合条件的可以抵扣

    B. 该批货物不计算销项税额，不得抵扣该批货物的进项税额

    C. 批货物不计算销项税额，但可以抵扣其进项税额

    D. 将该批货物视同销售计算销项税额，并且不得抵扣其进项税额

16. 纳税人以1个月或以1个季度为一期纳税的，自期满之日起（   ）日内申报纳增值税。

    A. 15　　　　　B. 5　　　　　C. 10　　　　　D. 30

17. 某增值税一般纳税人从农业生产者处购进免税农业产品，其正确的税务处理是（   ）。

    A. 不抵扣其进项税额

    B. 按6%的扣除率计算抵扣进项税额

C．按 10%的扣除率计算抵扣进项税额

D．按 13%的扣除率计算抵扣进项税额

18．车辆购置税的纳税期限为（　　）。

A．当天　　　　　B．15 日　　　　　C．30 日　　　　　D．60 日

19．车辆购置税实行统一比例税率，该税率是（　　）。

A．5%　　　　　B．8%　　　　　C．10%　　　　　D．12%

20．刘平于 2010 年 3 月，购买一辆新轩逸牌轿车（1.8L）自用，支付全部价款合计为 16.695 9 万元（含增值税），另支付工具件及零配件共计 1.4 万元，支付的各项价款均由销售公司开具统一发票。其应纳车辆购置税为（　　）万元。

A．1.567　　　　B．1.809 59　　　　C．1.669 59　　　　D．1.427

21．2010 年 4 月 12 日，王灿从广州 4S 店购买新宝来牌（1.8L）轿车一辆，供自己使用，支付不含增值税价款为 129 060 元，另支付购置工具件和零配件价款 2000 元，车辆豪华装饰费 8000 元，支付的各项价款均由广州 4S 店开具统一发票。王灿应纳车辆购置税为（　　）元。

A．12 906　　　　B．13 186　　　　C．13 106　　　　D．10 000

22．下列行为不在契税征税范围之内的是（　　）。

A．房屋赠予　　　　　　　　　B．国有土地使用权转让

C．房屋买卖　　　　　　　　　D．汽车的转让

23．下列属于契税纳税人的是（　　）。

A．购买房屋的用户　　　　　　B．出让土地使用权的国土资源管理局

C．销售房屋的公司　　　　　　D．销售汽车的汽车公司

24．A．B 两单位互换经营性用房，A 的房屋价格为 600 万元，B 的房屋价格为 650 万元，房屋价格不足的部分由 A 单位银行存款补足，当地政府规定的契税税率为 3%，则契税应如何缴纳（　　）。

A．双方均不缴纳契税　　　　　B．A 单位缴纳 1.5 万元

C．B 单位缴纳 1.5 万元　　　　D．A 单位缴纳 18 万元

二、多项选择题

1．一般进口货物的完税价格包括（　　）。

A．货物的成交价格

B．运抵我国输入地点起卸前（第一口岸）的运输及其相关费用

C．保险费

D．关税

2．关税纳税义务人包括（　　）。

A．进出境物品的所有人　　　　B．进口货物收货人

C．出口货物发货人　　　　　　D．游客

3．关税税率计征办法除从量税和从价税外，还可按（　　）计征。

A．复合税　　　　B．滑准税　　　　C．零关税　　　　D．优惠税

4. 消费税是对我国境内从事生产、委托加工应税消费品的单位和个人，就其（ ）在特定环节征收的一种税。

    A. 销售额   B. 所得额   C. 生产额   D. 销售数量

5. 下列不属于委托加工物资的有（ ）。

    A. 受托方按委托方的要求提供主要原材料生产的加工品

    B. 受托方先将原材料卖给委托方，然后再接受委托加工

    C. 受托方以委托方名义购进原材料生产的加工品

    D. 委托方提供原料及主要材料，受托方按照委托方的要求制造货物并收取加工费

6. 我国消费税分别采用（ ）的计征方法。

    A. 从价定率   B. 从量定额

    C. 从价定额   D. 从量定额和从价定率相结合

7. 实行从量定额与从价定率相结合征税办法的产品有（ ）。

    A. 卷烟   B. 啤酒   C. 粮食白酒   D. 薯类白酒

8. 下列说法正确的有（ ）。

    A. 凡是征收消费税的货物都征增值税

    B. 凡是征收增值税的货物都征消费税

    C. 应税消费品征收增值税的，其税基含有消费税

    D. 应税消费品征收消费税的，其税基含有增值税

9. 下列行为属于视同销售货物，应征收增值税的有（ ）。

    A. 某企业将生产的商品用于对外投资

    B. 某批发部门将外购的部分饮料用于职工福利

    C. 某企业将外购的水泥用于基建工程

    D. 某企业将外购的材料用于对外投资

10. 下列销售行为，不征增值税的有（ ）。

    A. 销售机器   B. 销售服装

    C. 销售不动产   D. 邮政部门销售邮票

11. 单位和个人提供的下列劳务，应征增值税的有（ ）。

    A. 汽车的修配   B. 钟表的修理

    C. 受托加工的白酒   D. 房屋的装潢

12. 专用发票由基本联次或者基本联次附加其他联次构成。基本联次包括（ ）。

    A. 抵扣联   B. 核销联   C. 发票联   D. 记账联

13. 依据增值税的有关规定，不能认定为增值税一般纳税人的有（ ）。

    A. 个体经营者以外的其他个人

    B. 从事货物零售业务的企业年应税销售额80万元以上

    C. 从事货物生产业务的企业年应税销售额50万元以上

    D. 不经常发生应税行为的企业三、计算题

14. 车辆购置税的应税行为包括（ ）。

A．购买使用行为　　B．受赠行为　　　　C．获奖使用行为　　　D．中奖行为

15．车辆购置税的征收范围包括（　　）。

A．摩托车　　　　　　B．单车　　　　　　C．农用运输车　　　　D．汽车

16．根据《车辆购置税暂行条例》的规定，下面说法正确的有（　　）。

A．纳税人购买自用的应税车辆，自购买之日起 60 日内申报纳税

B．进口自用的应税车辆，应当自进口之日起 60 日内申报纳税

C．纳税人购买自用的应税车辆，在购买当天内申报纳税

D．进口自用的应税车辆，应当在进口的当天内申报纳税

17．关于车辆购置税应纳税额的计算，下列说法正确的有（　　）。

A．进口自用的应税车辆，其计税价格由关税完税价格和关税组成

B．汽车销售公司使用保险公司发票代收保险费并入计税价格计征车辆购置税

C．汽车销售公司使用本公司发票代收款项并入计税价格计征车辆购置税

D．进口自用的应税车辆，其计税价格由关税完税价格、关税、消费税组成

18．下列有关契税的表述中，正确的有（　　）。

A．契税的纳税人是我国境内土地、房屋所属权的承受者

B．契税的征税对象是我国境内产权发生转移的不动产

C．购买房屋的用户是契税的纳税人

D．契税纳税人不包括国有经济单位

19．下列有关契税的计税依据，表述正确的有（　　）。

A．国有土地使用权出让以纳税人缴纳的土地出让金为计税依据

B．土地使用权和房屋出售以成交价格为计税依据

C．土地使用权和房屋赠与以征税机关核定的市场价格为计税依据

D．土地使用权、房屋交换的以所交换的土地使用权、房屋的价格差额为计税依据

20．某人甲有三套住房，将一套住房出售给居民乙，成交价格为 80 000 元；将一套住房与居民丙交换，得到另一套住房和对方支付的换房差价款 7000 元；将第三套住房无偿赠送其亲戚丁，该住房市场价格 90 000 元。当地政府规定契税税率为 4%，则下列关于所缴契税的说法中正确的有（　　）。

A．甲不缴纳契税　　　　　　　　　B．丁应缴纳契税 3600 元

C．乙应缴纳契税 3200 元　　　　　D．丙应缴纳契税 280 元

三、计算题

1．某外资企业进口一批汽车轮胎，海关核定关税完税价格为 900 万元，已知关税税率为 60%，消费税税率为 10%。该企业应纳消费税为多少？

2．某开采有限公司（一般增值税纳税人）委托某单位加工一批应税消费品，该批商品的成本为 180 万元，支付的不含增值税的加工费为 9 万元，假设其适用的消费税税率为 10%，该公司收回委托商品后直接出售，该有限公司要交的消费税是多少？

3．某公司（一般增值税纳税人）销售应税消费品一批，含增值税的售价为117万元，消费税适用税率为10%，该企业要交的消费税是多少？

4．某企业为增值税一般纳税人，月销售收入为29 250元（不含税），该企业当月销项税额为多少元？（假设所属货物适用税率均为17%）

5．长江百货公司为增值税一般纳税人（适用税率为17%），2010年4月销售给消费者日用品一批，收取全部货款为5 850 000元（含税），当月货物购进时取得增值税专用发票上注明价款为3 000 000元，该百货公司4月份应纳增值税为多少？

6．某批发企业为增值税一般纳税人，2010年7月外购货物50万元，增值税专用发票注明税款为8.5万元，当月销售货物30万元；8月份外购货物100万元，增值税专用发票注明税款为17万元，当月销售货物170万元。销售货物均适用17%的税率，该批发企业2010年8月应纳增值税为多少？

7．某企业2010年6月向某汽车贸易公司购买一辆小轿车（2.3L）自用，支付的含增值税的价款为24.57万元，另支付购置工具件和零配件价款6000元，车辆豪华装饰费9000元，销售公司代办牌照费等300元，支付的各项价款均由该销售公司开具统一发票。该企业应纳车辆购置税税额为多少？

8．2010年8月1日腾达外贸公司从国外进口2辆小汽车自用，每辆的完税价格为14万元（关税适用税率25%，消费税税率10%），该公司要交的车辆购置税是多少？

9．某运动员2010年7月受赠一栋房屋，市场价为70万元，该省契税税率为5%。同年，某单位奖励其住宅一套，市场价为60万元，房产所在地契税税率为4%。该运动员要缴纳契税吗？如果要交，交多少？

四、分析题

1．你能用所学过的税法知识来谈谈下面这幅图中他们的说法是否正确吗？

2. 根据下图，上网查一下增值税的起征点是 5000 元吗？

3. 观察下图，上网查验一下 2010 年车辆购置税的优惠政策。

第5章

销售环节纳税

学 习 向 导

知识目标

通过本章的学习，了解营业税、城市维护建设税、教育费附加、土地增值税、资源税的纳税人与征税范围，掌握各税种的税率、计税依据与税额计算以及相关会计处理。熟悉各税种的纳税申报与税款缴纳。

能力目标

能够运用税法知识和有关规定进行纳税申报与税款缴纳，并能进行相关账务处理。

情感目标

帮助学生树立依法纳税的意识，培养学生"纳税光荣，逃税可耻"的精神，争做自觉纳税的好公民。

识记

纳税人、扣缴义务人、征税对象、税目、税率、计税依据、比例税率、超率累进税率、定额税率、纳税环节、纳税期限、纳税地点、减免税、起征点、免征额。

案例导入

　　问鼎煤炭开采有限公司建设的厂房中有部分闲置,两年后因资金紧张将其闲置的厂房按 800 万元出售给另一单位。该闲置厂房经有关机构评估,其价值为 450 万元,当年取得该厂房土地使用权时支付金额 60 万元,在转让时发生其他相关费用 30 万元。

　　思考一下问鼎煤炭开采有限公司在此次转让行为中是否涉及纳税,若纳税,应纳何种税? 如何纳税?

5.1　营业税

5.1.1　营业税概述

　　营业税是指对在我国境内提供应税劳务、转让无形资产或销售不动产的单位和个人,就其取得的营业收入额(销售额)征收的一种流转税。

　　1. 营业税纳税人和扣缴义务人

　　(1) 营业税纳税人

　　在中华人民共和国境内提供应税劳务、转让无形资产或者销售不动产的单位和个人,为营业税的纳税人。单位是指企业、行政单位、事业单位、军事单位、社会团体及其他单位。负有营业税纳税义务的单位为发生应税行为并收取货币、货物或者其他经济利益的单位,但不包括依法不需要办理税务登记的内设机构。个人是指个体工商户和其他有经营行为的个人。

　　(2) 营业税扣缴义务人

　　为了加强税收的源泉控制,简化征收手续,减少税款流失,《税法》规定了营业税扣缴义务人。营业税的扣缴义务人主要包括以下几种。

　　1) 境外的单位或者个人在境内提供应税劳务、转让无形资产或者销售不动产,在境内未设有经营机构的,以其境内代理人为扣缴义务人;在境内没有代理人的,以受让方或者购买方为扣缴义务人。

　　2) 国务院财政、税务主管部门规定的其他扣缴义务人。

　　2. 营业税征税范围

　　(1) 征税范围的一般规定

　　征收范围是指纳税人在中华人民共和国境内提供应税劳务、转让无形资产或者销售不动产。

　　"境内提供"是指以下几种情况。

　　1) 提供或者接受应税劳务的单位或者个人在境内。

2）所转让的无形资产（不含土地使用权）的接受单位或者个人在境内。

3）所转让或者出租土地使用权的土地在境内。

4）所销售或者出租的不动产在境内。

"应税劳务"是指属于交通运输业、建筑业、金融保险业、邮电通信业、文化体育业、娱乐业、服务业税目征税范围的劳务。加工和修理修配劳务不属于营业税劳务（从营业税角度称之为非应税劳务），其应征收增值税。

上述提供应税劳务、转让无形资产或者销售不动产是指有偿提供应税劳务、有偿转让无形资产或有偿转让不动产所有权的行为，但不包括单位或个体经营者聘用的员工为本单位或雇主提供的应税劳务。

小知识

单位或者个人将不动产或者土地使用权无偿赠送其他单位或者个人，视同发生应税行为；单位或者个人自己新建建筑物后销售，其所发生的自建行为，视同发生应税行为。

（2）征税范围的特殊规定

1）混合销售行为的征税是指对提供建筑业劳务又销售自产货物的行为，以及财政部、国家税务总局规定的其他情形的混合销售行为，应当分别核算应税劳务的营业额和货物的销售额，其应税劳务的营业额缴纳营业税，货物销售额不缴纳营业税。未分别核算的，由主管税务机关核定其应税劳务的营业额。

2）兼营行为的征税是指对纳税人兼营应税行为和货物或者非应税劳务的，应当分别核算应税行为的营业额和货物或者非应税劳务的销售额，其应税行为营业额缴纳营业税，货物或者非应税劳务销售额不缴纳营业税；未分别核算的，由主管税务机关核定其应税行为营业额。

纳税人兼营有不同税目应税行为的，应分别核算不同税目的营业额。不分别核算或不能准确提供营业额的，其适用不同税率的应税劳务项目，一并按从高税率征收。

纳税人兼营应税劳务项目与减免税项目的，应单独核算减免税项目的营业额，未单独核算或不能准确核算的，不得减税、免税。

3．营业税税目与税率

（1）税目

营业税的税目按行业、类别的不同进行设置，现行营业税共设置了9个税目。

1）交通运输业，是指使用运输工具或人力、畜力将货物或旅客送达目的地，使其空间位置得到转移的业务活动。征税范围包括陆路运输、水路运输、航空运输、管道运输、装卸搬运以及与运营业务有关的各项劳务活动。

2）建筑业，是指建筑安装工程作业。征税范围包括建筑、安装、修缮、装饰和其他工程作业。

3）金融保险业，是指经营金融、保险的业务。征收范围包括金融、保险。

金融，是指经营货币资金融通活动的业务，包括贷款、融资租赁、金融商品转让、金融经纪业和其他金融业务。

保险，是指将通过契约形式集中起来的资金，用以补偿保险人的经济利益的业务。

4）邮电通信业，是指专门办理信息传递的业务。征收范围包括邮政、电信。

邮政是指传递实物信息的业务，包括传递函件或包件、邮汇、报刊发行、邮务物品销售等业务。

电信是指用各种电传设备传输电信号来传递信息的业务，包括电报、电传、电话、电话机安装、电信物品销售等业务。

5）文化体育业，是指经营文化、体育活动的业务。征税范围包括文化业和体育业。

文化业是指经营文化活动的业务，包括表演、播映、其他文化业。广告的播映按"服务业"税目征税，不按本税目征税。

体育业是指举办各种体育比赛和为体育比赛或体育活动提供场所的业务。

以租赁方式为文化活动、体育比赛提供场所的，按"服务业"税目征税，不按本税目征税。

6）娱乐业，是指为娱乐活动提供场所和服务的业务。征税范围包括歌厅、舞厅、卡拉 OK 歌舞厅、音乐茶座、台球、高尔夫球、保龄球、游泳、射击、狩猎、跑马、游戏、网吧等娱乐场所，以及娱乐场所为顾客进行娱乐活动提供的饮食服务及其他各种服务也按娱乐业征税。

7）服务业，是指利用设备、工具、场所、信息或技能为社会提供服务的业务。征税范围包括代理业、旅店业、饮食业、旅游业、仓储业、租赁业、广告业、其他服务业。

代理业是指代委托人办理受托事项的业务，包括代购代销货物、代办进出口、介绍服务、其他代理服务。金融经纪业、邮政部门的报刊发行业务，不按本税目征税。

租赁业是指在约定的时间内将场地、房屋、物品、设备或设施等转让或转租他人使用的业务。融资租赁属于金融保险业，不在本税目征税。

8）转让无形资产，是指纳税人以取得货币、货物或其他经济利益为前提，转让无形资产的所有权或使用权的行为。征税范围包括转让土地使用权、转让商标权、转让专利权、转让非专利技术、转让著作权、转让商誉。

自 2003 年 1 月 1 日起，以无形资产投资入股，参与接受投资方的利润分配、共同承担风险的行为，不征收营业税。在投资后转让其股权的也不征收营业税。

9）销售不动产，是指有偿转让不动产所有权的行为。所称"不动产"是指不能移动，移动后会引起性质、形状改变的财产。征税范围包括销售建筑物或构筑物，销售其他土地附着物。

单位或者个人将不动产或者土地使用权无偿赠送其他单位或者个人，视同销售不动产。

在销售不动产时连同不动产所占有土地的使用权一并转让的行为，比照销售不动产征税。

自 2003 年 1 月 1 日起，以不动产投资入股，参与接受投资方的利润分配、共同承担风险的行为，不征收营业税。在投资后转让其股权的也不征收营业税。

（2）税率

营业税按照行业、类别的不同分别采用不同的比例税率，具体规定见表 5.1。

税目、税率的调整，由国务院决定。纳税人经营娱乐业具体适用的税率，由省、自治区、直辖市人民政府在条例规定的幅度内决定。

表 5.1　营业税税目税率

税　目	税　率	税　目	税　率
一、交通运输业	3%	六、娱乐业	5%～20%
二、建筑业	3%	七、服务业	5%
三、金融保险业	5%	八、转让无形资产	5%
四、邮电通信业	3%	九、销售不动产	5%
五、文化体育业	3%		

小知识

娱乐业中除台球和保龄球的税率按 5% 外，其他均按 20% 的税率。

4. 营业税的起征点

营业税起征点，是指纳税人营业额合计达到起征点。纳税人营业额未达到营业税起征点的，免征营业税；达到起征点的，依照规定全额计算缴纳营业税。营业税起征点的适用范围仅限于个人。

营业税起征点的幅度规定如下：

1）按期纳税的，为月营业额 1000～5000 元。

2）按次纳税的，为每次（日）营业额 100 元。

省、自治区、直辖市财政厅（局）、税务局应当在规定的幅度内，根据实际情况确定本地区适用的起征点，并报财政部、国家税务总局备案。

5. 营业税的减免税优惠

根据《营业税暂行条例》的规定，下列项目免征营业税。

1）托儿所、幼儿园、养老院、残疾人福利机构提供的育养服务，婚姻介绍，殡葬服务。

2）残疾人员个人提供的劳务。

3）医院、诊所和其他医疗机构提供的医疗服务。

4）学校和其他教育机构提供的教育劳务、学生勤工俭学提供的劳务。

5）农业机耕、排灌、病虫害防治、植物保护、农牧保险以及相关技术培训业务，家禽、牲畜、水生动物的配种和疾病防治。

6）纪念馆、博物馆、文化馆、文物保护单位管理机构、美术馆、展览馆、书画院、图书馆举办文化活动的门票收入，宗教场所举办文化、宗教活动的门票收入。

7）境内保险机构为出口货物提供的保险产品。

5.1.2　营业税的计算

1. 营业税的计税依据

（1）计税依据的一般规定

营业税的计税依据是营业额。营业额为纳税人提供应税劳务、转让无形资产或者销售不动产向对方收取的全部价款和价外费用。价外费用包括纳税人提供应税劳务、转让无形资产、销售不动产向对方收取的手续费、补贴、基金、集资费、返还利润、奖励费、违约金、滞纳金、延期付款利息、赔偿金、代收款项、代垫款项、罚息及其他各种性质的价外收费，但不包括同时符合以下条件代为收取的政府性基金或者行政事业性收费。

1）由国务院或者财政部批准设立的政府性基金，由国务院或者省级人民政府及其财政、价格主管部门批准设立的行政事业性收费。

2）收取时开具省级以上财政部门印制的财政票据。

3）所收款项全额上缴财政。

（2）计税依据的特殊规定

不同税目的营业额在具体确定时需注意以下问题。

1）纳税人将承揽的运输业务分给其他单位或者个人的，以其取得的全部价款和价外费用扣除其支付给其他单位或者个人的运输费用后的余额为营业额。

2）纳税人从事旅游业务的，以其取得的全部价款和价外费用扣除替旅游者支付给其他单位或者个人的住宿费、餐费、交通费、旅游景点门票和支付给其他接团旅游企业的旅游费后的余额为营业额。

3）纳税人将建筑工程分包给其他单位的，以其取得的全部价款和价外费用扣除其支付给其他单位的分包款后的余额为营业额。

4）外汇、有价证券、期货等金融商品买卖业务，以卖出价减去买入价后的余额为营业额。

5）国务院财政、税务主管部门规定的其他情形。

（3）计税依据的其他规定

纳税人提供应税劳务、转让无形资产或者销售不动产，价格明显偏低并无正当理由的，主管税务机关有权按下列顺序核定其营业额。

1）按纳税人最近时期发生同类应税行为的平均价格核定。

2）按其他纳税人最近时期发生同类应税行为的平均价格核定。

3）按下列公式核定：

营业额＝营业成本或者工程成本×（1＋成本利润率）÷（1－营业税税率）

公式中的成本利润率由省、自治区、直辖市税务局确定。

2．营业税应纳税额的计算

纳税人提供应税劳务、转让无形资产或者销售不动产，按照营业额和规定的税率计算应纳税额。应纳税额的计算公式如下。

应纳税额＝营业额×税率

【例 5.1】 某银行第三季度取得贷款利息收入 52 000 元，另外取得转贷利息收入 26 000 元。银行属于金融保险业，适用的营业税税率为 5%，计算该银行第三季度应纳的营业税税额。

解： 营业税税额＝（52 000＋26 000）×5%＝3900（元）

【例 5.2】 某歌舞厅 7 月份取得营业收入 320 000 元，其中门票收入 40 000 元，台位费收入 80 000 元，酒水收入 200 000 元。歌舞厅属于娱乐业，适用的营业税税率为 20%，计算该歌舞厅 7 月份应纳的营业税税额。

解： 娱乐场所为顾客进行娱乐活动提供饮食服务及其他各种服务也按娱乐业征税。所以该歌舞厅取得的酒水收入应按娱乐业征收营业税，而不是征收增值税。

营业税税额＝（40 000＋80 000＋200 000）×20%＝320 000×20%＝64 000（元）

【例 5.3】 某旅行社组织一旅游团收取旅游费 42 万元，其中为旅游者支付就餐费 6.5 万元，住宿费 10 万元，交通费 5 万元，门票费 3.5 万元，支付给其他接团旅游公司的旅游费 8.4 万元。旅行社属于服务业，适用的营业税税率为 5%，计算该旅行社应纳的营业税税额。

解： 营业税税额＝（42－6.5－10－5－3.5－8.4）×5%＝8.6×5%＝0.43（万元）

【例 5.4】 某建筑公司自建同一规格和标准的楼房两栋，建筑安装成本共计 3000 万元，成本利润率 20%，该公司将其中一栋自用，另一栋对外销售，取得销售收入 2400 万元。计算该建筑公司应纳的营业税税额。

解： 自建自用行为不征营业税，自建自售则应按建筑业、销售不动产行为各征一道营业税。建筑业适用的税率为 3%，销售不动产适用的税率为 5%。

1）建筑业的营业税需要按组成计税价格计算：

3000×50%×（1＋20%）÷（1－3%）×3%＝55.67（万元）

2）销售不动产的营业税：

2400×5%＝120（万元）

5.1.3 营业税的申报表填制与缴纳

营业税纳税人无论当期有无营业额，均应按规定及时办理纳税申报，并如实填写《营业税纳税申报表》。

1. 营业税纳税申报表

如表 5.2 所示。

填表说明：

1）本表适用于营业税纳税义务人。

2）"全部收入"系指纳税人的全部收入。

3）"不征税项目"系指《税法》规定的不属于营业税征税范围的营业额。

4）"减除项目"系指《税法》规定允许从营业收入中扣除的项目的营业额。

5）"减免税项目"系指《税法》规定的减免税项目的营业额。

表 5.2　营业税纳税申报表

填表日期：2009 年 10 月 05 日

纳税人识别号：□□□□□□□□□□□□□□□　　　　　金额单位：元（列至角分）

纳税人名称		问鼎煤炭开采有限公司				税款所属时期			2009 年 9 月	
税目	经营项目	营 业 额				税率	本 期			
		全部收入	减除项目	减免税项目	应税营业额		应纳税额	减免税额	已纳税额	应补退税额
①	②	③	④	⑤	⑥=③-④-⑤	⑦	⑧=⑥×⑦	⑨=⑤×⑦	⑩	⑪
销售不动产		320 000	—	—	320 000	5%	16 000	—	—	—
合　计		320 000	—	—	320 000		16 000			—
如纳税人填报，由纳税人填写以下栏			如委托代理人填报，由代理人填写以下各栏							备 注
会计主管（签章）	经办人（签章）	纳税人（签章）	代理人名称				代理人（签章）			
			代理人地址							
			经办人		电话					
以下由税务机关填写										
收到申报表日期					接收人					

2. 营业税的缴纳

（1）纳税地点

1）纳税人提供应税劳务应当向其机构所在地或者居住地的主管税务机关申报纳税。但是，纳税人提供的建筑业劳务以及国务院财政、税务主管部门规定的其他应税劳务，应当向应税劳务发生地的主管税务机关申报纳税。

2）纳税人转让无形资产应当向其机构所在地或者居住地的主管税务机关申报纳税。

但是，纳税人转让、出租土地使用权，应当向土地所在地的主管税务机关申报纳税。

3）纳税人销售、出租不动产应当向不动产所在地的主管税务机关申报纳税。

4）扣缴义务人应当向其机构所在地或者居住地的主管税务机关申报缴纳其扣缴的税款。

（2）纳税期限

营业税的纳税期限分别为 5 日、10 日、15 日、1 个月或者 1 个季度。纳税人的具体纳税期限，由主管税务机关根据纳税人应纳税额的大小分别核定；不能按照固定期限纳税的，可以按次纳税。

纳税人以 1 个月或者 1 个季度为一个纳税期的，自期满之日起 15 日内申报纳税；以 5 日、10 日或者 15 日为一个纳税期的，自期满之日起 5 日内预缴税款，于次月 1 日起 15 日内申报纳税并结清上月应纳税款。

扣缴义务人解缴税款的期限，依照营业税纳税人的有关规定执行。

5.1.4 营业税的账务处理

营业税的账务处理，包括纳税义务发生时和缴纳税款时的账务处理。

1. 纳税义务发生时间

营业税纳税义务发生时间为纳税人收讫营业收入款项或者取得营业收入款项凭据的当天。国务院财政、税务主管部门另有规定的，从其规定。营业税扣缴义务发生时间为纳税人营业税纳税义务发生的当天。因纳税人之间的结算有多种形式，《税法》对一些具体项目作了如下规定。

1）纳税人转让土地使用权或者销售不动产、采取预收款方式的，其纳税义务发生时间为收到预收款的当天。

2）纳税人提供建筑业或者租赁业劳务，采取预收款方式的，其纳税义务发生时间为收到预收款的当天。

3）纳税人将不动产或者土地使用权无偿赠送其他单位或者个人的，其纳税义务发生时间为不动产所有权、土地使用权转移的当天。

4）纳税人发生自建行为的，其纳税义务发生时间为销售自建建筑物的纳税义务发生时间。

2. 纳税义务发生时的账务处理

（1）提供应税劳务

纳税人提供应税劳务时，应按照营业额及其适用的税率计算应交的营业税，借记"营业税金及附加"科目，贷记"应交税费——应交营业税"科目。

【例 5.5】 某运输公司某月营运收入为 600 000 元，适用的营业税税率为 3%。计算该公司应交营业税并做有关账务处理。

解： 应交营业税＝600 000×3%＝18 000（元）

借：营业税金及附加	18 000
贷：应交税费——应交营业税	18 000

（2）转让无形资产

纳税人转让无形资产时，按收到的金额借记"银行存款"科目，按该项无形资产账面累计摊销金额借记"累计摊销"科目，按该项无形资产账面减值准备金额借记"无形资产减值准备"科目；按该项无形资产账面余额贷记"无形资产"科目，按计算的应纳营业税金额贷记"应交税费——应交营业税"科目；按差额借记"营业外支出"或贷记"营业外收入"科目。

【例 5.6】 甲公司将其购买的一专利权转让给乙公司，该专利权的成本为 600 000 元，已摊销 220 000 元，已计提减值准备 50 000 元，实际取得的转让价款为 40 000 元，款项已存入银行。计算甲公司应纳营业税并做相关账务处理。

解： 应纳营业税＝400 000×5%＝20 000（元）

借：银行存款	400 000
累计摊销	220 000
无形资产减值准备	50 000
贷：无形资产	600 000
应交税费——应交营业税	20 000
营业外收入	50 000

（3）销售不动产

纳税人销售不动产时，应按出售收入及其适用的税率计算应交营业税，借记"固定资产清理"科目，贷记"应交税费——应交营业税"科目。

【例 5.7】 问鼎煤炭开采有限公司 2009 年 9 月出售一栋办公楼，出售收入 320 000 元已存入银行。该办公楼的价面价值为 400 000 元，已提折旧 100 000 元，未计提减值准备；出售时用银行存款支付清理费用 5000 元。计算该企业的应交营业税并做有关账务处理。

解： 1）该固定资产转入清理时：

借：固定资产清理	300 000
累计折旧	100 000
贷：固定资产	400 000

2）收到出售收入时：

借：银行存款	320 000
贷：固定资产清理	320 000

3）支付清理费用时：

借：固定资产清理	5 000
贷：银行存款	5 000

4）计算应交营业税时：

$$320\,000×5\%＝16\,000（元）$$

借：固定资产清理	16 000

	16 000

贷：应交税费——应交营业税   16 000

5）结转销售该固定资产的净损失时：

借：营业外支出   1 000

    贷：固定资产清理   1 000

3. 缴纳税款时的账务处理

纳税人以 1 个月或者 1 个季度为一个纳税期的，自期满之日起 15 日内申报纳税时，按应纳税额借记"应交税费——应交营业税"科目、贷记"银行存款"科目。

纳税人以 5 日、10 日或者 15 日为一个纳税期的，自期满之日起 5 日内预缴税款，预交时借记"应交税费——应交营业税"科目、贷记"银行存款"科目；于次月 1 日起 15 日内申报纳税并结清上月应纳税款时，按应补税额借记"应交税费——应交营业税"科目、贷记"银行存款"科目。

纳税人在规定缴纳期缴纳税款的，征收员应按规定的预算级次，当即开出税收通用缴款书等税收票证交纳税人作完税凭证，纳税人以此做相应账务处理。《税收通用缴款书》的格式如图 5.1 所示。

中华人民共和国

税收通用缴款书　　　地

隶属关系：市属企业　　　　　　　　　　（20031）湘地缴：　　　　号

注册类型：有限公司　　填发日期：2009 年 10 月 05 日　　征收机关：某市地方税务局

缴款单位（人）	代　码	××××××××	预算科目	编码	××××××××
	全　称	问鼎煤炭开采有限公司		名称	营业税税款
	开户银行	××银行		级次	地方
	账　号	××××××××	收款国库		××支库

税款所属时期 2009 年 9 月 1 日至 30 日			税款限缴日期 2009 年 10 月 15 日		
品目名称	课税数量	计税金额或销售收入	税率或单位税额	已缴或扣除额	实缴金额
销售不动产		320 000	5%		16 000
金额合计	人民币（大写）人民币壹万陆仟元整				￥16 000.00
缴款单位（人）（盖章）	税务机关（盖章）	上列款项已收妥并划转收款单位账户			备注
经办人（章）	填票人（章）	国库（银行）盖章　年 月 日			

注：逾期不缴按《税法》规定加收滞纳金。

图 5.1　税收通用缴款书

假如问鼎煤炭开采有限公司以 1 个月为一个纳税期，则该公司账务处理如下：

借：应交税费——应交营业税   16 000

    贷：银行存款   16 000

5.2　土地增值税

5.2.1　土地增值税概述

土地增值税是对转让国有土地使用权、地上建筑物及其附着物（以下简称转让房地产）并取得收入的单位和个人，就其转让其房地产所取得的增值额征收的一种税。

1．土地增值税的纳税人

土地增值税的纳税人，是指转让国有土地使用权、地上建筑物及其附着物并取得收入的单位和个人。单位包括各类企、事业单位，国家机关和社会团体及其他组织；个人包括个体经营者及其他个人。外商投资企业、外国企业及外国驻华机构以及外国公民、华侨、港澳台同胞等，只要在我国境内转让房地产并取得收入，就是土地增值税的纳税人。

2．土地增值税的征税范围

土地增值税的征税范围是有偿转让的国有土地使用权、地上建筑物及其附着物。这里所说的地上建筑物，是指建于土地上的一切建筑物，包括地上、地下的各种附属设施。这里所说的附着物，是指附着于土地上的不能移动或一经移动即遭损坏的物品。

准确界定土地增值税的征税范围十分重要。实际工作中，可以通过以下几条标准来判定。

1）转让的土地使用权必须是国家所有。

2）土地使用权、地上建筑物及其附着物的产权必须发生转让。

3）必须取得转让收入。

因此，以继承、赠与方式无偿转让房地产的行为，以及房地产出租、抵押等未转让房产产权、土地使用权的行为不属于土地增值税的征税范围。

3．土地增值税的税率

根据《土地增值税暂行条例》的规定，土地增值税实行四级超率累进税率，具体见表 5.3。

表 5.3　土地增值税四级超率累进税率

级次	增值额与扣除项目金额的比率	税率/%	速算扣除系数/%
1	不超过 50%的部分	30	0
2	超过 50%～100%的部分	40	5
3	超过 100%～200%的部分	50	15
4	超过 200%的部分	60	35

5.2.2 土地增值税的计算

土地增值税是按照纳税人转让房地产所取得的增值额和规定的税率计算征收的。

1. 增值额

增值额，是指纳税人转让房地产所取得的收入（包括货币收入、实物收入和其他收入）减去取得土地使用权时所支付的土地价款、土地开发成本、地上建筑物成本及有关费用、销售税金等规定的扣除项目后的余额。如果纳税人转让房地产的收入减去规定的扣除项目后没有余额，则不需要缴纳土地增值税。

增值额的计算公式为

$$增值额 = 房地产转让收入 - 扣除项目$$

（1）房地产转让收入

根据《土地增值税暂行条例》及其实施细则的规定，纳税人转让房地产取得的收入，包括转让房地产的全部价款及有关的经济收益。从收入的形式来看，包括货币收入、实物收入和其他收入。

（2）扣除项目

根据《土地增值税暂行条例》的规定，土地增值税的扣除项目包括以下几种。

1）取得土地使用权所支付的金额。

2）开发土地的成本、费用。

3）新建房及配套设施的成本、费用，或者旧房及建筑物的评估价格。

4）与转让房地产有关的税金。

5）财政部规定的其他扣除项目。

2. 土地增值税的应纳税额的计算

在房地产的增值额确定之后，按照规定的四级超率累进税率，以增值额中属于每一税率级别部分的金额，乘以该级的税率，再将由此而得出的每一级的应纳税额相加，得到的总数就是纳税人应缴纳的土地增值税税额。

土地增值税的计算公式是

$$应纳税额 = \sum（每级距的土地增值额 \times 适用税率）$$

【例5.8】 问鼎煤炭开采有限公司2009年9月转让一处旧房地产取得收入1600万元，该公司取得土地使用权所支付的金额为200万元，当地税务机关确认的房屋的评估价格为820万元，缴纳与转让该房地产有关的税金10万元。计算该公司转让房地产应缴纳的土地增值税税额。

解：1）计算扣除项目金额：

$$扣除项目金额 = 200 + 820 + 10 = 1030（万元）$$

2）计算增值额：

$$增值额 = 1600 - 1030 = 570（万元）$$

3）计算增值额占扣除项目金额的百分比：

$$570 \div 1030 = 55.3\%$$

由此可见，增值额超过了扣除项目金额的 50%，但未超过 100%，分别适用 30%和 40%的税率。

4）分步计算各级次土地增值税税额。

① 增值额未超过扣除项目金额 50%的部分，税率为 30%。

这部分增值额＝$1030 \times 50\% = 515$（万元）

这部分增值额应纳的土地增值税税额＝$515 \times 30\% = 154.5$（万元）

② 增值额超过扣除项目金额 50%、未超过扣除项目金额 100%的部分，税率为 40%。

这部分增值额＝$570 - 515 = 55$（万元）

这部分增值额应纳的土地增值税税额＝$55 \times 40\% = 22$（万元）

5）计算应纳税总额。

公司应纳土地增值税总额＝$154.5 + 22 = 176.5$（万元）

在实际工作中，分步计算比较繁琐，一般可以采用速算扣除法计算，即可按总的增值额乘以适用的税率，减去扣除项目金额乘以速算扣除系数的简单方法，直接得出土地增值税的应纳税额。具体计算见超率累进税率表 5.4。

【例 5.9】　承前例 5.8，采用速算扣除法计算该公司应纳土地增值税税额。

解：根据速算扣除法，增值额超过扣除项目金额 50%，未超过 100%的，计算公式为

$$土地增值税税额 = 增值额 \times 40\% - 扣除项目金额 \times 5\%$$

则

该公司应纳土地增值税税额＝$570 \times 40\% - 1030 \times 5\% = 176.5$（万元）

小知识

土地增值税税收减免包括以下几种情况。

1）纳税人建造普通标准住宅出售，增值额未超过扣除项目金额 20%的，予以免税。

2）因国家建设需要依法征用、收回的房地产，免征土地增值税。

3）企事业单位、社会团体以及其他组织转让旧房作为廉租住房、经济适用住房房源且增值额未超过扣除项目金额 20%的，免征土地增值税。

5.2.3　土地增值税的申报与缴纳

1. 土地增值税的申报表填制

1995 年 5 月 17 日，国家税务总局制定并下发了《土地增值税纳税申报表》。此表包括适用于从事房地产开发的纳税人的《土地增值税项目登记表》（见表 5.4）和《土地增值税纳税申报表（一）》（见表 5.5），及适用于非从事房地产开发的纳税人的《土地增值

税纳税申报表（二）》（见表 5.6）。国家税务总局同时规定，纳税人必须按照《税法》的有关规定，向房地产所在地主管税务机关如实申报转让房地产所取得的收入、扣除项目金额以及应纳土地增值税税额，并按期缴纳税款。

表 5.4　土地增值税项目登记表

（从事房地产开发的纳税人适用）

填表日期：2009 年 10 月 05 日

金额单位：人民币元

纳税人识别号：□□□□□□□□□□□□□　　　　面积单位：平方米

纳税人名称	××房产开发公司			税款所属时期	2009 年 9 月
项目名称	××项目			项目地址	××市××区××路××号
行业	建筑业	登记注册类型	有限公司	主管部门	××××
开户银行	××银行	银行账号	××××××××		
地　址	××市××区××路××号	邮政编码	××××××	电话	×××××××
土地使用权受让（行政划拨）合同号		受让（行政划拨）时间			
建设项目起讫时间	×年×月至×年×月	总预算成本	500 万	单位预算成本	
项目详细座落地点	××市××区××路××号				
开发土地总面积	480m²	开发建筑总面积	2880m²	房地产转让合同名称	
转让土地面积（按次填写）		转让建筑面积（按次填写）		转让合同签订日期（按次填写）	
第 1 次	160 m²	960 m²		2009 年 9 月 28 日	
第 2 次	320 m²	1920 m²		2009 年 9 月 30 日	
……					
纳税人（签章）		法定代表人（公章）		经办人员（代理申报人）签章	备注
（以下部分由主管税务机关负责填写）					
税务机关受理登记时期					
主管税务人员签字			税务机关受理登记意见：		
主管税务机关（公章）					

表 5.5　土地增值税纳税申报表

（从事房地产开发的纳税人适用）

填表日期：2009 年 10 月 05 日

纳税人识别号：□□□□□□□□□□□□□　　　　金额单位：元（列至角分）

纳税人名称		××房产开发公司	税款所属时期	2009 年 9 月
项　目		行次	金　额	
一、转让房地产收入总额①＝②＋③		①	80 000 000	
其中	货币收入	②	80 000 000	
	实物收入及其他收入	③	—	

续表

纳税人名称	××房产开发公司		税款所属时期	2009 年 9 月
项 目		行次	金 额	
二、扣除项目金额合计④＝⑤＋⑥＋⑬＋⑯＋⑳		④	65 500 000	
1.取得土地使用权所支付的金额		⑤	17 000 000	
2.房地产开发成本⑥＝⑦＋⑧＋⑨＋⑩＋⑪＋⑫		⑥	30 000 000	
其中	土地征用及拆迁补偿费	⑦	8 000 000	
	前期工程费	⑧	12 000 000	
	建筑安装工程费	⑨	5 000 000	
	基础设施费	⑩	2 000 000	
	公共配套设施费	⑪	1 000 000	
	开发间接费	⑫	2 000 000	
3.房地产开发费用⑬＝⑭＋⑮		⑬	4 700 000	
其中	利息支出	⑭	0	
	其他房地产开发费用	⑮	4 700 000	
4.与转让房地产有关的税金等⑯＝⑰＋⑱＋⑲		⑯	4 400 000	
其中	营业税	⑰	4 000 000	
	城市维护建设税	⑱	280 000	
	教育费附加	⑲	120 000	
5.财政部规定的其他扣除项目		⑳	9 400 000	
三、增值额㉑＝①－④		㉑	14 500 000	
四、增值额与扣除项目金额之比（%）㉒＝㉑÷④		㉒	22.1%	
五、适用税率（%）		㉓	30%	
六、速算扣除系数（%）		㉔	—	
七、应缴土地增值税税额㉕＝㉑×㉓－④×㉔		㉕	4 350 000	
八、已缴土地增值税税额		㉖	0	
九、应补（退）土地增值税税额㉗＝㉕－㉖		㉗	4 350 000	

如纳税人填报，由纳税人填写以下各栏		如委托人填报，由代理人填写以下各栏		备注
会计主管（签章）	纳税人（公章）	代理人名称	代理人（公章）	
		代理人地址		
		经办人姓名	电话	
以下由税务机关填写				
收到申报表日期		接收人		

135

表 5.6 土地增值税纳税申报表

（非从事房地产开发的纳税人适用）

填表日期：2009 年 10 月 05 日

纳税人识别号：□□□□□□□□□□□□□□□　　　　金额单位：元（列至角分）

纳税人名称		问鼎煤炭开采有限公司		税款所属时期	2009 年 9 月
项　目			行次	金　额	
一、转让房地产收入总额①＝②＋③			①	16 000 000	
其中	货币收入		②	16 000 000	
	实物收入及其他收入		③	—	
二、扣除项目金额合计④＝⑤＋⑥＋⑨			④	10 300 000	
1．取得土地使用权所支付的金额			⑤	2 000 000	
2．旧房及建筑物的评估价格⑥＝⑦×⑧			⑥	8 200 000	
其中	旧房及建筑物的重置成本价		⑦	10 250 000	
	成新度折扣率		⑧	80%	
3．与转让房地产有关的税金等⑨＝⑩＋⑪＋⑫＋⑬			⑨	100 000	
其中	营业税		⑩	82 000	
	城市维护建设税		⑪	5 740	
	印花税		⑫	9 800	
	教育费附加		⑬	2 460	
三、增值额⑭＝①－④			⑭	5 700 000	
四、增值额与扣除项目金额之比（%）⑮＝⑭÷④			⑮	55．3%	
五、适用税率（%）			⑯	40%	
六、速算扣除系数（%）			⑰	5%	
七、应缴土地增值税税额⑱＝⑭×⑯－④×⑰			⑱	1 765 000	
如纳税人填报，由纳税人填写以下各栏		如委托人填报，由代理人填写以下各栏			备注
会计主管（签章）	纳税人（公章）	代理人名称		代理人	
		代理人地址		（公章）	
		经办人姓名	电话		
以下由税务机关填写					
收到申报表日期		接收人			

2．土地增值税的缴纳

（1）纳税期限与地点

土地增值税对纳税人规定，在转让房地产合同签订之日起 7 日内，到房地产所在地税务机关办理纳税申报，并在税务机关核定的期限内缴纳土地增值税。

土地增值税的纳税地点在土地所在地的税务机关。

（2）纳税程序

土地增值税的纳税人需依下列法定程序进行纳税手续的办理。

1）纳税人在转让房地产合同签订后 7 日内，到房地产所在地办理纳税申报，并向税务机关提交有关规定的资料。

2）纳税人按照税务机关核定的税额及规定的期限缴纳土地增值税。

3）纳税人按规定办理纳税手续后，持纳税凭证到房产、土地管理部门办理产权变更手续。

5.2.4　土地增值税的账务处理

土地增值税纳税人主要分为两大类：一类是从事房地产开发（包括专营与兼营）的纳税人，即房地产开发公司；另一类是其他纳税人，这两类纳税人的账务处理有所不同。

1. 专营房地产业务的纳税人

计算应交的土地增值税时，借记"营业税金及附加"科目，贷记"应交税费——应交土地增值税"科目；实际缴纳时，借记"应交税费——应交土地增值税"科目，贷记"银行存款"科目。

【例5.10】　某房产开发公司 2009 年建造一幢普通标准住宅出售，该年 9 月取得销售收入 8000 万元，可扣除项目金额为 6550 万元。计算该房地产开发公司应缴纳的土地增值税并作相应会计处理。

解：增值额：$8000-6550=1450$（万元）

增值额占扣除项目金额的比例＝$1450\div6550=22.1\%$

应纳土地增值税税额＝$1450\times30\%=435$（万元）

账务处理：

1）计算税金时：

借：营业税金及附加　　　　　　　　　　　　　　　　　　　　　4 350 000

　　贷：应交税费——应交土地增值税　　　　　　　　　　　　　　4 350 000

2）实际缴纳时：

借：应交税费——应交土地增值税　　　　　　　　　　　　　　　4 350 000

　　贷：银行存款　　　　　　　　　　　　　　　　　　　　　　　4 350 000

纳税人根据税收通用缴款书做相应账务处理，《税收通用缴款书》如图 5.2 所示。

中华人民共和国

税收通用缴款书

地

第一联（收据）国库（银行）收款盖章后退缴款单位（人）作完税凭证

隶属关系：市属企业

注册类型：有限公司　　填发日期：2009 年 10 月 05 日

（20031）湘地缴：　　　号

征收机关：某市地方税务局

无银行收讫章无效

缴款单位（人）	代　码	××××××××××	预算科目	编码	××××××
	全　称	某房产开发公司		名称	土地增值税税款
	开户银行	××银行		级次	地方
	账　号	××××××××××	收款国库		××支库

税款所属时期 2009 年 9 月 1 日至 30 日			税款限缴日期 2009 年 10 月 15 日		
品目名称	课税数量	计税金额或销售收入	税率或单位税额	已缴或扣除额	实缴金额
房地产		14 500 000	30%		4 350 000

| 金额合计 | 人民币（大写）人民币肆佰叁拾伍万元整 | | | ￥4 350 000.00 | |

| 缴款单位（人）（盖章）　　　经办人（章） | 税务机关（盖章）　　　填票人（章） | 上列款项已收妥并划转收款单位账户　　　国库（银行）盖章　　年 月 日 | 备注 |

注：逾期不缴按《税法》规定加收滞纳金。

图 5.2　税收通用缴款书

2. 兼营房地产业务的纳税人

兼营房地产开发业务的纳税人是指以其他经营项目为主，兼营房地产开发的纳税人。其计算应交的土地增值税时，借记"其他业务支出"科目，贷记"应交税费——应交土地增值税"科目；实际缴纳时，借记"应交税费——应交土地增值税"科目，贷记"银行存款"科目。

【例 5.11】　某有限公司属兼营房地产开发，2009 年 9 月销售办公楼一栋，取得收入 5000 万元，可扣除项目金额为 2895 万元。计算该企业应缴纳的土地增值税并作相应会计处理。

解：增值额：5000－2895＝2105（万元）

增值额占扣除项目金额的比例：2105÷2895＝72.71%

应纳土地增值税税额＝2105×40%－2895×5%＝842－144.75＝697.25（万元）

账务处理：

1）计算税金时：

借：其他业务支出　　　　　　　　　　　　　　　　　　　6 972 500

贷：应交税费——应交土地增值税　　　　　　　　　　　　　　6 972 500

2）实际缴纳时：

借：应交税费——应交土地增值税   6 972 500

    贷：银行存款   6 972 500

纳税人根据税收通用缴款书做相应账务处理，《税收通用缴款书》如图 5.3 所示。

中华人民共和国
税收通用缴款书

地

隶属关系：市属企业   （20031）湘地缴：   号

注册类型：有限公司   填发日期：2009 年 10 月 05 日   征收机关：某市地方税务局

缴款单位（人）	代　码	×××××××××××	预算科目	编码	××××××
	全　称	××有限公司		名称	土地增值税税款
	开户银行	××银行		级次	地方
	账　号	×××××××××××	收款国库		××支库

税款所属时期 2009 年 9 月 1 日至 30 日			税款限缴日期 2009 年 10 月 15 日		
品目名称	课税数量	计税金额或销售收入	税率或单位税额	已缴或扣除额	实缴金额
房地产		21 050 000	40%	1 447 500	6 972 500
金额合计	人民币（大写）人民币陆佰玖拾柒万贰仟伍元整				￥6 972 500.00
缴款单位（人）（盖章）	税务机关（盖章）	上列款项已收妥并划转收款单位账户			备注
经办人（章）	填票人（章）	国库（银行）盖章　年 月 日			

注：逾期不缴按《税法》规定加收滞纳金。

图 5.3　税收通用缴款书

3. 非房地产开发的纳税人

非房地产开发企业，转让国有土地使用权连同地上建筑物及其附着物的，其转让应纳的土地增值税借记"固定资产清理"科目，贷记"应交税费——应交土地增值税"科目；实际缴纳时，借记"应交税费——应交土地增值税"，贷记"银行存款"科目。

【例 5.12】　问鼎煤炭开采有限公司转让旧办公楼一栋，取得收入 1000 万元，可扣除项目金额为 640 万元。计算该公司应缴纳的土地增值税并作相应会计处理。

解：增值额：1000－640＝360（万元）

增值额占扣除项目的比例：360÷640＝56.25%

应纳税额：360×40%－640×5%＝144－32＝112（万元）

账务处理：

1）计得税金时：

借：固定资产清理 1 120 000

　　贷：应交税费——应交土地增值税 1 120 000

2）实际缴纳时：

借：应交税费——应交土地增值税 1 120 000

　　贷：银行存款 1 120 000

纳税人根据税收通用缴款书做相应账务处理，《税收通用缴款书》如图5.4所示。

中华人民共和国

税收通用缴款书

地

隶属关系：市属企业　　　　　　　　　　　　　　（20031）湘地缴：　　　号

注册类型：有限公司　　填发日期：2009 年 10 月 05 日　　征收机关：某市地方税务局

缴款单位（人）	代　码	××××××××××	预算科目	编码	××××××
	全　称	问鼎煤炭开采有限公司		名称	土地增值税税款
	开户银行	××银行		级次	地方
	账　号	××××××××××		收款国库	××支库

税款所属时期 2009 年 9 月 1 日至 30 日　　　　　税款限缴日期 2009 年 10 月 15 日

品目名称	课税数量	计税金额或销售收入	税率或单位税额	已缴或扣除额	实缴金额
房地产		3 600 000	40%	320 000	1 120 000
金额合计	人民币（大写）人民币壹佰壹拾贰万元整				￥1 120 000.00

缴款单位（人）（盖章）	税务机关（盖章）	上列款项已收妥并划转收款单位账户	备注
经办人（章）	填票人（章）	国库（银行）盖章　年 月 日	

注：逾期不缴按《税法》规定加收滞纳金。

图 5.4　税收通用缴款书

5.3　城市维护建设税和教育费附加

5.3.1　城市维护建设税概述

1. 概念

城市维护建设税，是指以单位和个人实际缴纳的增值税、消费税、营业税（以下简称"三税"）的税额为计税依据而征收的一种税。城市维护建设税的特征：一是具有附加税性质。它以纳税人实际缴纳的"三税"税额为计税依据，附加于"三税"税额之上，本身并没有类似于其他税种的特定、独立的征税对象。二是具有特定目的。城市维护建设税税款专门用于城市的公用事业和公共设施的维护建设。

2. 纳税人

城市维护建设税的纳税人是缴纳增值税、消费税、营业税的单位和个人，包括国有企业、集体企业、私营企业、股份制企业、其他企业和行政事业单位、军事单位、社会团体、其他单位，以及个体工商户及其他个人。目前，外商投资企业、外国企业和进口货物的行为不征收城市维护建设税。

3. 税率

城建税按纳税人所在地的不同，设置了三档地区差别比例税率。

1）纳税人所在地在市区的，税率为7%。

2）纳税人所在地在县城、镇的，税率为5%。

3）纳税人所在地不在市区、县城或镇的，税率为1%。

城建税的适用税率，应当按纳税人所在地的规定税率执行。但是，对下列两种情况，可按缴纳"三税"所在地的规定税率就地缴纳城建税。

1）由受托方代征代扣"三税"的单位和个人，其代征代扣的城建税按受托方所在地适用税率执行。

2）流动经营等无固定纳税地点的单位和个人，在经营地缴纳"三税"的，其城建税的缴纳按经营地适用税率执行。

5.3.2　城建税的计税依据以及应纳税额的计算

1. 城建税的计税依据

城建税的计税依据，是指纳税人实际缴纳的"三税"税额。

小知识

纳税人违反"三税"有关税法而加收的滞纳金和罚款，是税务机关对纳税人违法行为的经济制裁，不作为城建税的计税依据，但纳税人在被查补"三税"和被处以罚款时，应同时对其偷漏的城建税进行补税和罚款。

城建税以"三税"税额为计税依据并对其同时征收，如果要免征或者减征"三税"，也就要同时免征或者减征城建税。

对出口产品退还增值税、消费税的，不退还已缴纳的城建税。自2005年1月1日起，经国家税务总局审核批准的当期免抵的增值税税额应纳入城市维护建设税和教育费附加的计税范围。

2. 应纳税额的计算

由于城市维护建设税实行纳税人所在地差别比例税率，在计算应纳税额时，应注意根据纳税人所在地来确定适用税率。城市维护建设税纳税人的应纳税额大小是由纳税人实际缴纳的"三税"税额决定的，其计算公式如下。

应纳税额＝（实际缴纳的增值税＋实际缴纳的消费税＋实际缴纳的营业税）×适用税率

【例 5.13】 问鼎煤炭开采有限公司 2009 年 9 月份实际缴纳增值税 300 000 元，缴纳消费税 400 000 元，缴纳营业税 200 000 元。适用税率为 7%。计算该公司应缴纳的城建税税额。

解：应纳城建税税额＝（300 000＋400 000＋200 000）×7%＝63 000（元）

5.3.3 城建税纳税申报表填制与缴纳

1. 城建税申报表的填制

城市维护建设税与"三税"同时申报缴纳，纳税人应按照《税法》的有关规定，如实填写《城市维护建设税纳税申报表》，如表 5.7 所示。

表 5.7 城市维护建设税纳税申报表

填表日期：2009 年 10 月 05 日

纳税人识别号：□□□□□□□□□□□□□□□ 金额单位：元（列至分）

纳税人名称	问鼎煤炭开采有限公司			税款所属时期	2009 年 9 月
计税依据	计税金额	税率	应纳税额	已纳税额	应补（退）税额
1	2	3	4＝2×3	5	6＝4-5
增值税	300 000		21 000		
营业税	200 000		14 000		
消费税	400 000		28 000		
合 计	900 000	7%	63 000		63 000
如纳税人填报，由纳税人填写以下各栏			如委托代理人填报，由代理人填写以下各栏		备注
会计主管（签章）	纳税人（公章）		代理人名称	代理人（公章）	
			代理人地址		
			经办人	电话	
以下由税务机关填写					
收到申报表日期			接收人		

2. 城建税的税款缴纳

（1）纳税环节

城建税的纳税环节，实际就是纳税人缴纳"三税"的环节。纳税人中要发生"三税"的纳税义务，就要在同样的环节分别计算缴纳城建税。

（2）纳税地点

城建税以纳税人实际缴纳的增值税、消费税、营业税税额为计税依据，分别与"三税"同时缴纳。所以，纳税人缴纳"三税"的地点，就是该纳税人缴纳城建税的地点。

（3）纳税期限

由于城建税是由纳税人在缴纳"三税"的同时缴纳的，所以其纳税期限分别与"三税"的纳税期限一致。

5.3.4 城建税的账务处理

纳税人在进行会计核算时，由于主营业务实际缴纳的"三税"所计提的城建税，借记"营业税金及附加"科目，贷记"应交税费——应交城市维护建设税"科目；若是由于其他业务实际缴纳的"三税"计提的城建税，则借记"其他业务支出"、"固定资产清理"等科目。实际缴纳时，借记"应交税费——应交城市维护建设税"科目，贷记"银行存款"科目。

【例 5.14】 承前例 5.13，进行该公司关于城建税的账务处理。

解：1）计算应缴城建税时：

借：营业税金及附加   63 000

贷：应交税费——应交城市维护建设税   63 000

2）实际缴纳时：

借：应交税费——应交城市维护建设税   63 000

贷：银行存款   63 000

纳税人根据税收通用缴款书做相应账务处理，《税收通用缴款书》如图 5.5 所示。

中华人民共和国

税收通用缴款书   地

隶属关系：市属企业   （20031）湘地缴：   号

注册类型：有限公司   填发日期：2009 年 10 月 05 日   征收机关：某市地方税务局

缴款单位（人）	代 码	××××××××××	预算科目	编码	××××××
	全 称	问鼎煤炭开采有限公司		名称	城市维护建设税税款
	开户银行	××银行		级次	地方
	账 号	××××××××××××		收款国库	××支库

税款所属时期 2009 年 9 月 1 日至 30 日		税款限缴日期 2009 年 10 月 15 日	
品目名称	课税数量	计税金额或销售收入	税率或单位税额	已缴或扣除额	实缴金额
城建税		900 000	7%		63 000.000
金额合计	人民币（大写）人民币陆万叁仟元整				￥630 00.00
缴款单位（人）（盖章）	税务机关（盖章）	上列款项已收妥并划转收款单位账户			备注
经办人（章）	填票人（章）	国库（银行）盖章 年 月 日			

注：逾期不缴按《税法》规定加收滞纳金。

图 5.5 税收通用缴款书

5.3.5 教育费附加概述

教育费附加是对缴纳增值税、消费税、营业税的单位和个人，就其实际缴纳的税额为计算依据征收的一种附加费，是为加快地方教育事业、扩大地方教育经费的资金而征收的一项专用基金。

1. 纳税人及征收范围

凡是缴纳增值税、消费税、营业税（简称"三税"）的单位和个人都应依照规定缴纳教育费附加。对个体商贩及个人在集市上出售商品的，是否按实际缴纳的临时经营营业税或产品税税额征收教育费附加，由各省、自治区、直辖市人民政府根据实际情况来确定。

2. 征收率

教育费附加的征收率为 3%。国务院另有规定者除外，任何地区、部门不得擅自提高或者降低教育费附加率。

5.3.6 教育费附加的计税依据以及应纳税额计算

1. 计税依据

教育费附加，以各单位和个人实际缴纳的增值税、营业税、消费税的税额为计征依据，分别与增值税、营业税、消费税同时缴纳。

2. 应纳税额的计算

教育费附加的计算公式：
应纳教育费附加＝（实缴的增值税＋实缴的消费税＋实缴的营业税）×征收率

【例 5.15】 问鼎煤炭开采有限公司 2009 年 9 月份实际缴纳增值税 300 000 元，缴纳消费税 400 000 元，缴纳营业税 200 000 元。计算该公司应缴纳的教育费附加。

解： 应纳教育费附加＝（300 000＋400 000＋200 000）×3%＝27 000（元）

5.3.7 教育费附加纳税申报表的填制与缴纳

1. 教育费附加申报表的填制

教育费附加与"三税"同时申报缴纳，纳税人应按照《税法》的有关规定，如实填写《教育费附加申报表》，见表 5.8。

2. 教育费附加的缴纳

（1）纳税环节
教育费附加的纳税环节，实际就是纳税人缴纳"三税"的环节。纳税人要发生"三税"的纳税义务，就要在同样的环节，分别缴纳教育费附加。

表 5.8　教育费附加申报表

开户银行：××银行
账号：×××××××××××

所属时期：2009 年 9 月　　　　　　　　　　　　　　　　单位：元（列至角分）

税务代码	××××××××××××		纳税人名称	问鼎煤炭开采有限公司			
地址	××市××区××路××号		经济类型	有限公司	预算级次	地方	
计征依据	计征金额	附加率	应征额	已缴额		应缴（退）额	
增值税	300 000	—	9 000				
消费税	400 000	—	12 000				
营业税	200 000	—	6 000				
合计	900 000	3%	27 000	—		￥27 000.00	
如缴纳人填报由缴纳人填写如下各栏			如委托代理人填报由代理人填写以下各栏			备注	
缴纳人（签章）	经办人（签章）	会计主管（签章）	代理人名称		代理人（签章）		
			地址				
			电话				
			经办人				
以下由税务机关填写							
收到申报表日期		接受人（签章）			地方税务机关（签章）		

注：本表共三联，一联纳税人留存，一联税务会计核算，一联主管地税机关存档。

（2）纳税地点

教育费附加以纳税人实际缴纳的增值税、消费税、营业税税额为计税依据，分别与"三税"同时缴纳。所以，纳税人缴纳"三税"的地点，就是该纳税人缴纳教育费附加的地点。

（3）纳税期限

由于教育费附加是由纳税人在缴纳"三税"的同时缴纳的，所以其纳税期限分别与"三税"的纳税期限一致。

5.3.8　教育费附加的账务处理

纳税人计算应缴纳的教育费附加时，借记"营业税金及附加"、"其他业务支出"、"固定资产清理"等科目，贷记"应交税费——应交教育费附加"科目。实际缴纳时，借记"应交税费——应交教育费附加"科目，贷记"银行存款"科目。

【例 5.16】　承前例 5.15，进行该公司关于教育费附加的账务处理。

解： 1）计算应纳教育费附加时：

借：营业税金及附加　　　　　　　　　　　　　　　　　　27 000

贷：应交税费——应交教育费附加　　　　　　　　　　　　　　27 000

 2）实际缴纳时：

 借：应交税费——应交教育费附加　　　　　　　　　　　　27 000

  贷：银行存款　　　　　　　　　　　　　　　　　　　　27 000

  纳税人在规定缴纳期缴纳税款的，征收员应按规定的预算级次当即开出《税收通用缴款书》等税收票证交纳税人作完税凭证，纳税人以此做相应账务处理。《税收通用缴款书》的格式如图 5.6 所示。

中华人民共和国

税收通用缴款书

地

隶属关系：市属企业　　　　　　　　　　　　　　（20031）湘地缴：　　号

注册类型：有限公司　　填发日期：2009 年 10 月 05 日　　征收机关：某市地方税务局

缴款单位（人）	代 码	×××××××××	预算科目	编码	××××
	全 称	问鼎煤炭开采有限公司		名称	教育费附加款
	开户银行	××银行		级次	地方
	账 号	×××××××××		收款国库	××支库

税款所属时期 2009 年 9 月 1 日至 30 日			税款限缴日期 2009 年 10 月 15 日		
品目名称	课税数量	计税金额或销售收入	税率或单位税额	已缴或扣除额	实缴金额
房地产		900 000	3%	—	27 000.00
金额合计	人民币（大写）人民币贰万柒仟元整				￥27 000.00
缴款单位（人）（盖章） 经办人（章）	税务机关（盖章） 填票人（章）	上列款项已收妥并划转收款单位账户 国库（银行）盖章　年 月 日			备注

  注：逾期不缴按《税法》规定加收滞纳金。

无银行收讫章无效

第一联（收据）国库（银行）收款盖章后退缴款单位（人）作完税凭证

图 5.6　税收通用缴款书

  根据本章开始处的案例导入，计算问鼎煤炭开采有限公司转让厂房应缴纳的营业税、城市维护建设税、教育费附加以及土地增值税。

5.4　资源税

案例导入

  问鼎煤炭开采有限公司开采原煤 500 万吨，其中 20%用于职工食堂和供热等，其余

80%直接对外销售，取得销售收入 32 000 万元。

思考一下问鼎煤炭开采有限公司开采原煤是否涉及纳税，若纳税，应纳何种税？如何纳税？

5.4.1　资源税概述

资源税是为了调节资源开发过程中的级差收入，以自然资源为征税对象的一种税。

1. 资源税的纳税人

根据《资源税暂行条例》的规定，资源税的纳税人是指在中华人民共和国境内开采应税矿产品或生产盐的单位和个人。这里所说的单位是指国有企业、集体企业、私营企业、股份制企业、其他企业和行政单位、事业单位、军事单位、社会团体及其他单位；个人是指个体经营者及其他个人，包括负有纳税义务的中国公民和在中国境内的外国公民。

收购未税矿产品的单位为资源税的扣缴义务人，具体包括独立矿山、联合企业及其他收购未税矿产品的单位。

2. 资源税的征税范围

我国目前资源税的征税范围包括矿产品和盐类，具体包括以下几种。
1）原油：是指开采的天然原油，不包括人造石油。
2）天然气：是指专门开采或与原油同时开采的天然气，暂不包括煤矿生产的天然气。
3）煤炭：是指原煤，不包括洗煤、选煤及其他煤炭制品。
4）其他非金属矿原矿：是指原油、天然气、煤炭和井矿盐以外的非金属矿原矿。
5）黑色金属矿原矿和有色金属矿原矿：是指纳税人开采后自用或销售的，用于直接入炉冶炼或作为主产品先入选精矿、制造人工矿，再最终入炉冶炼的金属矿石原矿。
6）盐：包括固体盐和液体盐。固体盐是指用海水、湖水或地下湖水晒制和加工出来成固体颗粒状态的盐，具体包括海盐原盐、湖盐原盐和井矿盐；液体盐俗称卤水，指氯化钠达到一定程度的溶液，是用于生产碱和其他产品的原料。

根据《资源税暂行条例》的规定，纳税人有下列情形之一的，减征或免征资源税。
1）开采原油过程中用于加热、修井的原油免税。
2）纳税人开采或生产应税产品过程中，因意外事故或自然灾害等原因遭受重大损失的，由省、自治区、直辖市人民政府酌情决定减税或免税。
3）国务院规定的其他减税、免税项目。

3. 资源税的税目和税额

资源税采用定额税率，从量定额征收。为了发挥资源税调节资源级差收入的功能，《资源税暂行条例》及其实施细则在确定不同资源税的适用税额时，遵循了资源条件好、级差收入大的品种适用高税额，资源条件差、级差收入小的品种适用低税额的基本原则。各税目和税额幅度如下。

1）原油 8～30 元/吨。

2）天然气 2～15 元/千立方米。

3）煤炭 0.3～5 元/吨。

4）其他非金属矿原矿 0.5～20 元/吨或者立方米。

5）黑色金属矿原矿 2～30 元/吨。

6）有色金属矿原矿 0.4～30 元/吨。

7）固体盐 10～60 元/吨，液体盐 2～10 元/吨。

5.4.2 资源税的计算

1. 资源税的计税依据

资源税的计税依据是指纳税人应税产品的销售数量和自用数量，具体规定如下。

1）纳税人开采或者生产应税产品销售的，以销售数量为课税数量。

2）纳税人开采或者生产应税产品自用的，以自用数量为课税数量。

3）纳税人不能准确提供应税产品销售数量或移送使用数量的，以应税产品的产量或主管税务机关确定的折算比换算成的数量为课税数量。

4）原油中的稠油、高凝油与稀油划分不清或不易划分的，一律按原油的数量课税。

5）扣缴义务人代扣代缴资源税的，以收购未税矿产品的数量为课税数量。

2. 应纳税额的计算

资源税的应纳税额，按照应税产品的课税数量和规定的单位税额计算。资源税应纳税额的计算公式为

$$应纳税额＝课税数量×单位税额$$

$$代扣代缴应纳税额＝收购未税矿产品的数量×适用的单位税额$$

在计算资源税的应纳税额时，还应注意以下几点。

1）生产不同税目应税产品的，应当分别核算不同税目应税产品的征税数量；未分别核算或不能准确提供不同税目应税产品的征税数量的，从高适用税额。

2）《税法》规定的减税、免税项目，应当单独核算征税数量；未单独核算或不能准确提供征税数量的，不予减税或免税。

【例 5.17】 问鼎煤炭开采有限公司 2009 年 9 月份销售原油 20 万吨，按《资源税税目税额明细表》的规定，其适用的单位税额为 8 元/吨。计算该公司本月应纳资源税的税额。

解： 应纳税额＝课税数量×单位税额

　　　　＝200 000×8＝1 600 000（元）

5.4.3　资源税的申报表填制与缴纳

1. 资源税的纳税申报表填制

《资源税纳税申报表》格式见表 5.9。

表 5.9　资源税纳税申报表

填表日期：2009 年 10 月 05 日

纳税人识别号：□□□□□□□□□□□□□□□　　　　　金额单位：元（列至角分）

纳税人名称	问鼎煤炭开采有限公司			税款所属时期		2009 年 9 年	
产品名称	课税单位	课税数量	单位税额	应纳税款	已纳税款	应补（退）税款	备注
应纳税项目 原油	吨	200 000	8	1 600 000		1 600 000	
减免税项目							

如纳税人填报，由纳税人填写以下各栏		如委托代理人填报，由代理人填写以下各栏		备注
会计主管（签章）	纳税人（公章）	代理人名称	代理人（公章）	
		代理人地址		
		经办人	电话	
以下由税务机关填写				
收到申报表日期		接收人		

2. 资源税的缴纳

（1）纳税义务发生时间

1）纳税人销售应税产品的，其纳税义务发生的时间如下。

① 纳税人采取分期收款结算方式的，其纳税义务发生时间为销售合同规定的收款日期的当天。

② 纳税人采取预收货款结算方式的，其纳税义务发生时间为发出应税产品的当天。

③ 纳税人采取其他结算方式的，其纳税义务发生时间为收讫销售额或者取得销售款凭证的当天。

2）纳税人自产自用应税产品的，纳税义务发生时间为移送使用应税产品的当天。

3）扣缴义务人代扣代缴税款的，纳税义务发生时间为支付货款的当天。

（2）纳税地点

凡缴纳资源税的纳税人，都应当向应税产品的开采或者生产所在地主管税务机关缴纳资源税。

如果纳税人在本省、自治区、直辖市范围内开采或者生产应税产品，其纳税地点需要调整的，由所在省、自治区、直辖市税务机关决定。

如果纳税人开采的资源属于跨省开采，其下属生产单位与核算单位不在同一省、自治区、直辖市的，对其开采的矿产品，一律在开采地纳税，其应纳税款由独立核算、自负盈亏的单位，按照开采地的实际销售额（或者自用量）及适用的单位税额计算缴纳。

（3）纳税期限

纳税期限是纳税人发生纳税义务后缴纳税款的期限。资源税的纳税期限由主管税务机关根据实际情况具体核定，不能按固定期限计算纳税的，可以按次计算纳税。

纳税人以一个月为一期纳税的，自期满之日起 10 日内申报纳税；以 1 日、3 日、5 日、10 日或者 15 日为一期纳税的，自期满之日起 5 日内预缴税款，于次月 1 日起 10 日内申报纳税并结清上月税款。纳税人不能按固定期限纳税的，经核准可以按次纳税。

5.4.4 资源税的账务处理

企业按规定计算销售的应税产品应交纳的资源税，借记"营业税金及附加"科目，贷记"应交税费——应交资源税"科目；企业计算自产自用的应税产品应纳的资源税，借记"生产成本"、"制造费用"等科目，贷记"应交税费——应交资源税"科目；企业收购未完税矿产品，借记"在途物资"等科目，贷记"银行存款"等科目；按代扣代缴的资源税，贷记"应交税费——应交资源税"科目；企业按规定上交资源税时，借记"应交税费——应交资源税"科目，贷记"银行存款"科目。

企业外购液体盐加工固体盐，在购入液体盐时，按所允许抵扣的资源税，借记"应交税费——应交资源税"科目，按外购价款扣除允许抵扣资源税后的数额，借记"在途物资"等科目，按应付的全部价款，贷记"银行存款"、"应付账款"等科目。企业加工成固体盐后，在销售时，按规定计算的销售固定盐应交的资源税，借记"营业税金及附加"科目，贷记"应交税费——应交资源税"科目；将销售固体盐应纳资源税抵扣液体盐已纳资源税后的差额上交时，借记"应交税费——应交资源税"科目，贷记"银行存款"科目。

【例5.18】 承前例5.17，进行该公司关于资源税的相关账务处理。

解： 1）计算应纳资源税时：

借：营业税金及附加   1 600 000

  贷：应交税费——应交资源税   1 600 000

2）实际缴纳时：

借：应交税费——应交资源税   1 600 000

  贷：银行存款   1 600 000

纳税人在规定缴纳期缴纳税款的，征收员应按规定的预算级次当即开出《税收通用缴款书》等税收票证交纳税人作完税凭证，纳税人以此做相应账务处理。《税收通用缴款书》的格式如图 5.7 所示。

中华人民共和国

税收通用缴款书

地

第一联（收据）国库（银行）收款盖章后退缴款单位（人）作完税凭证

隶属关系：市属企业

注册类型：有限公司   填发日期：2009 年 10 月 05 日

（20031）湘地缴：   号

征收机关：某市地方税务局

缴款单位（人）	代 码	××××××××××	预算科目	编码	××××××
	全 称	问鼎煤炭开采有限公司		名称	资源税税款
	开户银行	××银行		级次	地方
	账 号	××××××××××	收款国库		××支库

税款所属时期 2009 年 9 月 1 日至 30 日　　　　税款限缴日期 2009 年 10 月 15 日

品目名称	课税数量	计税金额或销售收入	税率或单位税额	已缴或扣除额	实缴金额
房地产		200 000	8%	—	1 600 000.00

| 金额合计 | 人民币（大写）人民币壹佰陆拾万元整 | ¥1 600 000.00 |

| 缴款单位（人）（盖章） | 税务机关（盖章） | 上列款项已收妥并划转收款单位账户 | 备注 |
| 经办人（章） | 填票人（章） | 国库（银行）盖章　年 月 日 | |

注：逾期不缴按《税法》规定加收滞纳金。

图 5.7 税收通用缴款书

练一练

根据 5.4 节开始处的案例导入：计算问鼎煤炭开采有限公司应缴纳的资源税。

练 习 题

一、简答题

1. 如何正确理解营业税的纳税人与征税范围？
2. 营业税的营业额如何确定？
3. 如何确定土地增值额？可扣除的项目有哪些？
4. 城市维护建设税和教育费附加的计税依据如何确定？
5. 如何正确理解资源税的纳税人与征税范围？

二、单项选择题

1. 下列经营者中，属于营业税纳税人的是（ ）。
   A. 从事修配业务的个人
   B. 将不动产无偿赠送他人的行政单位
   C. 生产集邮商品的企业
   D. 从事缝纫业务的个体户

2. 纳税人转让土地使用权或销售不动产，采用预收款方式的，其纳税义务的时间为（ ）。
   A. 所有权转移的当天
   B. 收到预收款的当天
   C. 收到全部价款的当天
   D. 所有权转移并收到全部款项的当天

3. 纳税人提供应税劳务转让无形资产或销售不动产价格明显偏低，又无正当理由的，主管税务机关核定组成计税价格等于（ ）。
   A. 营业成本或工程成本×（1＋成本利润率）÷（1－营业税税率）
   B. 营业成本或工程成本÷（1－营业税税率）
   C. 营业成本或工程成本×（1＋成本利润率）÷（1＋营业税税率）
   D. 营业成本或工程成本÷（1＋营业税税率）

4. 对于下列说法符合《营业税法》规定的是（ ）。
   A. 营业税纳税人兼营不同税目的应税行为，未分别核算的，一律从高税率征收
   B. 提供建筑业劳务的同时销售自产货物的行为，未分别核算的，一律征收增值税
   C. 营业税纳税人兼营应税行为和货物或者非应税劳务，未分别核算的，一律征收营业税
   D. 纳税人兼营应税劳务项目与减免税项目，未单独核算的，可按销售额比例来计算减免税额

5. 某企业将三年前自建的一幢办公楼转让，原值200万元，已提折旧114万元，转让价款280万元。该企业的此行为应缴纳营业税（ ）。
   A. 5万元　　　　　B. 10万元　　　　　C. 15万元　　　　　D. 20万元

6. 土地增值税的税率形式是（ ）。
   A. 全额累进税率　　　　　　　　　B. 超额累进税率
   C. 超率累进税率　　　　　　　　　D. 差额累进税率

7. 主营房地产业务的企业，在计算土地增值税时，其会计处理为（ ）。
   A. 借记"营业税金及附加"，贷记"应交税费——应交土地增值税"
   B. 借记"其他业务支出"，贷记"应交税费——应交土地增值税"
   C. 借记"营业外支出"，贷记"应交税费——应交土地增值税"

D. 借记"管理费用"，贷记"应交税费——应交土地增值税"

8. 下列不属于城建税纳税人的是（　　）。

A. 私营企业　　　　　　　　　B. 个体工商户

C. 外商投资企业　　　　　　　D. 事业单位

9. 某油田 9 月份生产原油 40 万吨（单位资源税额 8 元/吨），其中出售 32 万吨，用于加热耗用原油 2 万吨。则该公司 9 月份应交资源税（　　）万元。

A. 320　　　　B. 272　　　　C. 256　　　　D. 304

10. 某市一企业 2008 年 9 月被查补增值税 50 000 元、消费税 20 000 元、所得税 30 000 元，被加收滞纳金 2000 元，被处罚款 8000 元。该企业应补缴城建税和教育费附加（　　）。

A. 5000 元　　　B. 7000 元　　　C. 8000 元　　　D. 10 000 元

三、多项选择题

1. 根据我国《营业税暂行条例》及其实施细则的规定，下列各项中，属于营业税征收范围的有（　　）。

A. 广告业　　　B. 旅游业　　　C. 租赁业　　　D. 修理修配业

2. 按《营业税暂行条例》规定，下列项目免征营业税的有（　　）。

A. 残疾人员个人提供的劳务

B. 医院、诊所和其他医疗机构提供的医疗服务

C. 学校和其他教育机构提供的教育劳务、学生勤工俭学提供的劳务

D. 境内保险机构为出口货物提供的保险产品

3. 下列关于营业税的纳税地点表述正确的有（　　）。

A. 纳税人提供建筑业劳务，应向其机构所在地或者居住地的主管税务机关申报纳税

B. 纳税人转让土地使用权，应向其机构所在地或者居住地的主管税务机关申报纳税

C. 纳税人销售、出租不动产应向不动产所在地的主管税务机关申报纳税

D. 扣缴义务人应向其机构所在地或者居住地的主管税务机关申报缴纳其扣缴的税款

4. 某运输企业 2009 年 2 月对外提供运输劳务，按规定计算应交营业税为 25 万元；销售不动产，按规定计算应交营业税 10 万元。则该企业在计算应缴营业税时进行的会计处理下列正确的有（　　）。

A. 借：营业税金及附加　　　　　　　　25
　　　贷：应交税费——应交营业税　　　　　　　25

B. 借：其他业务支出　　　　　　　　　25
　　　贷：应交税费——应交营业税　　　　　　　25

C. 借：固定资产清理　　　　　　　　　10

　　　　　　　　　贷：应交税费——应交营业税　　　　　　　10
　　D．借：营业外支出　　　　　　　　　　　10
　　　　　　　　　贷：应交税费——应交营业税　　　　　　　10

5．下列可以作为城建税计税依据的有（　　　）。
　　A．营业税　　　　　　B．消费税　　　　　　C．增值税　　　　D．流转税罚款

6．《土地增值税暂行条例》规定的，属于计算增值额的法定扣除项目的有（　　　）。
　　A．取得土地使用权所支付的金额
　　B．开发土地的成本、费用
　　C．新建房及配套设施的成本、费用，或者旧房及建筑物的评估价格
　　D．与转让房地产有关的税金

7．土地增值税是对纳税人的（　　　）行为征税。
　　A．转让国有土地使用权　　　　　　　　B．转让地上建筑物
　　C．转让附着物　　　　　　　　　　　　D．转让集体土地使用权

8．下列属于资源税税目的有（　　　）。
　　A．人造石油　　　　B．黑色金属矿原矿　　　C．盐　　　　　D．天然气

9．下列各项中，符合《资源税法》有关课税数量规定的有（　　　）。
　　A．纳税人开采应税产品销售的，以开采数量为课税数量
　　B．纳税人生产应税产品销售的，以生产数量为课税数量
　　C．纳税人开采或者生产应税产品销售的，以销售数量为课税数量
　　D．纳税人开采或者生产应税产品自用的，以自用数量为课税数量

10．根据城建税的有关规定，下列各项中，不属于城建税计税依据的有（　　　）。
　　A．纳税人当期应缴的"三税"税额
　　B．纳税人当期实缴的"三税"税额
　　C．纳税人被处罚的"三税"罚款
　　D．纳税人因"三税"加收的滞纳金

四、计算题

1．某市一运输公司 2008 年 9 月份取得客运收入 20 万元，替保险公司代收保险费 200 元，取得货运收入 30 万元，支付给其他联运单位运费 10 万元。计算该公司 9 月份应纳营业税、城建税及教育费附加。

2．某县一邮局 2008 年 7 月份发生以下经济业务。
1）传送函件取得收入 80 000 元。
2）取得电话、电传收入 40 000 元。
3）售电信物品收入 50 000 元。
4）得报刊发行收入 60 000 元。
5）销售邮务物品收入 20 000 元。
计算该邮电局 7 月份应纳营业税、城建税及教育费附加。

3．某房地产开发公司是 A 市一家以开发转让土地及房产为主要业务的中型公司。2008 年 7 月初，公司按 A 市普通民宅标准建造了一幢住宅，并以市场价格销售给 A 市市民，取得收入 240 万元，共发生了如下费用。

1）取得土地使用权所支付的金额为 100 万元。

2）房地产开发成本 50 万元。

3）其他扣除额为 60 万元。

计算该房地产开发公司应缴纳的土地增值税税额。

五、业务题

1．A 市平安保险公司 3 月份有关收入如下。

1）人身保险业务保费收入 80 000 元。

2）财产保险业务保费收入 200 000 元。

3）利息收入 100 000 元。

4）手续费收入 60 000 元。

要求：根据上述资料，计算该公司应交营业税、城建税及教育费附加，并作相应的会计分录。

2．某油田 3 月份生产原油 240 万吨（资源税 30 元/吨），将 20 吨用于自产自用（其中 2 吨用于加热修井），其余全部用于外销（已实现销售收入）；生产副产品天然气 10 万立方米（资源税 9 元/千立方米），并全部用于外销（已实现销售收入）。

要求：根据上述资料，计算其应交资源税，并作相应的会计分录。

第6章 利润环节纳税

学习向导

知识目标

1. 了解居民纳税人与非居民纳税人的划分标准及纳税义务；了解税款缴纳方式、时间、地点等知识。

2. 明确企业所得税和个人所得税征收范围、征收对象、纳税人、税率、税收优惠政策的有关规定。

3. 熟悉各种类型的应税所得；熟悉各类型所得所适用的税率形式。

4. 掌握企业所得税和个人所得税应纳税所得额、应纳税额的计算方法。掌握企业所得税纳税申报表和填制方法。掌握个人所得税的计算及缴纳方法。掌握目前常见的所得项目怎么计算税额（怎么确定计税依据应纳税所得额，用什么形式的税率、该查哪一个税率表；注意是否涉及税收减免优惠）。

能力目标

1. 能够运用税务基本知识处理企业日常纳税申报与缴纳工作。

2. 能够针对各种类型的个人所得税进行应纳税所得额及应纳税额的计算；能够进行个人所得税的申报及对代扣代缴个人所得税进行会计处理。

3. 正确进行企业所得税的账务处理。

情感目标

认识纳税是每个公民应尽的义务，树立依法纳税意识，争做自觉纳税的好公民。熟悉税法知识，增强纳税意见。

识记

企业所得税、居民企业、非居民企业、应纳税所得额、纳税调整、加计扣除、亏损弥补。居民纳税人、非居民纳税人、工资薪金所得、个体工商户的生产经营所得、对企事业单位的承包承租经营所得、劳务报酬所得、特许权使用费所得、利息股息红利所得、财产租凭所得、财产转让所得、偶然所得、稿酬所得。

利润环节主要是指纳税人在会计期间终了，对该会计期间所取得的经营成果进行分配的环节，一般包括企业的收入、成本、费用、利润的核算以及计税和税后利润的分配等。该环节涉及的税种主要是企业所得税，对于个人及个体工商户则缴纳个人所得税。

6.1 企业所得税

小资料

企业所得税制一直是我国工商税制的重要组成部分，1958 年税制改革后，其成为一个独立的税种，称为工商所得税。1980 年至 1994 年，我国对企业征收的所得税分为内外两套税制，并按经济性质设有外商投资企业和外国企业所得税、国营企业所得税和调节税、集体企业所得税、私营企业所得税。从 1994 年 1 月 1 日起，将后三者合并为统一的内资企业所得税，称为企业所得税，同时，外商投资企业和外国企业所得税与之并存。

1994 年税制改革以后，根据发展经济、深化改革、扩大开放的需要，中国开始酝酿内资企业所得税制度与外资企业所得税制度的统一，几经曲折，历经三个五年计划、十多年的时间，于 2008 年 1 月 1 日起实施目前新的企业所得税。

案例导入

问鼎煤炭开采有限公司 2008 年全年收入总额 9600 万元，发生相关成本、费用、税金、损失共 5220 万元，会计利润 1432.70 万元，请问这一过程是否涉及纳税，若涉及，应纳何税？如何纳税？

6.1.1 企业所得税概述

1. 企业所得税的概念

企业所得税是以企业的生产经营所得和其他所得为征税对象所征收的一种税。现行企业所得税于 2008 年 1 月 1 日起开始实施。

2. 企业所得税的特点

新《企业所得税法》具有以下特点。

1）实现了内、外资企业税收政策的"四个统一"。

① 内、外资企业使用统一的《企业所得税法》。

② 统一并适当降低企业所得税税率。

③ 统一和规范了税前扣除办法的标准。

④ 统一了税收优惠政策，实行"产业优惠为主，区域优惠为辅"的新体系。

2）对关联方转让定价作了明确规定，增加了一般反避税、防范资本弱化、防范避税地避税、核定程序等反避税条款。

6.1.2　企业所得税征收制度

1. 企业所得税的纳税人

（1）纳税人

在中华人民共和国境内，企业和其他取得收入的组织（以下均简称企业）为企业所得税的纳税人。

企业所得税纳税人按照国际惯例一般分为居民企业和非居民企业，这是确定纳税人是否负有全面纳税义务的基础。

1）居民企业，是指依照一国法律、法规在该国境内成立，或者实际管理机构、总机构在该国境内的企业。例如，在我国注册成立的大众汽车（中国）公司、保洁（中国）有限公司，就是我国的居民企业；在英国、百慕大群岛等国家和地区注册的公司，如实际管理机构在我国境内，也是我国的居民企业。居民企业承担全面纳税义务，就其来源于我国境内外的全部所得纳税。

2）非居民企业，是指依照外国（地区）法律、法规成立且实际管理机构不在中国境内，但在中国境内设立机构、场所的，或者在中国境内未设立机构、场所，但有来源于中国境内所得的企业。例如，在我国设立有代表处及其他分支机构的外国企业。非居民企业承担有限纳税义务，一般只就其来源于我国境内的所得纳税。

把企业分为居民企业和非居民企业，是为了更好地保障我国税收管辖权的有效行使。税收管辖权是一国政府在征税方面的主权，是国家主权的重要组成部分。根据国际上的通行做法，我国选择了地域管辖权和居民管辖权的双重管辖权标准，最大限度地维护税收利益。

《企业所得税法》以法人组织为纳税人，也就是说，企业设有多个不具有法人资格营业机构的，实行由法人汇总纳税。

（2）扣缴义务人

非居民企业在中国境内未设立机构、场所的，或者虽设立机构、场所但取得的所得与其所设机构、场所没有实际联系的，其就来源于中国境内的所得缴纳企业所得税（即预提所得税）时，实行源泉扣缴，以支付人为扣缴义务人。税款由扣缴义务人在每次支付或者到期应支付时，从支付或者到期应支付的款项中扣缴。

所谓实际联系，是指非居民企业在中国境内设立的机构、场所拥有据以取得所得的股权、债权，以及拥有、管理、控制据以取得所得的财产等。

对非居民企业在中国境内取得工程作业和劳务所得应缴纳的所得税，税务机关可以指定工程价款或者劳务费的支付人为扣缴义务人。

为增强企业所得税与个人所得税的协调，避免重复征税，《企业所得税法》规定，按照《个人独资企业法》、《合伙企业法》的规定成立的个人独资企业和合伙企业，不是企业所得税的纳税人。

关于企业所得税纳税人的构成请参考图 6.1。

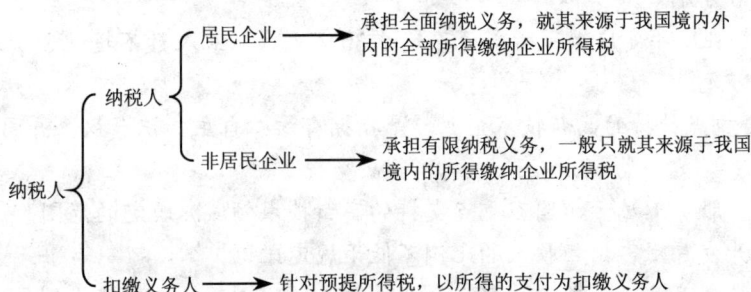

图 6.1　企业所得税纳税人的构成

2. 企业所得税的征收范围

企业所得税的征收范围包括我国境内的企业和组织取得的生产经营所得与其他所得。居民企业应当就其来源于中国境内、境外的所得缴纳企业所得税。

非居民企业在中国境内设立机构、场所的，应当就其所设机构、场所取得的来源于中国境内的所得，以及发生在中国境外但与其所设机构、场所有实际联系的所得，缴纳企业所得税。

非居民企业在中国境内未设立机构、场所的，或者虽设立机构、场所但取得的所得与其所设机构、场所没有实际联系的，应当就其来源于中国境内的所得缴纳企业所得税，即预提所得税。

纳税人的生产、经营所得，是指其从事物质生产、交通运输、商品流通、劳务服务以及经国家主管部门确认的其他营利事业取得的合法所得，还包括卫生、物资、供销、城市公用和其他行业的企业，以及一些社团组织、事业单位、民办非企业单位开展多种经营和有偿服务活动取得的合法经营所得。

纳税人取得的其他所得是指股息、利息、租金、特许权使用费以及营业外收益等所得。企业解散或破产后的清算所得，也属于企业所得税的征税范围。

3. 企业所得税的税率

《企业所得税法》规定，企业所得税的税率为 25%，预提所得税的税率为 20%（实际按 10% 征收）。

此外，国家为了重点扶持和鼓励发展特定的产业与项目，还规定了两档优惠税率。

1）符合条件的小型微利企业，减按 20% 的税率征收企业所得税。

2）国家需要重点扶持的高新技术企业，减按 15% 的税率征收企业所得税。

小知识

小型微利企业，是指从事国家非限制和禁止的行业，并符合下列条件的企业。

1）工业企业：年度应纳税所得额不超过 30 万元，从业人数不超过 100 人，资产总额不超过 3000 万元。

2）其他企业：年度应纳税所得额不超过 30 万元，从业人数不超过 80 人，资产总额不超过 1000 万元。

国家需要重点扶持的高新技术企业，是指拥有核心自主知识产权，并同时符合下列条件的企业。

1）产品（服务）属于《国家重点支持的高新技术领域》规定的范围。

2）研究开发费用占销售收入的比例不低于规定比例。

3）高新技术产品（服务）收入占企业总收入的比例不低于规定比例。

4）科技人员占企业职工总数的比例不低于规定比例。

5）《高新技术企业认定管理办法》规定的其他条件。

2007 年 12 月 29 日，中国政府网公布了《国务院关于实施企业所得税过渡优惠政策的通知》（简称《通知》），对企业所得税优惠政策过渡问题作出了规定。

《通知》称，自 2008 年 1 月 1 日起，原享受低税率优惠政策的企业，在新税法施行后 5 年内逐步过渡到法定税率。其中享受企业所得税 15% 税率的企业，2008 年按 18% 税率执行，2009 年按 20% 税率执行，2010 年按 22% 税率执行，2011 年按 24% 税率执行，2012 年按 25% 税率执行；原执行 24% 税率的企业，2008 年起按 25% 税率执行。

自 2008 年 1 月 1 日起，原享受企业所得税"两免三减半"、"五免五减半"等定期减免税优惠的企业，新税法施行后继续按原税收法律、行政法规及相关文件规定的优惠办法及年限享受至期满为止，但因未获利而尚未享受税收优惠的，其优惠期限从 2008 年度起计算。

社会观察：利用课余时间走访企业，了解企业缴纳企业所得税的情况，他们适用何种税率标准，是否享受税收优惠政策。

4. 税收优惠

企业所得税的税收优惠方式包括免税、减税、加计扣除、加速折旧、减计收入、税额抵免等。企业所得税的税收优惠主要包括以下几个方面的内容。

1）企业的下列收入免税。

① 国债利息收入。

② 居民企业直接投资于其他居民企业取得的股息、红利等权益性投资收益。

③ 在中国境内设立机构、场所的非居民企业从居民企业取得与该机构、场所有实际联系的股息、红利等权益性投资收益。

④ 符合条件的非营利组织的收入。

2）企业的下列所得，可以免征、减征企业所得税。

① 从事农、林、牧、渔业项目的所得。

② 从事国家重点扶持的公共基础设施项目的投资经营所得。

③ 从事符合条件的环境保护、节能、节水项目的所得。

④ 符合条件的技术转让所得。

⑤ 非居民企业在中国境内未设立机构、场所的，或者虽设立机构、场所但取得的所得与其所设机构、场所没有实际联系的，其来源于中国境内的所得。

企业从事国家重点扶持的公共基础设施项目的投资经营所得，自项目取得第一笔生产经营收入所属纳税年度起，第 1～第 3 年免征企业所得税，第 4～第 6 年减半征收企业所得税。

企业从事符合条件的环境保护、节能、节水项目的所得，自项目取得第一笔生产经营收入所属纳税年度起，第 1～第 3 年免征企业所得税，第 4～第 6 年减半征收企业所得税。

所谓符合条件的技术转让所得免征、减征企业所得税，是指一个纳税年度内，居民企业技术转让所得不超过 500 万元的部分，免征企业所得税；超过 500 万元的部分，减半征收企业所得税。

3）民族自治地方的自治机关对本民族自治地方的企业应缴纳的企业所得税中属于地方分享的部分，可以决定减征或者免征。自治州、自治县决定减征或者免征的，须报省、自治区、直辖市人民政府批准。

4）企业的下列支出，可以在计算应纳税所得额时加计扣除。

① 开发新技术、新产品、新工艺所需的研究开发费用。

② 安置残疾人员及国家鼓励安置的其他就业人员所支付的工资。

所谓研究开发费用的加计扣除，是指企业为开发新技术、新产品、新工艺发生的研究开发费用，未形成无形资产计入当期损益的，在按照规定据实扣除的基础上，按照研究开发费用的 50%加计扣除；形成无形资产的，按照无形资产成本的 150%摊销。

所谓企业安置残疾人员所支付的工资的加计扣除，是指企业安置残疾人员的，在按照支付给残疾职工工资据实扣除的基础上，按照支付给残疾职工工资的 100%加计扣除。

5）企业综合利用资源，生产符合国家产业政策规定的产品所取得的收入，可以在计算应纳税所得额时按 90%计入收入总额。

6）企业的固定资产由于技术进步等原因，确实需要加速折旧的，可以缩短折旧年限或者采取加速折旧的方法。

7）对符合条件的小型微利企业实行 20%的优惠税率，对国家需要重点扶持的高新技术企业，按 15%的税率征收企业所得税。

8）创业投资企业从事国家需要重点扶持和鼓励的创业投资，可以按投资额的一定比例抵扣应纳税额。

9）企业购置用于环境保护、节能、节水、安全生产等专用设备的投资额，可以按一定比例实行税额抵免。

10）《企业所得税法》规定的其他税收优惠和过渡性税收优惠。

企业同时从事适用不同企业所得税待遇的项目的，其优惠项目应当单独计算所得，并合理分摊企业的期间费用；没有单独计算的，不得享受企业所得税优惠。

6.1.3　企业所得税应纳税所得额的确定

企业所得税的计税依据是应纳税所得额。应纳税所得额的计算，以权责发生制为原则，属于当期的收入和费用，不论款项是否收付，均作为当期的收入和费用；不属于当期的收入和费用，即使款项已经在当期收付，均不作为当期的收入和费用。

应纳税所得额的计算，用公式表示为

应纳税所得额＝每一纳税年度的收入总额－不征税收入－免税收入－
各项扣除项目－允许弥补的以前年度亏损

实践中，为便于计算，纳税人的应纳税所得额是以年度利润总额为基数加减税收调整项目金额后得出的数额。其计算公式为

应纳税所得额＝年度利润总额＋税收调整项目金额

年度利润总额＝营业利润＋投资净收益＋补贴收入＋营业外收入－营业外支出

营业利润＝主营业务利润＋其他业务利润－管理费用－销售费用－财务费用

主营业务利润＝主营业务收入－主营业务成本－营业税金及附加

按照《税法》规定计算的应纳税所得额与依据企业财务会计制度、准则计算的会计利润往往不一致，企业财务、会计处理办法与国家有关税收规定不一致的，应当依照税收法律、行政法规的规定计算纳税。

那么，企业的会计利润与应纳税所得额之间有什么关系呢？

会计利润与应纳税所得额是两个不同的概念，二者既有联系，又有区别。

应纳税所得额是一个税收概念，是按《税法》规定的程序和标准确定的，纳税人在一个时期内应当计税的所得额，是计税的依据。它直接关系到国家分配政策的贯彻和税负的公平，关系到国家收入和纳税人的负担。而会计利润是一个会计概念，是按照财务会计的规定进行核算，由利润账户和损益表反映出来的、企业一定时期内的经营成果。如图6.2所示。

图6.2　应纳税所得额的计算

会计利润是确定应纳税所得额的基础，会计利润额依据税法规定进行调理后，才能成为企业的应纳税所得额。因此，企业计算的会计利润应按照《税法》的要求进行调整，结合以上三个公式，我们来学习税收具体调整的项目。

1. 税收调整增加项目

（1）利息支出

利息支出扣除的具体规定为：企业在生产、经营期间向金融机构借款的利息支出，企业经批准发行债券的利息支出，按实际发生数扣除；企业向非金融机构借款的利息支出，不超过按照金融机构同期同类贷款利率计算的数额的部分，可以扣除。

实际工作中，企业会计利润是按实际利息支出计算的，故企业按规定多支付的利息按《税法》规定调增应税所得额。

【例 6.1】　问鼎煤炭开采有限公司因资金困难，经批准向关联企业借款 300 万元，年利率 10%，期限 1 年；同时又向无关联企业借款 400 万元，年利率 9%，期限 2 年。同期银行贷款年利率 8%，企业利润核算按利息实际发生额扣除。计算公司税前可扣除的利息。

解：　会计上计算的利息＝300×10%＋400×9%＝66（万元）

税收上允许扣除的利息＝300×8%＋400×8%＝56（万元）

税收允许扣除利息小于实际支付利息即会计上计算的利息，故问鼎煤炭开采有限公司税前可扣除利息为 56 万元，超额 10 万元应按税法调增应纳税所得额。

（2）工资薪金、职工福利费、职工教育经费和工会经费

具体规定如下：

1）工资薪金按实际发放数扣除。

2）企业发生的职工福利费支出，不超过工资薪金总额 14%的部分，准予扣除。

3）除国务院财政、税务主管部门另有规定外，企业发生的职工教育经费支出，不超过工资薪金总额 2.5%的部分，准予扣除；超过部分，准予在以后纳税年度结转扣除。

4）企业拨缴的工会经费，不超过工资薪金总额 2%的部分，准予扣除。

企业按会计制度据实扣除的超标部分，则应作调增应税所得额的处理。

【例 6.2】　问鼎煤炭开采有限公司行政管理人员全年计提工资薪金 500 万元，实际支付 400 万元，当年发生职工福利费、教育经费分别为 65 万元和 7 万元，请进行相应的会计计算。

解： 合理的工资薪金为实际发放部分为 400 万元，500－400＝100 万元为应调增应纳税所得额。

福利费扣除限额＝400×14%＝56（万元），可扣除 56 万元，超额 9（65－56）万元为应调增应税所得。

教育经费扣除限额＝400×2.5%＝10（万元），可据实扣除 7 万元。

（3）公益性捐赠支出

具体规定如下：企业发生的公益性捐赠支出，不超过年度利润总额 12%的部分，准予扣除。

公益性捐赠，是指纳税人通过中国境内非营利的社会团体、国家机关向教育、民政等公益事业和遭受自然灾害地区、贫困地区的捐赠。纳税人直接向受赠人的捐赠不允许扣除。所谓的社会团体，包括中国青少年发展基金会、希望工程基金会、宋庆龄基金会、减灾委员会、中国红十字会、中国残疾人联合会、全国老年基金会、老区促进会以及经民政部门批准成立的其他非营利的公益性组织。

年度利润总额，是指企业依照国家统一会计制度的规定计算的年度会计利润。

【例6.3】 问鼎煤炭开采有限公司通过省教育厅捐赠给某高校100万元，向经认定的公益性社会团体A基金会捐赠货币性资产和非货币性资产合计200万元，2008年该企业按照国家统一会计制度计算的会计利润总额为1432.70万元。计算可扣除的公益性捐赠支出的的额度。

解： 企业通过省教育厅捐赠给某高校100万元不符合公益性捐赠的条件，应全额调增应纳税所得额。

企业向A基金会捐赠的200万元扣除限额为：1432.70×12%＝171.92（万元）

企业实际捐赠数额200万元，大于扣除限额28.08（200－171.92）万元，应调增应纳税所得额。

对外捐赠应调增应纳税所得额：100＋28.08＝128.08（万元）

（4）业务招待费

企业发生的与生产经营活动有关的业务招待费支出，按照发生额的60%扣除，但最高不得超过当年销售（营业）收入净额的5‰。

【例6.4】 问鼎煤炭开采有限公司年销售净额9600万元，业务招待费支出100万元，计算税前可扣除的业务招待费额度。

解：   扣除限额＝100×60%＝60（万元）

最高限额＝9 600×5‰＝48（万元）

税前可扣除的业务招待费额度为48万元，超额52（100－48）万元应调增应纳税所得额。

（5）广告费

广告费包括两部分：一是正规的广告费，二是业务宣传费。

企业发生的符合条件的广告费和业务宣传费支出，除国务院财政、税务主管部门另有规定外，不超过当年销售（营业）收入15%的部分，准予扣除；超过部分，准予在以后纳税年度结转扣除。

【例6.5】 问鼎煤炭开采有限公司当年实现销售净额9600万元，当年发生广告费800万元，其中不符合规定的广告费支出200万元，以前年度结转广告费支出1300万元。请进行相应的会计计算。

解： 不符合规定的广告费支出200万元不能扣除，调增应税所得200万元。

按规定当年允许在税前扣除的广告费为：9600×15%＝1440（万元），即600（800－200）万元的广告费可全额扣除。

另外，以前年度累计结转广告费1300万元，按规定扣除1440－600＝840（万元），余下的 460 万元结转以后年度。因此，当年应调减应纳税所得额 840 万元。

（6）固定资产的折旧费

固定资产按照直线法计算的折旧，准予扣除。

企业应当自固定资产投入使用月份的次月起计算折旧；停止使用的固定资产，应当自停止使用月份的次月起停止计算折旧。

除国务院财政、税务主管部门另有规定外，固定资产计算折旧的最低年限如下：

1）房屋、建筑物，为 20 年。

2）飞机、火车、轮船、机器、机械和其他生产设备，为 10 年。

3）与生产经营活动有关的器具、工具、家具等，为 5 年。

4）飞机、火车、轮船以外的运输工具，为 4 年。

5）电子设备，为 3 年。

【例 6.6】　问鼎煤炭开采有限公司 2008 年初投入生产的设备为一台，价值 120 万元，残值率为 5%。为加速折旧，2008 年企业将折旧年限改为 5 年，而税法规定是 10 年。请进行相应的会计计算。

解：　　　准许扣除的折旧＝$120 \times（1-5\%）\div 10 = 11.4$（万元）

实际提取折旧＝$120 \times（1-5\%）\div 5 = 22.8$（万元）

应调增应纳税所得额＝$22.8 - 11.4 = 11.4$（万元）

（7）税收滞纳金

略。

（8）罚金、罚款和被没收财物的损失

按《税法》规定，税收滞纳金，罚金、罚款和被没收财物的损失，不能作为成本、费用从收入中扣除，以企业会计利润为基础计税时，则应调增应纳税所得额。

【例 6.7】　问鼎煤炭开采有限公司当年支付违反交通法规罚款 0.4 万元，税收滞纳金 1.4 万元，已列入当期费用。计算应调增应税所得额。

解：按税法规定企业支付的税收滞纳金和违规罚款不能作为费用扣除，因此应调增应税所得额 $1.4 + 0.4 = 1.8$（万元）。

（9）赞助支出

非广告性质的赞助支出不能扣除，以企业会计利润为基础计税时，则应调增应纳税所得额。

【例 6.8】　问鼎煤炭开采有限公司当年营业外支出账户中包括非广告性赞助支出 50 万元，请进行相应的会计计算。

解：按《税法》规定这 50 万元应全额调增应税所得额。

（10）应税收益

企业在核算时由于少计或未计收益而使得会计利润和应税所得存在差异，应调增少计或未计的应税收益。

【例 6.9】　问鼎煤炭开采有限公司处置固定资产（A 设备）净收益 200 万元。账上记载 A 设备原值 500 万元，而计税基础为 400 万元，已提折旧 285 万元，2008 年 12 月 15 日以 415 万元转让该项设备。计算应调增应纳税所得额。

解：
会计确认的净收益＝415－（500－285）＝200（万元）
但税收确认的净收益＝415－（400－285）＝300（万元）
企业少计应税收益＝300－200＝100（万元）

应调增应纳税所得额为 100 万元。

2. 税收调整减少项目

（1）不征税收入

所谓不征税收入，是指从性质上不属于企业营利性活动带来的经济利益、不负有纳税义务并且不作为应纳税所得额组成部分的收入。《企业所得税法》规定，收入总额中的下列收入为不征税收入。

1）财政拨款。

2）依法收取并纳入财政管理的行政事业性收费、政府性基金。

3）国务院规定的其他不征税收入。

（2）免税收入

免税收入，是指属于企业的应税所得，但按照《税法》规定免予征收企业所得税的收入。《企业所得税法》规定的免税收入包括以下几种。

1）国债利息收入。

【例 6.10】 问鼎煤炭开采有限公司国债持有期间的利息收入 10 万元（初始投资100 万元），已作为投资收益计入当年损益。请进行相应的会计计算。

解： 按规定该 10 万元利息收入应调减当年应税所得。

2）符合规定条件的居民企业之间的股息、红利等权益性投资收益。

3）在中国境内设立机构、场所的非居民企业，从居民企业取得与该机构、场所有实际联系的股息、红利等权益性投资收益。

4）符合规定条件的非营利组织的收入。

（3）技术转让收益

在一个纳税年度内，居民企业技术转让所得不超过 500 万元的部分，免征企业所得税；超过 500 万元的部分，减半征收企业所得税。

【例 6.11】 问鼎煤炭开采有限公司当年技术转让所得 550 万元，利润核算中全额计入。请进行相应的会计计算。

解： 按《税法》规定，技术转让所得的 500 万元，免征企业所得税，即调减 500 万元；超过 500 万元的 50 万元（550－500），减半征收企业所得税，调减 25 万元，因此，应调减应纳税所得额 525 万元。

（4）研究开发费加计扣除

开发新技术、新产品、新工艺发生的研究开发费用，可以在计算应纳税所得额时加计扣除。加计扣除是指按照税法规定在实际发生数额的基础上，再加成一定比例，作为计算应纳税所得额时的扣除数额的一种税收优惠措施。

《税法》规定研究开发费用未形成无形资产计入当期损益的，在按照规定据实扣除的基础上，按照研究开发费用的 50%加计扣除；形成无形资产的，按照无形资产成本的 150%摊销。

【例 6.12】　问鼎煤炭开采有限公司当年开发新产品研究开发费用实际支出为 300 万元，请进行相应的会计计算。

解：按加计扣除的规定，300×150%＝450（万元），450 万元可在税前扣除，税收调减额＝450－300＝150（万元）。

（5）弥补亏损

纳税人发生年度亏损的，可以用下一年度的所得弥补；下一纳税年度的所得不足弥补的，可以逐年延续弥补，但延续弥补期最长不超过 5 年，5 年内不论盈利或亏损，都作为实际弥补年限计算。税法所指亏损，不是企业财务报表中反映的亏损额，而是经主管税务机关按《税法》规定核实调整后的金额。

小知识

联营企业的亏损，由联营企业就地依法进行弥补。投资方企业从联营企业分回的税后利润按规定应补缴所得税的，如果投资方企业发生亏损，其分回的利润可先用于弥补亏损，弥补亏损后仍有余额的，再按规定补缴企业所得税。

企业境外业务之间（同一国家）的盈亏可以互相弥补，但企业境内境外、业务之间的盈亏不得相互弥补。

【例6.13】　问鼎煤炭开采有限公司五年来盈利、亏损情况如表6.1，确定其获利年度。

表 6.1　2003～2008 年盈亏情况

金额单位：万元

年度	2003	2004	2005	2006	2007	2008
盈利或亏损额	－100	30	－40	80	－50	569.98

解：2003 年亏损 100 万，可用 2004 年的 30 万元和 2006 年的 70 万元弥补；2005 年亏损 40 万元，除了用 2006 年剩余的 10 万元弥补外，还有 30 万元，加上 2007 年的 50 万元，总共 80 万元需要用 2008 年的利润弥补。

$$569.98－80＝489.98（万元）$$

2008 年弥补以前年度亏损后，还有 489.98 万元利润是其应纳税所得额。

【例 6.14】　汇总例 6.1 至 6.12 中的数据，计算问鼎煤炭开采有限公司该年度应纳税所得额。

解：1）利润＝1432.70（万元）。

2）税收调整增加项目：

利息 10 万元　　　　　　工资 100 万元

职工福利费 9 万元　　　公益性捐赠 128.08 万元

业务招待费 52 万元　　　广告费 200 万元

固定资产折旧费 11.4 万元　违规罚款 0.4 万元

税收滞纳金 1.4 万元　　　赞助支出 50 万元

少计收益 100 万元

税收调增项目合计＝10＋100＋9＋128.08＋52＋200＋11.4＋0.4＋1.4＋50＋100

＝662.28（万元）

　　3）税收调整减少项目：

国债利息 10 万元

技术转让收益 525 万元

研究开发费用 150 万元

广告费 840 万元

税收调减项目合计＝10＋525＋150＋840＝1525（万元）

税收调整项目的计算可参考表 6.2。

表 6.2　税收调整项目

单位：万元

税收调增项目	金额	税收调减项目	金额
利息	10	国债利息	10
工资	100	技术转让收益	525
职工福利费	9	研究开发费用	150
公益性捐赠	128.08	广告费	840
业务招待费	52		
广告费	200		
固定资产折旧费	11.4		
违规罚款	0.4		
税收滞纳金	1.4		
赞助支出	50		
少计收益	100		
调增项目合计	662.28	调减项目合计	1525

　　4）应纳税所得额的计算：

应纳税所得额＝会计利润＋税收调增项目－税收调减项目

＝1432.70＋662.28－1525＝569.98（万元）

6.1.4　企业所得税应纳税额的计算

1. 应纳税额的计算

企业的应纳税所得额乘以适用税率，减去税收优惠规定的减免和抵免的税额后的余

额，为应纳税额，计算公式为

应纳税额＝应纳税所得额×适用税率－减免税额－抵免税额

大家议一议，算一算，例 6.14 中该公司当年应该如何计算须缴纳的企业所得税呢？我们一起来探讨吧！

在年度期间已预缴了企业所得税的，采用应纳企业所得税的税款与预缴税款比较的方法，汇算清缴。

【例 6.15】 问鼎煤炭开采有限公司 2008 年度会计报表上的利润总额为 1432.70 万元，以前年度累计亏损 80 万元（五年以内），已累计预缴企业所得税 90 万元。该企业 2008 年度其他有关情况如例 6.1 至例 6.14 中的数据。已知，该企业适用所得税税率为 25%，计算企业 2008 年度应纳企业所得税。

解： 2008 年度应纳税所得额＝569.98（万元）

弥补以前年度亏损后应税所得额＝569.98－80＝489.98（万元）

2008 年度应纳所得税额＝489.98×25%＝122.50（万元）

年终汇算清缴应补税额＝122.50－90＝32.50（万元）

想一想

如果纳税人是小型微利企业或国家需要重点扶持的高新技术企业，该如何计算缴纳企业所得税呢？——主要考虑税收优惠政策中税率的不同。你想到了吗？

2. 抵免税额的计算

税收抵免是指居住国政府对其居民企业来自国内外的所得一律汇总征税，但允许抵扣该居民企业在国外已纳的税额，以避免国际重复征税。

1）企业取得的下列所得已在境外缴纳所得税税额的，可以从其当期应纳税额中抵免，抵免限额为该项所得依照规定计算的应纳税额；超过抵免限额的部分，可以在以后五个年度内，用每年度抵免限额抵免当年应抵税额后的余额进行抵补。

① 居民企业来源于中国境外的应税所得。

② 非居民企业在中国境内设立机构、场所，取得发生在中国境外但与该机构、场所有实际联系的应税所得。

2）居民企业从其直接或者间接控制的外国企业分得的，来源于中国境外的股息、红利等权益性投资收益，外国企业在境外实际缴纳的所得税税额中属于该项所得负担的部分，可以作为该居民企业的可抵免境外所得税税额，在上述规定的抵免限额内抵免。

企业来源于境外的所得是税后利润，而企业的自营所得是税前利润，所以境内外所得汇总纳税时，为避免重复征税，要对在国外的已纳税额予以抵免。

《企业所得税法》规定，纳税人来源于中国境外的所得，已在境外缴纳的所得税税款，准许在汇总纳税时，从其应纳税额中扣除，但是扣除额不得超过其境外所得按中国税法规定计算的应纳税额（即抵免限额或扣除限额）。境外所得已纳税额抵免的具体步骤如下。

① 确定境外已纳税额。境外已纳税额是指纳税人来源于中国境外的所得，在境外实际缴纳的所得税税款，不包括减免税或纳税后又得到补偿以及由他人代为承担的税款。但是，中外双方已签订避免双重征税协定的，按协定规定执行。

② 计算抵免限额。抵免限额是指企业来源于中国境外的所得，依照《企业所得税法》和《企业所得税暂行条例》的规定计算的应纳税额。抵免限额是指税收抵免的最高限额，即对跨国纳税人在外国已纳税款进行抵免的限度。除国务院财政、税务主管部门另有规定外，抵免限额分国不分项计算，即对来源于境外多国的所得，要分别按来源于每一个国家的所得、不分项目地计算抵免限额，其计算公式为

抵免限额＝中国境内、境外所得依法计算的应纳税总额×来源于
某国（地区）的应纳税所得额÷中国境内、境外应纳税所得总额

3）比较抵免限额和境外已纳税额，取其中较小的数扣除，如果纳税人境外实际缴纳的税款低于扣除限额，则实际缴纳的税款可从其应纳税款总额中扣除；超过扣除限额的，其超过部分不得在本年度的应纳税额中扣除，也不得列为费用支出，但可用以后年度税额扣除的余额补扣，补扣期最长不超过 5 年。

【例 6.16】 甲企业 2008 年境内应税所得为 400 万元，其在美国的应税投资所得为 129 万元，已在美国缴纳企业所得税 43.86 万元。计算该企业当年汇总应纳所得税。该企业适用企业所得税税率为 25%。

解：1）扣除限额＝[（400＋129）×25%]×129÷（400＋129）

　　　　　　＝129×25%

　　　　　　＝32.25（万元）

2）比较已在美国缴纳的税款 43.86 万元，取较小的数 32.25 万元（扣除限额）扣除，所以当年允许扣除的税款为 32.25 万元。

3）　　　　应纳税款＝汇总计算的应纳税款－扣除限额

　　　　　　　　　＝（400＋129）×25%－32.25

　　　　　　　　　＝132.25－32.25＝100（万元）

【例 6.17】 乙公司在 A、B 两国设有分支机构，当年度境内经营取得应税所得 4000 万元。A 国分支机构当年取得应税所得为 1200 万元，其中生产经营所得 1000 万元，A 国规定税率为 40%；特许权使用费所得 200 万元，A 国规定税率为 20%。B 国分支机构当年取得应税所得 800 万元，其中生产经营所得 500 万元，B 国规定税率为 30%；租金所得 300 万元，B 国规定税率为 10%。计算该公司当年度境内外所得汇总缴纳的所得税。

解：1）境内外所得汇总应纳所得税额＝（4000＋1200＋800）×25%

　　　　　　　　　　　　　　　　＝6000×25%＝1500（万元）

2）A 国分支机构在境外已纳税额＝1000×40%＋200×20%＝440（万元）

　　A 国分支机构已纳税额的扣除限额＝1500×1200÷6000＝300（万元）

因 440>300，故准予抵扣 300 万元，余额 140 万元留待以后年度补扣。

3）B 国分支机构在境外已纳税额＝500×30%＋300×10%＝180（万元）

B 国分支机构已纳税额的扣除限额＝1500×800÷6000＝200（万元）

因 180<200，故准予抵扣 180（万元）

4）当年度境内外所得汇总缴纳的所得税额＝1500－300－180＝1020（万元）

6.1.5　企业所得税的征收管理

1. 企业所得税的征收方式

企业所得税主要在年终企业利润结算环节计算缴纳，但如果企业在年度中间终止经营活动的，则在终止清算环节缴纳。具体规定如下。

1）企业所得税按纳税年度计算。纳税年度自公历 1 月 1 日起至 12 月 31 日止。

企业在一个纳税年度中间开业，或者终止经营活动，使该纳税年度的实际经营期不足 12 个月的，应当以其实际经营期为一个纳税年度。企业依法清算时，应当以清算期间作为一个纳税年度。

2）企业所得税分月或者分季预缴。企业应当自月份或者季度终了之日起 15 日内，向税务机关报送预缴《企业所得税纳税申报表》，预缴税款。

企业应当自年度终了之日起 5 个月内，向税务机关报送年度《企业所得税纳税申报表》，并汇算清缴，结清应缴应退税款。企业在报送《企业所得税纳税申报表》时，应当按照规定附送财务会计报告和其他有关资料。

3）企业在年度中间终止经营活动的，应当自实际经营活动终止之日起 60 日内，向税务机关办理当期企业所得税汇算清缴。

企业应当在办理注销登记前，就其清算所得向税务机关申报并依法缴纳企业所得税。

4）纳税人缴纳企业所得税税款，以人民币计算。所得以外币计算的，应当折合成人民币计算并缴纳税款。

5）对非居民企业在中国境内未设立机构、场所的，或者虽设立机构、场所但取得的所得与其所设机构、场所没有实际联系的，其来源于中国境内的所得缴纳企业所得税，实行源泉扣缴，以支付人为扣缴义务人。税款由扣缴义务人在每次支付或者到期应支付时，从支付或者到期应支付的款项中扣缴。

源泉扣缴是指以所得支付人为扣缴义务人，在每次向纳税人支付款项时，代为扣缴税款的做法。源泉扣缴可以有效保护税源，保证国家的财政收入，防止偷、漏税，简化纳税手续。

6）除国务院另有规定外，企业之间不得合并缴纳企业所得税。

7）企业向税务机关报送年度企业所得税纳税申报表时，应当就其与关联方之间的业务往来，附送年度关联业务往来报告表。企业不提供与其关联方之间业务往来资料，或者提供虚假、不完整资料，未能真实反映其关联业务往来情况的，税务机关有权依法核定其应纳税所得额。

8）税务机关依照规定做出纳税调整，需要补征税款的，应当补征税款，并按照国务院规定加收利息。

2. 纳税义务发生时间

企业所得税以纳税人取得应纳税所得额的计征期终了日为纳税义务发生时间。

当实行分月预缴时，每一月份的最后一日为纳税义务发生时间；当实行分季预缴时，每一季度的最后一日为纳税义务发生时间；而在进行年度汇算清缴时，纳税年度的最后一日为纳税义务发生时间。

3. 纳税地点

1）除税收法律、行政法规另有规定外，居民企业以企业登记注册地为纳税地点，但登记注册地在境外的，以实际管理机构所在地为纳税地点。

居民企业在中国境内设立不具有法人资格的营业机构的，应当汇总计算并缴纳企业所得税。

2）非居民企业在中国境内设立机构、场所的，其所设机构、场所取得的来源于中国境内的所得，以及发生在中国境外但与其所设机构、场所有实际联系的所得缴纳企业所得税，以机构、场所所在地为纳税地点。非居民企业在中国境内设立两个或者两个以上机构、场所的，经税务机关审核批准，可以选择由其主要机构、场所汇总缴纳企业所得税。

非居民企业在中国境内未设立机构、场所的，或者虽设立机构、场所但取得的所得与其所设机构、场所没有实际联系的，其来源于中国境内的所得缴纳企业所得税，以扣缴义务人所在地为纳税地点。

3）对非居民企业应当由扣缴义务人扣缴的所得税，扣缴义务人未依法扣缴或者无法履行扣缴义务的，由纳税人在所得发生地缴纳。纳税人未依法缴纳的，税务机关可以从该纳税人在中国境内的其他收入项目的支付人应付的款项中，追缴该纳税人的应纳税款。

小知识

税 收 趣 闻

在美国，由于各州税法不尽相同，因此，常闹出一些笑话。例如，有一户人家的房子正处在两州的交界处，主人应该向谁纳税呢？这也难倒了联邦政府。经过反复权衡，联邦当局作出一项"英明"决策，卧室处于何州，就向哪一州交税，在他们看来，住宅的其他部分都是次要的，只有卧室才是最为重要的。

想一想

同学们，经过一段时间的学习，现在知道问鼎煤炭开采有限公司 2008 年度所得利润应该缴纳什么税了吧。该企业应该缴纳企业所得税，并且缴纳前还要对其利润进行纳税调整，通过填报《企业所得税纳税申报表》来完成。你知道《企业所得税纳税申报表》如何填制吗？那就一起来学习下面的内容吧。

6.1.6　企业所得税纳税申报表的填制与缴纳

1. 企业所得税纳税申报表体系

新的企业所得税纳税申报表体系，由下列申报表构成。

1）《中华人民共和国企业所得税年度纳税申报表（A 类）》（以下简称《企业所得税年度纳税申报表（A 类）》见表 6.5）及其附表（即表 6.6～表 6.10）。

2）《中华人民共和国企业所得税月（季）度预缴纳税申报表（A 类）》（表 6.3）（以下简称《企业所得税月（季）度预缴纳税申报表（A 类）》）。

A 类申报表适用于实行查账征收方式申报所得税的居民纳税人，及在中国境内设立机构的非居民纳税人。该报表共 22 行，包括据实预缴、按照上一纳税年度应纳税所得额的平均额预缴、按照税务机关确定的其他方法预缴和总分机构纳税人四个部分。该申报表要求预缴所得税时按会计核算数额填报，不要求进行纳税调整。

3）《中华人民共和国企业所得税月（季）度预缴纳税申报表（B 类）》（以下简称《企业所得税月（季）度预缴纳税申报表（B 类）》）。

B 类申报表适用于核定征收方式缴纳所得税的纳税人。

4）《中华人民共和国企业所得税扣缴报告表》（以下简称《企业所得税扣缴报告表》）。

适用于非居民企业在中国境内未设立机构、场所的，及非居民企业虽设立机构、场所但取得的所得与其所设机构、场所没有实际联系的，应当就其来源于中国境内的所得缴纳企业所得税的纳税人。

5）《中华人民共和国企业所得税汇总纳税分支机构分配表》（以下简称《企业所得税汇总纳税分支机构分配表》）。

新《企业所得税法》实行法人所得税制，对居民企业在中国境内跨地区设立不具有法人资格而具有主体生产经营职能的分支机构，总、分机构应就地分期预缴所得税。为了确定各分支机构的分摊比例及分配税额，总分机构纳税人还需要填报《企业所得税汇总纳税分支机构分配表》。

2. 企业所得税纳税申报表的填制

（1）企业所得税月（季）度预缴纳税申报表的填报

《企业所得税月（季）度预缴纳税申报表》分为《企业所得税月（季）度预缴纳税申报表（A 类）》和《企业所得税月（季）度预缴纳税申报表（B 类）》两种，分别适用于实行查账征收方式和核定征收方式。这里只就 A 类报表进行讲解。

1）适用范围：《企业所得税月（季）度预缴纳税申报表（A 类）》适用于实行查账征收方式申报企业所得税的居民纳税人及在中国境内设立机构的非居民纳税人，在月（季）度预缴企业所得税时使用。

2）填报注意事项如下。

①实际利润额的计算：实际利润额是按会计制度核算的利润总额减去以前年度待弥补亏损以及不征税收入、免税收入后的余额。

② 纳税年度内累计计税：本年一季度亏损、二季度盈利，原来的方法是一季度不缴税、二季度缴税。新申报表可以合并两个季度的利润，计算是否需要再预缴。

另外申报表新增"应补（退）的所得税额"一项。如果企业本年度前期已预缴的所得税比本期累计应纳所得税额高时，"应补（退）的所得税额"一项"累计金额"填"0"，即本期不用缴纳所得税，但不能申请退税，可以抵减下一期应纳所得税额。

③ 税收优惠的处理：申报表内第 7 行"减免所得税额"，用于填报当期实际享受的减免所得税额。减免所得税额包括享受减免税优惠过渡期的税收优惠、小型微利企业优惠、高新技术企业优惠及经税务机关审批或备案的其他减免税优惠。

该项金额需要企业自行计算填列。比如开发区的外资企业利润总额为 100 万元，2008 年享受过渡期优惠税率 18%，"减免所得税额"为 100×（25%－18%）＝7（万元）；再例如，高新技术企业 2008 年处于免税期，则"减免所得税额"等于第 6 行的"应纳所得税额"。

需注意，当企业计算出的"减免所得税额"大于第 6 行的"应纳所得税额"时，填列的"减免所得税额"只能等于"应纳所得税额"，因为月（季）度申报不能退税，"应补（退）的所得税额"不能小于 0。

④ 按上一纳税年度应纳税所得额平均额预缴基数不包括境外所得。按上一纳税年度应纳税所得额平均额预缴所得税的企业，填列第 11 行至第 14 行。其中，第 11 行"上一纳税年度应纳税所得额"用于填报上一纳税年度申报的应纳税所得额，但该金额不包括纳税人的境外所得。因为纳税人的境外所得，年终汇算清缴时才需要计算补税额。

⑤ 企业分月或分季预缴企业所得税时，应按照月度或季度的实际利润额预缴；按照月度或季度的实际利润额预缴有困难的，可以按照上一纳税年度应纳税所得额的月度或季度平均额预缴，或按照税务机关认可的其他方法预缴。预缴方法一经确定，该纳税年度内不得随意变更。

3）填报实例：在《企业所得税月（季）度预缴纳税申报表（A 类）》填报过程中特别注意企业是据实申报（填 1～19 行），仅以该方式为例说明《企业所得税月（季）度预缴纳税申报表（A 类）》如何填报。

【例 6.18】 问鼎煤炭开采有限公司企业所得税据实预缴。会计主管核算的 2008 年第一、第二季度经营情况如下：

2008 年第一季度营业收入 1000 万元，营业成本 700 万元，利润总额 250 万元，该公司 2007 年度允许弥补的亏损 30 万元。2008 年第二季度营业收入 500 万元，营业成本 400 万元，利润总额－120 万元。该公司第二季度预提费用 15 万元，不合理的工资薪金支出 20 万元，非广告性的赞助支出 2 万元。请根据以上资料计算第一季度、第二季度预缴所得税税额，并填报第二季度预缴所得税申报表（A 类）。

解： 该公司第一季度应预缴所得税＝（250－30）×25%＝55（万元）

该公司第二季度累计应预缴所得税＝（250－120－30）×25%＝25（万元）

第二季度虽有按《企业所得税法》规定不得税前扣除项目，但在预缴所得税申报时无需调整（填报年度申报表时再作调整）。预缴所得税申报时允许弥补的以前年度亏损可以从利润总额中抵减。

另外由于第一季度已预缴所得税 55 万元，第二季度不用预缴，两季度累计多缴的 30 万元税款不能申请退税，但可以抵减下一期应纳所得税额。第二季度预缴税情况见表 6.3。

表 6.3 中华人民共和国企业所得税月（季）度预缴纳税申报表（A 类）

税款所属期间：2008 年 1 月 1 日至 2008 年 6 月 30 日

纳税人识别号：□□□□□□□□□□□□□□□

纳税人名称：问鼎煤炭开采有限公司 　　　　　金额单位：人民币元（列至角分）

行次	项　目		本期金额	累计金额
①	一、据实预缴			
②	营业收入		5 000 000	15 000 000
③	营业成本		4 000 000	11 000 000
④	利润总额		−1 200 000	1 000 000
⑤	税率（25%）			25%
⑥	应纳所得税额（④×⑤）			250 000
⑦	减免所得税额			
⑧	实际已缴所得税额		——	−550 000
⑨	应补（退）的所得税额（⑥−⑦−⑧）			−300 000
⑩	二、按照上一纳税年度应纳税所得额的平均额预缴			
⑪	上一纳税年度应纳税所得额		——	
⑫	本月（季）应纳税所得额（⑪行÷⑫或⑪行÷④）			
⑬	税率（25%）			
⑭	本月（季）应纳所得税额（⑫行×⑬行）			
⑮	三、按照税务机关确定的其他方法预缴			
⑯	本月（季）确定预缴的所得税额			
⑰	总分机构纳税人			
⑱	总机构	总机构应分摊的所得税额（⑨或⑭或⑯×25%）		
⑲		中央财政集中分配的所得税额（⑨或⑭或⑯×25%）		
⑳		分支机构分摊的所得税额（⑨或⑭或⑯×50%）		
㉑	分支机构	分配比例		
㉒		分配的所得税额（⑳×㉑）		

谨声明：此纳税申报表是根据《中华人民共和国企业所得税法》、《中华人民共和国企业所得税法实施条例》和国家有关税收规定填报的，是真实的、可靠的、完整的。

法定代表人（签字）：×× 　　2008 年 7 月 5 日

纳税人公章：问鼎煤炭开采有限公司 会计主管：××× 填表日期：2008 年 7 月 5 日	代理申报中介机构公章： 经办人： 经办人执业证件号码： 代理申报日期：　年　月　日	主管税务机关受理专用章： 受理人： 受理日期：　年 月 日

经办人（签章） 　　　　　　　　　法定代表人（签章）

国家税务总局监制

注：本表一式三份，一份纳税人留存，一份主管税务机关留存，一份征收部门留存。

（2）《企业所得税年度纳税申报表（A 类）》及其附表的填报

《企业所得税年度纳税申报表》填报的关键是在会计利润的基础上，按照税收法规调整、计算应纳税所得额，进而计算应纳税额。

1）适用范围：本表适用于实行查账征收企业所得税的居民企业。

该类年度纳税申报表包括 1 个主表和 11 个附表，有的附表本身又包含多个附表。例如，收入明细表和成本费用明细表根据行业不同各包含 3 个附表。另外，有很多附表上的数据来源于其他附表（附表的附表），使得主表与附表、附表与附表间的关系变得很复杂。

2）填报注意事项：为避免填报混乱，纳税人应事先理出一条填报思路，明确报表填报的先后顺序。

第一，明确本企业需要填报的报表有哪些。虽然该报表包括多个附表，但实际上不是每个企业都要填报这些附表，要选择和本企业相关的附表。

第二，明确主表与附表之间的关系和填报顺序。在整套报表中，主表是最重要的，处于核心地位，在填报时要以主表项目为核心，逐行填报。但由于主表的数据很多是取自于附表，而有些附表的数据又取自其他附表。因此，当填写主表的某行数据时，首先分析其数据来源于哪个附表，然后先填写该附表的数据，再填写主表该行的数据，以此类推。

第三，填报该表表头部分时需要注意的是"税款所属期间"对于正常经营的纳税人，填报公历当年 1 月 1 日至 12 月 31 日；纳税人年度中间开业的，填报实际生产经营之日的当月 1 日至同年 12 月 31 日；纳税人年度中间发生合并、分立、破产、停业等情况的，填报公历当年 1 月 1 日至实际停业或法院裁定并宣告破产之日的当月月末；纳税人年度中间开业且年度中间又发生合并、分立、破产、停业等情况的，填报实际生产经营之日的当月 1 日至实际停业或法院裁定并宣告破产之日的当月月末。

《企业所得税年度纳税申报表（A 类）》及其附表从表内数据填报方式，可以分为表内计算、依据附表填报和直接填报三种方式。本表包括利润总额的计算、应纳税所得额的计算、应纳税额的计算和附列资料四个部分。

3）填报实例如下所示。根据例 6.19 给出的资料计算出数据填入表 6.5 中。

【例 6.19】 问鼎煤炭开采有限公司，采用新企业会计准则进行会计核算。2008 年度生产经营情况如下：

资料 1 "主营业务收入"账户记载 9100 万元。

资料 2 "其他业务收入"账户记载材料销售收入 500 万元。

资料 3 "营业外收入"账户记载 850 万元。

资料 3-① 处置固定资产（A 设备）净收益 200 万元。账上记载 A 设备原值为 500 万元（计税基础为 400 万元），预计净残值率 5%，折旧年限 10 年，每年提折旧 47.50 万元，截至 2007 年底账上已提折旧 285 万元（税收上允许扣除的折旧额为 228 万元）。2008 年 12 月 15 日，该公司将 A 设备转让，转让价格为 415 万元。

资料 3-② 出售无形资产收益 650 万元，其中技术转让所得额 550 万元，技术咨询服务收入 100 万元。

资料 4 "主营业务成本" 账户记载产品销售成本 5020 万元，其中，2008 年初投入使用生产设备一台，价值 120 万元，残值率为 5%。为加速折旧，2008 年企业将折旧年限改为 5 年，而《税法》规定是 10 年。

资料 5 "其他业务成本" 账户记载材料销售成本 200 万元。

资料 6 "营业外支出" 账户记载 351.8 万元。

资料 6-① 违反交通法规被罚款 0.4 万元，税收滞纳金 1.4 万元

资料 6-② 通过省教育厅捐赠给某高校 100 万元，向经认定的公益性社会团体 A 基金会捐赠货币性资产和非货币性资产合计 200 万元。

资料 6-③ 非广告性赞助支出 50 万元。

资料 7 "营业税金及附加" 账户记载 55.50 万元。

资料 8 "销售费用" 账户记载 1200 万元，其中广告费支出 800 万元，不符合规定的广告费支出 200 万元，以前年度结转广告费支出 1300 万元。

资料 9 "财务费用" 账户记载 200 万元，其中的 134 万元为向银行借款发生利息，另 66 万元包括向关联乙企业（乙企业对本公司投入的注册资金为 100 万元）借款 300 万元，年利率 10%，借款期限 3 年；向无关联关系的丙企业借入资金 400 万元，年利率 9%，借款期限 2 年。同期商业银行贷款年利率 8%。

资料 10 "管理费用" 账户记载 2000 万元。其中几项的具体内容如下。

资料 10-① 业务招待费 100 万元。

资料 10-② 全年计提工资薪金 500 万元，实际发放 400 万元。

资料 10-③ 本年发生的职工福利费支出 65 万元，全部计入当期费用。

资料 10-④ 职工教育经费支出 7 万元。

资料 10-⑤ 新产品研究开发费 300 万元。

资料 11 "投资收益" 账户记载 10 万元。

国债持有期间的利息收入 10 万元（初始投资 100 万元）。

资料 12 企业五年来经营盈利、亏损情况如表 6.4 所示。

表 6.4 2003～2007 年盈亏情况

金额单位：万元

年度	2003	2004	2005	2006	2007
盈利或亏损额	−100	30	−40	80	−50

资料 13 本年度累计实际已预缴的所得税税额为 90 万元。

假设除题中所给资料外，无其他纳税调整事项。根据以上资料计算该企业 2008 年度应纳所得税税额，并填报《企业所得税年度申报表》。

解：

1）利润总额计算。

① 营业收入＝9100＋500＝9600（万元）

② 营业成本＝5020＋200＝5220（万元）

③ 营业税金及附加＝55.50（万元）

④ 营业利润＝9600－5220－55.50－1200－2000－200＋10＝934.50（万元）

⑤ 利润总额＝934.50＋850－351.8＝1432.7（万元）

2）应纳税所得额计算。

① 纳税调整增加额。

a. 处置固定资产净收益（资料3-①）。

会计上确认的净收益为：415－（500－285）＝200（万元）

但税收上确认的净收益为：415－（400－285）＝300（万元）

调增应纳税所得额 100 万元（300－200），在《纳税调整项目明细表》（附表三，即表6.8）第19行"18.其他"栏"调增金额"填入100万元。

b. 固定资产折旧（资料4）。

会计上确认的折旧额为120×（1－5%）÷5＝22.8（万元）。

但税收上确认的折旧额为120×（1－5%）÷10＝11.4（万元）。

调增应纳税所得额 11.4 万元（22.8－11.4），在《纳税调整项目明细表》（附表三）第43行"2.固定资产折旧"栏"调增金额"填入11.4万元。

c. 违反交通法规被罚款0.4万元，税收滞纳金1.4万元（资料6-①）。

罚金、罚款和税收滞纳金均不能作为费用从当期扣除，应全额调增应税所得，分别填入《纳税调整项目明细表》（附表三）第31行"11.罚金、罚款和被没收财物的损失"栏和第32行"12.税收滞纳金"栏"调增金额"项目下。

d. 通过省教育厅捐赠给某高校100万元，向A基金会捐赠200万（资料6-②）。

通过省教育厅捐赠给某高校的100万元属非公益性捐赠，全额调增应纳税所得额。

企业向A基金会捐赠的200万元扣除限额为1432.70×12%＝171.92（万元）。

企业实际捐赠数额200万元，大于扣除限额28.08万元（200－171.92），应调增应税所得。

企业对外捐赠应调增应税所得100＋28.08＝128.08（万元），填入《纳税调整项目明细表》（附表三）第28行"8.捐赠支出"栏"调增金额"项目下。

e. 非广告性赞助支出50万元（资料6-③）。

非广告性赞助支出50万元不得在税前扣除，全额调增应纳税所得额。填入《纳税调整项目明细表》（附表三）第33行"13.赞助支出"栏"调增金额"项目下。

f. 广告费支出（资料8）。

税法上允许扣除限额为9600×15%＝1440（万元），本年度实际广告费支出800万元，其中不符合规定的广告费支出200万元，应全额调增应纳税所得额，填入《纳税调整项目明细表》（附表三）第27行"7.广告费和业务宣传费支出"栏"调增金额"项目下。

符合规定的广告费支出 600 万元可全额扣除。

g. 利息支出（资料 9）。

税收上允许扣除的利息额＝134＋300×8%＋400×8%＝190（万元）

会计上计算的利息＝134＋300×10%＋400×9%＝200（万元）

调增应纳税所得额 200－190＝10（万元），填入《纳税调整项目明细表》（附表三）第 29 行"9. 利息支出"栏"调增金额"项目下。

h. 业务招待费（资料 10-①）。

税收上允许扣除的限额是实际发生额的 60%，即 100×60%＝60（万元）。

营业收入额的 5‰，即 9600×5‰＝48（万元）。

税收上只允许扣除 48 万元，调增应纳税所得额 52 万元，填入《纳税调整项目明细表》（附表三）第 26 行"6.业务招待费支出"栏"调增金额"项目下。

i. 工资薪金（资料 10-②）。

合理的工资薪金为实际发放的部分，100 万元调增应纳税所得额，填入《纳税调整项目明细表》（附表三）第 22 行"2.工资薪金支出"栏"调增金额"项目下。

j. 职工福利费（资料 10-③）。

本年允许扣除的福利费支出＝400×14%＝56（万元）。应调增应纳税所得额 9 万元（65－56）。填入《纳税调整项目明细表》（附表三）第 23 行"3.职工福利费支出"栏"调增金额"项目下。

a.～b.项共应调增应纳税所得额 662.28 万元。

② 纳税调整减少额。

a. 技术转让所得（资料 3-②出售无形资产收益）。

技术转让所得 550 万元中，免税所得 500 万元，减半征税所得 50 万元，调减应纳税所得额 525 万元，将其填入《税收优惠明细表》（附表五，即表 6.10）第 31 行"（五）符合条件的技术转让所得"栏，同时填入《纳税调整项目明细表》（附表三）第 17 行"16.减、免税项目所得"栏"调减金额"项目下。

b. 广告费（资料 8））。

税法上允许的扣除限额＝9600×15%＝1440（万元），本年度扣除额 600 万元，以前年度累计结转扣除额 1300 万元，本年度允许扣除 1140 万元，余下 460 万元结转以后年度。调减应纳税所得额 840 万元，填入《纳税调整项目明细表》（附表三）第 27 行"7.广告费和业务宣传费支出"栏"调减金额"项目下。

c. 研发费（资料 10-⑤）。

加计扣除 300×50%＝150（万元）

调减应纳税所得额 150 万元，填入《税收优惠明细表》（附表五）第 10 行"1.开发新技术、新产品、新工艺发生的研究开发费用"栏，同时填入《纳税调整项目明细表》（附表三）第 39 行"19.加计扣除"栏"调减金额"项目下。

d. 国债持有期间的利息收入（资料 13-①）。

国债持有期间的利息收入 10 万元属免税收入，调减应纳税所得额 10 万元，填入《税收优惠项目明细表》（附表五）第2行"1.国债利息收入"栏，同时填入《纳税调整项目明细表》（附表三）第15行"14.免税收入"栏"调减金额"项目下。

a. ～b. 项调减金额合计1525万元。

③纳税调整后所得。

用利润总额1432.70万元加纳税调整增加额662.28万元，再减去纳税调整减少金额1525万元，等于569.98万元，即：

$$1432.70+662.28-1525=569.98（万元）$$

将569.98万元填入《企业所得税年度纳税申报表（A类）》第23行"纳税调整后所得"项目下。

④应纳税所得额。

$$569.98-80=489.98（万元）$$

弥补以前年度亏损80万元，填入《企业所得税年度纳税申报表（A类）》第24行"减：弥补以前年度亏损"栏，同时填报《企业所得税弥补亏损明细表》（附表四）。

将489.98万元填入《企业所得税年度纳税申报表（A类）》第25行"应纳税所得额"栏。

3）应纳税额的计算。

①应纳所得税税额：489.98×25%=122.50（万元）。

②《企业所得税年度纳税申报表（A类）》第30行"应纳税额"填入122.50万元。

③本年应补（退）所得税税额：122.50-90=32.50（万元）。

应缴税额32.50万元填入《企业所得税年度纳税申报表（A类）》第40行"本年应补（退）的所得税额"栏。

表6.5～表6.10为《企业所得税年度纳税申报表（A类）》主表及其主要的附表。

表6.5　中华人民共和国企业所得税年度纳税申报表（A类）

税款所属期间：2008年1月1日至2008年12月31日

纳税人名称：问鼎煤炭开采有限公司

纳税人识别号：□□□□□□□□□□□□□□□　　　　　金额单位：万元

类　别	行次	项　目	金　额
利润总额计算	①	一、营业收入（填附表一）	9 600
	②	减：营业成本（填附表二）	5 220
	③	营业税金及附加	55.50
	④	销售费用（填附表二）	1 200
	⑤	管理费用（填附表二）	2 000
	⑥	财务费用（填附表二）	200
	⑦	资产减值损失	
	⑧	加：公允价值变动收益	
	⑨	投资收益	10
	⑩	二、营业利润	934.50

续表

类　别	行次	项　目	金　额
利润总额计算	⑪	加：营业外收入（填附表一）	850
	⑫	减：营业外支出（填附表二）	351.8
	⑬	三、利润总额（⑩＋⑪－⑫）	1 432.70
应纳税所得额计算	⑭	加：纳税调整增加额（填附表三）	662.28
	⑮	减：纳税调整减少额（填附表三）	1 525
	⑯	其中：不征税收入	
	⑰	免税收入	10
	⑱	减计收入	
	⑲	减：免税项目所得	525
	⑳	加计扣除	150
	㉑	抵扣应纳税所得额	
	㉒	加：境外应税所得弥补境内亏损	
	㉓	纳税调整后所得（⑬＋⑭－⑮＋㉒）	569.98
	㉔	减：弥补以前年度亏损（填附表四）	80
	㉕	应纳税所得额（㉓－㉔）	489.98
应纳税额计算	㉖	税率（25%）	25%
	㉗	应纳所得税额（㉕×㉖）	122.50
	㉘	减：减免所得税额（填附表五）	
	㉙	减：抵免所得税额（填附表五）	
	㉚	应纳税额（㉗－㉘－㉙）	122.50
	㉛	加：境外所得应纳所得税额（填附表六）	
	㉜	减：境外所得抵免所得税额（填附表六）	
	㉝	实际应纳所得税额（㉚＋㉛－㉜）	122.50
	㉞	减：本年累计实际已预缴的所得税额	90
	㉟	其中：汇总纳税的总机构分摊预缴的税额	
	㊱	汇总纳税的总机构财政调库预缴的税额	
	㊲	汇总纳税的总机构所属分支机构分摊的预缴税额	
	㊳	合并纳税（母子体制）成员企业就地预缴比例	
	㊴	合并纳税企业就地预缴的所得税额	
	㊵	本年应补（退）的所得税额（㉝－㉞）	32.50
附列资料	㊶	以前年度多缴的所得税额在本年抵减额	
	㊷	以前年度应缴未缴在本年入库所得税额	

纳税人公章：	代理申报中介机构公章：	主管税务机关受理专用章：
经办人：	经办人及执业证件号码：	受理人：
申报日期：2009 年 5 月 5 日	代理申报日期：　年　月　日	受理日期：年　月　日

经办人（签章）：　　　　　　　　　　　　法定代表人（签章）：

表6.6　企业所得税年度纳税申报表附表一

收入明细表

填报时间：2009年4月15日　　　　　　　　　　　　　　　金额单位：万元

行次	项　　目	金　额
①	一、销售（营业）收入合计（②+13）	9 600
②	（一）营业收入合计（③+⑧）	9 600
③	1.主营业务收入（④+⑤+⑥+⑦）	9 100
④	（1）销售货物	9 100
⑤	（2）提供劳务	
⑥	（3）让渡资产使用权	
⑦	（4）建造合同	
⑧	2.其他业务收入（⑨+⑩+⑪+⑫）	500
⑨	（1）材料销售收入	500
⑩	（2）代购代销手续费收入	
⑪	（3）包装物出租收入	
⑫	（4）其他	
⑬	（二）视同销售收入（⑭+⑮+⑯）	
⑭	（1）非货币性交易视同销售收入	
⑮	（2）货物、财产、劳务视同销售收入	
⑯	（3）其他视同销售收入	
⑰	二、营业外收入（⑱+⑲+⑳+㉑+㉒+㉓+㉔+㉕+㉖）	850
⑱	1.固定资产盘盈	
⑲	2.处置固定资产净收益	200
⑳	3.非货币性资产交易收益	
㉑	4.出售无形资产收益	650
㉒	5.罚款净收入	
㉓	6.债务重组收益	
㉔	7.政府补助收入	
㉕	8.捐赠收入	
㉖	9.其他	

经办人（签章）：　　　　　　　　　　　法定代表人（签章）：

表6.7　企业所得税年度纳税申报表附表二

成本费用明细表

填报时间：2009年4月15日　　　　　　　　　　　　　　　金额单位：万元

行次	项　　目	金　额
①	一、销售（营业）成本合计（②+⑦+⑫）	5 220
②	（一）主营业务成本（③+④+⑤+⑥）	5 020
③	（1）销售货物成本	5 020

续表

行次	项　目	金　额
④	（2）提供劳务成本	
⑤	（3）让渡资产使用权成本	
⑥	（4）建造合同成本	
⑦	（二）其他业务成本（⑧＋⑨＋⑩＋⑪）	200
⑧	（1）材料销售成本	200
⑨	（2）代购代销费用	
⑩	（3）包装物出租成本	
⑪	（4）其他	
⑫	（三）视同销售成本（⑬＋⑭＋⑮）	
⑬	（1）非货币性交易视同销售成本	
⑭	（2）货物、财产、劳务视同销售成本	
⑮	（3）其他视同销售成本	
⑯	二、营业外支出（⑰＋⑱＋……＋㉔）	351.8
⑰	1.固定资产盘亏	
⑱	2.处置固定资产净损失	
⑲	3.出售无形资产损失	
⑳	4.债务重组损失	
㉑	5.罚款支出	0.4
㉒	6.非常损失	
㉓	7.捐赠支出	300
㉔	8.其他	51.4
㉕	三、期间费用（㉖＋㉗＋㉘）	3 400
㉖	1.销售（营业）费用	1 200
㉗	2.管理费用	2 000
㉘	3.财务费用	200

经办人（签章）：　　　　　　　　　　　　法定代表人（签章）：

表 6.8　企业所得税年度纳税申报表附表三

纳税调整项目明细表

填报时间：2008 年 4 月 15 日　　　　　　　　　　金额单位：万元

	行次	项　目	账载金额	税收金额	调增金额	调减金额
			1	2	3	4
	①	一、收入类调整项目	*	*	100	535
	②	1．视同销售收入（填附表一）	*	*		*
#	③	2．接受捐赠收入	*			*
	④	3．不符合税收规定的销售折扣和折让				*
*	⑤	4．未按权责发生制原则确认的收入	100	200	100	

	行次	项　目	账载金额	税收金额	调增金额	调减金额
			1	2	3	4
*	⑥	5．按权益法核算的长期股权投资对初始投资成本调整确认的收益	*	*	*	
	⑦	6．按权益法核算的长期股权投资持有期间的投资损益	*	*		
*	⑧	7．特殊重组				
*	⑨	8．一般重组				
*	⑩	9．公允价值变动净收益（填附表七）	*	*		
	⑪	10．确认为递延收益的政府补助				
	⑫	11．境外应税所得（填附表六）	*	*	*	
	⑬	12．不允许扣除的境外投资损失	*	*		*
	⑭	13．不征税收入（填附表一）	*	*	*	
	⑮	14．免税收入（填附表五）	*	*	*	10
	⑯	15．减计收入（填附表五）	*	*	*	
	⑰	16．减、免税项目所得（填附表五）	*	*	*	525
	⑱	17．抵扣应纳税所得额（填附表五）	*	*	*	
	⑲	18．其他	200	300	100	
	⑳	二、扣除类调整项目	*	*	558.88	990
	㉑	1．视同销售成本（填附表二）	*	*	*	
	㉒	2．工资薪金支出	500	400	100	
	㉓	3．职工福利费支出	65	56	9	
	㉔	4．职工教育经费支出	7	9		
	㉕	5．工会经费支出				
	㉖	6．业务招待费支出	100	48	52	*
	㉗	7．广告费和业务宣传费支出（填附表八）	*	*	200	840
	㉘	8．捐赠支出	300	171.92	128.08	*
	㉙	9．利息支出	200	190	10	
	㉚	10．住房公积金				*
	㉛	11．罚金、罚款和被没收财物的损失	0.4	*	0.4	*
	㉜	12．税收滞纳金	1.4	*	1.4	*
	㉝	13．赞助支出	50	*	50	*
	㉞	14．各类基本社会保障性缴款				
	㉟	15．补充养老保险、补充医疗保险				
	㊱	16．与未实现融资收益相关的在当期确认的财务费用				
	㊲	17．与取得收入无关的支出		*		*
	㊳	18．不征税收入用于支出所形成的费用		*		*
	㊴	19．加计扣除（填附表五）	*	*	*	150
	㊵	20．其他				

续表

行次	项目	账载金额	税收金额	调增金额	调减金额
		1	2	3	4
㊶	三、资产类调整项目	*	*	11.4	
㊷	1．财产损失				
㊸	2．固定资产折旧（填附表九）	*	*	11.4	
㊹	3．生产性生物资产折旧（填附表九）	*	*		
㊺	4．长期待摊费用的摊销（填附表九）	*	*		
㊻	5．无形资产摊销（填附表九）	*	*		
㊼	6．投资转让、处置所得（填附表十一）	*	*		
㊽	7.油气勘探投资（填附表九）				
㊾	8.油气开发投资（填附表九）				
㊿	9．其他				
(51)	四、准备金调整项目（填附表十）	*	*		
(52)	五、房地产企业预售收入计算的预计利润	*	*		
(53)	六、特别纳税调整应税所得	*	*		*
(54)	七、其他	*	*		
(55)	合计	*	*	662.28	1525

注：① 标有*的行次为执行新会计准则的企业填列，标有#的行次为除执行新会计准则以外的企业填列。

② 没有标注*的行次，无论执行何种会计核算办法，有差异就填报相应行次，填*号不可填列。

③ 有二级附表的项目只填调增、调减金额，账载金额、税收金额不再填写。

经办人（签章）： 法定代表人（签章）：

表6.9 企业所得税年度纳税申报表附表四

企业所得税弥补亏损明细表

填报时间：2008年4月15日 金额单位：万元

行次	项目	年度	盈利额或亏损额	合并分立企业转入可弥补亏损额	当年可弥补的所得额	以前年度亏损弥补额					本年度实际弥补的以前年度亏损额	可结转以后年度弥补的亏损额
						前四年度	前三年度	前二年度	前一年度	合计		
		1	2	3	4	5	6	7	8	9	10	11
1	第一年	2003	−100			30	0	70	0	100	0	*
2	第二年	2004	30			*	0	0	0	0	0	0
3	第三年	2005	−40			*	*	10	0	10	30	0
4	第四年	2006	80			*	*	*	0	0	0	0
5	第五年	2007	−50			*	*	*	*	0	50	0
6	本年	2008	569.98			*	*	*	*	*	80	0
7	可结转以后年度弥补的亏损额合计											0

经办人（签章）： 法定代表人（签章）：

表 6.10 企业所得税年度纳税申报表附表五

税收优惠明细表

填报时间：2009 年 4 月 15 日   金额单位：万元

行次	项　　　目	金　额
①	一、免税收入（②+③+④+⑤）	10
②	1．国债利息收入	10
③	2．符合条件的居民企业之间的股息、红利等权益性投资收益	
④	3．符合条件的非营利组织的收入	
⑤	4．其他	
⑥	二、减计收入（⑦+⑧）	
⑦	1．企业综合利用资源，生产符合国家产业政策规定的产品所取得的收入	
⑧	2．其他	
⑨	三、加计扣除额合计（⑩+⑪+⑫+⑬）	150
⑩	1．开发新技术、新产品、新工艺发生的研究开发费用	150
⑪	2．安置残疾人员所支付的工资	
⑫	3．国家鼓励安置的其他就业人员支付的工资	
⑬	4．其他	
⑭	四、减免所得额合计（⑮+㉕+㉙+㉚+㉛+㉜）	
⑮	（一）免税所得（⑯+⑰+……+㉔）	
⑯	1．蔬菜、谷物、薯类、油料、豆类、棉花、麻类、糖料、水果、坚果的种植	
⑰	2．农作物新品种的选育	
⑱	3．中药材的种植	
⑲	4．林木的培育和种植	
⑳	5．牲畜、家禽的饲养	
㉑	6．林产品的采集	
㉒	7．灌溉、农产品初加工、兽医、农技推广、农机作业和维修等农、林、牧、渔服务业项目	
㉓	8．远洋捕捞	
㉔	9．其他	
㉕	（二）减税所得（㉖+㉗+㉘）	
㉖	1．花卉、茶以及其他饮料作物和香料作物的种植	
㉗	2．海水养殖、内陆养殖	
㉘	3．其他	
㉙	（三）从事国家重点扶持的公共基础设施项目投资经营的所得	
㉚	（四）从事符合条件的环境保护、节能、节水项目的所得	
㉛	（五）符合条件的技术转让所得	525
㉜	（六）其他	
㉝	五、减免税合计（㉞+㉟+㊱+㊲+㊳）	
㉞	（一）符合条件的小型微利企业	
㉟	（二）国家需要重点扶持的高新技术企业	

行次	项 目	金 额
㊱	（三）民族自治地方的企业应缴纳的企业所得税中属于地方分享的部分	
㊲	（四）过渡期税收优惠	
㊳	（五）其他	
㊴	六、创业投资企业抵扣的应纳税所得额	
㊵	七、抵免所得税额合计（㊶+㊷+㊸+㊹）	
㊶	（一）企业购置用于环境保护专用设备的投资额抵免的税额	
㊷	（二）企业购置用于节能节水专用设备的投资额抵免的税额	
㊸	（三）企业购置用于安全生产专用设备的投资额抵免的税额	
㊹	（四）其他	
㊺	企业从业人数（全年平均人数）	
㊻	资产总额（全年平均数）	
㊼	所属行业（工业企业 其他企业 ）	

经办人（签章）：   法定代表人（签章）：

6.1.7 企业所得税的账务处理

企业所得税的核算，纳税人应在“应交税费”账户下设立“应交所得税”明细账户，同时设“所得税费用”账户，下面以例 6.18 和例 6.19 为例，具体核算程序如下。

1. 预交所得税的核算

纳税人计算出第一季度应交企业所得税额 55 万元时，应做会计分录。

借：所得税费用   550 000
　　贷：应交税费——应交所得税   550 000
税款实际缴库时：
借：应交税费——应交所得税   550 000
　　贷：银行存款   550 000

2. 年终汇算清缴所得税的核算

年终汇算清缴时，如应补交所得税，如例 6.19 应补缴所得税 32.50 万元，应做会计分录。

借：所得税费用   325 000
　　贷：应交税费——应交所得税   325 000
如多缴所得税，则在下年度内抵缴，在会计核算上可不作账务处理。

3. 期末结账时，将“所得税费用”账户余额转入“本年利润”账户

借：本年利润   1 225 000
　　贷：所得税费用   1 225 000

6.2　个人所得税

小资料

个人所得税最早是在 1799 年由英国开征的，至今已有 200 余年的历史。

虽然个人所得税的历史不长，但在西方国家其对政府收入的贡献很大，地位十分重要。在本世纪 50 年代以前，个人所得税占全部税收的比重并不高，但此后有了明显的提高。以美国为例，1902 年个人所得税收仅占总收入的 0.3%，1932 年达到 6.7%，1940 年为 8.1%；从 1950 年开始，比重明显上升，达到 29.3%，随后就稳定在 30% 以上的水平，其中 1985 年达到 45.37%。由此可见个人所得税对政府收入的重要程度。另一方面，个人所得税对中央政府收入的贡献尤为明显。许多国家个人所得税占中央政府全部税收的比重都在 20%～40% 之间，如英国、西班牙等。在美国和新西兰等国，个人所得税甚至占到中央政府收入的一半左右。

在发展中国家，目前个人所得税占政府收入的比重并不高，但作为一个新型的税种，其发展潜力不可低估。

案例导入

问鼎煤炭开采有限公司 2008 年 8 月发给工人张三采煤工资 8000 元，是否涉及纳税，若涉及，应纳何税？如何纳税？

6.2.1　个人所得税概述

1. 个人所得税的概念及特点

个人所得税是对个人（自然人）取得的各项应税所得征收的一种税。

小知识

应税所得是指个人取得的、按照《税法》规定应该缴税的各种所得。也就是说，个人因种种原因、从种种渠道取得的收入、所得，有的是有义务向国家缴纳个人所得税的，这些收入、所得分别按《税法》规定的标准进行扣除、调整，得到的金额，就是应纳税所得额，简称应税所得。

我国对个人所得征税，现在执行的是 1993 年 10 月 31 日第八届全国人民代表大会第九次会议通过的《中华人民共和国个人所得税法》。之后，全国人大常委会又分别于 1999 年 8 月、2005 年 10 月、2007 年 12 月对现行《个人所得税法》进行过三次修改。

我国现行的个人所得税有以下特点：第一，实行分类征收。所谓分类征收，是将个人所得按性质、来源进行分类，分为工资、薪金所得、劳务报酬所得、财产租赁所得、财产转让所得等 11 个项目，分别按照不同的方法，扣除不同的费用，采用不同的税率征税。第二，累进税率与比例税率并用。第三，采取自行申报和代扣代缴两种征收方法。

2. 个人所得税的纳税义务人

个人所得税的纳税人包括中国公民、个体工商户、个人独资企业和合伙企业投资者以及在中国境内有所得的外籍人员（包括无国籍人员）、华侨和香港、澳门同胞、台湾同胞。

按照国际通行做法，个人所得税纳税人按在我国有无住所和居住时间的长短，分为居民纳税人和非居民纳税人，分别承担不同纳税义务。

小知识

某人把学习、工作、探亲、旅游等原因排除后，一定会回到中国境内居住，就称为在中国习惯性居住、在中国境内有住所，他是我国的居民纳税人；某人不是在中国习惯性居住、在中国境内没有住所，但在中国境内居住满一年，他也是我国的居民纳税人。

1）居民纳税人：指在中国境内有住所，或者无住所而在境内居住满一年的个人。居民纳税人须承担无限纳税义务，其从中国境内和境外取得的所得，均应依法缴纳个人所得税。

2）非居民纳税人：指在中国境内无住所又不居住或者无住所而在境内居住不满一年的个人。非居民纳税人承担有限纳税义务，其从中国境内取得的所得，应依法缴纳个人所得税。

上面所说的在中国境内有住所，是指因户籍、家庭、经济利益关系而在中国境内习惯性居住。无住所而在境内居住满一年，是指在一个纳税年度中在中,国境内居住 365 日。临时离境的，不扣减日数。这里所说的临时离境，是指在一个纳税年度中一次不超过 30 日或者多次累计不超过 90 日的离境。

3. 个人所得税的征税对象

个人所得税的征税对象有 11 项。

（1）工资、薪金所得

工资、薪金所得是指个人因任职或受雇而取得的工资、薪金、奖金、年终加薪、劳动分红、津贴、补贴以及与任职或者受雇有关的其他所得。

个人取得的所得，只要是与任职、受雇有关，不管其单位是以现金、实物，还是以有价证券等形式支付的，都是属于工资、薪金所得，应征收个人所得税。

小知识

一般来说，工资、薪金所得属于非独立个人劳动所得。所谓非独立个人劳动，是指由他人指定、安排并接受管理的劳动，比如，工作或服务于公司、工厂、行政事业单位的人员（私营企业主除外）均为非独立劳动者。

另外，根据我国目前个人收入的构成情况，《税法》规定对于一些不属于工资、薪金性质的补贴、津贴或者不属于纳税人本人工资、薪金所得项目的收入，不征税。这些项目包括：独生子女补贴，执行公务员工资制度未纳入基本工资总额的补贴、津贴差额和家属成员的副食品补贴，托儿补助费，差旅费津贴，误餐补助等。

（2）个体工商户的生产经营所得

个体工商户的生产经营所得包括以下几种。

1）个体工商户从事工业、手工业、建筑业、交通运输业、饮食业、服务业、修理业以及其他行业生产、经营取得的所得。

2）个人经政府有关部门批准取得执照，从事办学、医疗、咨询以及其他有偿服务活动取得的所得。

3）上述个体工商户和个人取得的与生产、经营有关的各项应税所得。

4）个人因从事彩票代销业务而取得的所得。

5）其他个人从事个体工商业生产、经营活动取得的所得。

个体工商户取得的与生产经营活动无关的各项应税所得，应分别按其适用的征税规定计征个人所得税。个体工商户与企业联营分得的利润，视同利息、股息、红利所得项目计税。

个人独资企业和合伙企业也是个人所得税的纳税义务人，其生产、经营所得参照个体工商户的生产、经营所得项目征税。

（3）对企业、事业单位的承包经营、承租经营所得

对企事业单位的承包经营、承租经营所得，是指个人承包经营、承租经营以及转包、转租取得的所得，包括个人按月或者按次取得的工资、薪金性质的所得。

（4）劳务报酬所得

劳务报酬所得是指个人从事设计、装潢、安装、制图、化验、测试、医疗、法律、会计、咨询、讲学、新闻、广播、翻译、审稿、书画、雕刻、影视、录音、录像、演出、表演、广告、展览、技术服务、介绍服务、经纪服务、代办服务以及其他劳务取得的所得。

小知识

是否存在雇佣与被雇佣关系，是判断一项所得是属于劳务报酬所得还是属于工资、薪金所得的重要标准。

（5）稿酬所得

稿酬所得，是指个人因其作品以图书、报刊形式出版、发表而取得的所得。这里所说的作品，包括文学作品、书画作品、摄影作品以及其他作品。

（6）特许权使用费所得

特许权使用费所得，是指个人提供专利权、商标权、著作权、非专利技术以及其他特许权的使用权取得的所得。提供著作权的使用权取得的所得，不包括稿酬所得。

（7）利息、股息、红利所得

利息、股息、红利，是指个人拥有债权、股权而取得的利息、股息、红利所得。

（8）财产租赁所得

财产租赁所得，是指个人出租建筑物、土地使用权、机器设备、车船以及其他财产取得的所得。

（9）财产转让所得

财产转让所得，是指个人转让机器设备、建筑物、有价证券等取得的所得。

（10）偶然所得

偶然所得，是指个人得奖、中奖、中彩以及其他偶然性质的所得，包括个人参加各种有奖竞赛活动取得名次获得的奖金，以及在各种有奖销售、有奖储蓄、购买彩票等活动中，因中奖或中彩取得的奖金。

（11）经国务院财政部确定征税的其他所得

略

4. 个人所得税税率

个人所得税针对不同所得项目采用不同税率。

（1）采用超额累进税率

1）工资、薪金所得，适用 5%～45% 的九级超额累进税率。见表 6.11。

表 6.11 工资、薪金所得适用税率

级数	全月应纳税所得额	税率/%	速算扣除数/元
1	不超过 500 元的	5	0
2	超过 500 元至 2000 元的部分	10	25
3	超过 2 000 元至 5000 元的部分	15	125
4	超过 5000 元至 20000 元的部分	20	375
5	超过 20 000 元至 40 000 元的部分	25	1 375
6	超过 40 000 元至 60 000 元的部分	30	3375
7	超过 60 000 元至 80 000 元的部分	35	6375
8	超过 80 000 元至 100 000 元的部分	40	10 375
9	超过 100 000 元的部分	45	15 375

2）个体工商户（含个人独资企业、合伙企业）的生产、经营所得和对企事业单位的

承包经营、承租经营所得，适用 5%～35%的五级超额累进税率，见表 6.12。

表 6.12　个体工商户生产、经营所得和对企事业单位承包经营、承租经营所得适用税率

级数	全年应纳税所得额	税率/%	速算扣除数
1	不超过 5000 元的	5	0
2	超过 5000 元到 10 000 元的部分	10	250
3	超过 10 000 元至 30 000 元的部分	20	1 250
4	超过 30 000 元至 50 000 元的部分	30	4 250
5	超过 50 000 元的部分	35	6 750

（2）采用 20%的比例税率

除工资、薪金所得，个体工商户（个人独资企业、合伙企业）生产、经营所得和对企事业单位的承包经营、承租经营所得三项以外，其他项目的所得均为按次计算税额，并采用 20%的比例税率，只是具体计算时有些项目要加征，有些项目要减征，具体如下。

1）劳务报酬每次应纳税所得额在 20 000 元以下的部分按 20%税率计征；应纳税所得额在 20 000 元至 50 000 元之间的部分，依照《税法》计算应纳税额后，按应纳税额加征 5 成；超过 50 000 元的部分，加征 10 成。因此，劳务报酬所得实际上适用 20%、30%、40%的三级超额累进税率。见表 6.13。

2）稿酬所得每次按 20%税率计征，并按应纳税额减征 30%。

表 6.13　劳务报酬所得适用税率

级数	每次应纳税所得额	税率/%	速算扣除数
1	不超过 20 000 元的	20	0
2	超过 20 000 元到 50 000 元的部分	30	2 000
3	超过 50 000 元的部分	40	7 000

5．减免税优惠

（1）免税项目

根据《中华人民共和国个人所得税法》及相关法规，下列各项个人所得，免征个人所得税。

1）省级人民政府、国务院部委和中国人民解放军以上单位，以及外国组织、国际组织颁发的科学、教育、技术、文化、卫生、体育、环境保护等方面的奖金。

2）国债和国家发行的金融债券利息。

3）按照国家统一规定发给的补贴、津贴。

4）福利费、抚恤金、救济金。

5）保险赔款。

6）军人的转业费、复员费。

7）按照国家统一规定发给干部、职工的安家费、退职费、退休工资、离休工资、离休生活补助费。

8）依照我国有关法律规定应予免税的各国驻华使馆、领事馆的外交代表、领事官员和其他人员的所得。

9）中国政府参加的国际公约、签订的协议中规定免税的所得。

10）发给见义勇为者的奖金。

11）按照规定的比例和标准，单位为个人和个人缴付的基本养老保险费、基本医疗保险费、失业保险费、住房公积金，均从纳税义务人的应纳税所得额中扣除，免征个人所得税。

12）具备规定条件，个人实际领（支）取或报销原提存的基本养老保险金、基本医疗保险金、失业保险金和住房公积金时，免征个人所得税。

13）其他经国务院财政部门批准免税的所得。

（2）有下列情形之一的，经批准可以减征个人所得税

1）残疾、孤老人员和烈属的所得。

2）因严重自然灾害造成重大损失的。

3）其他经国务院财政部门批准减税的。

另外，个人将其所得对教育事业和其他公益事业捐赠的部分，按照国务院有关规定可从应纳税所得额中扣除。

小知识

个人将其所得对教育事业和其他公益事业捐赠的部分，是指个人将其所得通过中国境内的社会团体、国家机关向教育和其他社会公益事业以及遭受严重自然灾害地区、贫困地区的捐赠。捐赠额未超过纳税义务人申报的应纳税所得额30%的部分，可以从其应纳税所得额中扣除。另外，个人向农村义务教育基金会、宋庆龄基金会、中国福利会、中国红十字会等基金会的捐赠，按照规定可以在计算个人应纳税所得额时全额扣除。

（3）暂时减税免税项目

1）个人取得的储蓄存款利息所得暂免个人所得税。储蓄存款在 1999 年 10 月 31 日前兹生的利息所得，不征收个人所得税；储蓄存款在 1999 年 11 月 1 日至 2007 年 8 月 14 日兹生的利息所得，按照 20%的比例税率征收个人所得税；储蓄存款在 2007 年 8 月 15 日至 2008 年 10 月 8 日兹生的利息所得，按照 5%的比例税率征收个人所得税；2008 年 10 月 9 号后兹生的利息免征个人所得税。

2）个人转让股票取得的所得（即个人买卖股票的差价收入）暂免个人所得税。

3）个人投资者从上市公司取得的股息红利所得，可以按 50%计入个人应纳税所得额，再按20%税率征收"利息、股息、红利所得"个人所得税。

4）个人购买社会福利彩票、体育彩票中奖获取的所得，一次中奖收入不超过 10 000 元的，不用缴纳个人所得税；一次中奖收入超过 10 000 元的，应全额计算、缴纳个人所得税。

5）个人转让自用达 5 年以上，并且是唯一家庭用房取得的所得暂免个人所得税。

6）从 2008 年 3 月 1 日起，对个人出租住房取得的所得按 10%的税率征收个人所得税。

7）个人举报、协查各种违法犯罪行为而获得的奖金暂免个人所得税。

8）个人办理代扣代缴税款手续，按规定取得的扣缴手续费暂免个人所得税。

9）其他经批准暂时免征个人所得税的项目。

6.2.2 个人所得税的计算

由于我国个人所得税实行分类征收制，因此应纳税额采取分项计算的方法，即每项个人收入分别按《税法》规定的标准，进行扣除、调整为应纳税所得额，然后以此为计税依据，再选择适用的税率形式，计算出应纳税额。

也就是说，个人所得税的计算可分两步进行：第一是计税依据应纳税所得额的确定，第二是应纳税额的计算。而在计算过程中，无论是确定应纳税所得额，还是计算应纳税额，一定要注意：如果纳税人符合条件可以享受某项税收减免优惠，那就需要在基本计税方法的基础上进行特殊处理，来计算实际应纳税额。

小知识

工资、薪金所得计税时须注意：①按照国家统一规定发给干部、职工的安家费、退职费、退休工资、离休工资、离休生活补助费免征个人所得税；②按照规定的比例和标准，单位为个人和个人缴付的基本养老保险费、基本医疗保险费、失业保险费、住房公积金，均从纳税义务人的应纳税所得额中扣除，免征个人所得税。

另外，不属于工资、薪金性质的补贴、津贴或者不属于纳税人本人工资、薪金所得项目的收入，如独生子女补贴、执行公务员工资制度未纳入基本工资总额的补贴、津贴差额和家属成员的副食品补贴、托儿补助费、差旅费津贴、误餐补助等不征税。

1. 工资、薪金所得计税

（1）确定应纳税所得额

工资、薪金所得，按月计征，一般以每月收入额减除费用 2000 元后的余额，为应纳税所得额。其计算公式为

$$应纳税所得额＝月工资、薪金收入－2000$$

但对以下纳税义务人，税法还规定了 2800 元的附加减除费用（每月在减除 2000 元费用的基础上，再减除 2800 元的费用）。

1）在中国境内的外商投资企业和外国企业中工作的外籍人员。

2）应聘在中国境内的企业、事业单位、社会团体、国家机关中工作的外籍专家。

3）在中国境内有住所而在中国境外任职或者受雇取得工资、薪金所得的个人。

4）财政部确定的其他人员。

5）华侨和香港、澳门、台湾同胞，参照上述的规定执行。

其计算公式为

$$应纳税所得额＝月工资、薪金收入－4800$$

（2）计算应纳税额

1）一般情况：工资、薪金所得适用九级超额累进税率，以应纳税所得额对照税率表，查找适用税率、速算扣除数计算应纳税额。其计算公式为：

$$应纳税额＝应纳税所得额×适用税率－速算扣除数$$

【例6.20】　问鼎煤炭开采有限公司2008年8月发给工人张三采煤工资8000元，计算张三当月应纳的个人所得税税额。

解：
$$应纳税所得额＝8000－2000＝6000（元）$$
$$应纳税额＝6000×20\%－375＝825（元）$$

如果是某外籍专家从问鼎煤炭开采有限公司取得工资8000元，则其当月应纳的个人所得税税额计算如下：

$$应纳税所得额＝8000－4800＝3200（元）$$
$$应纳税额＝3200×15\%－125＝355（元）$$

2）取得全年一次奖金的个人所得税的计算方法：行政机关、企事业单位向纳税人发放的一次性奖金（年终奖等），单独作为一个月的工资、薪金所得计算纳税，不与当月工资薪金合并计税，计算步骤如下。

① 先将纳税人当月内取得的全年一次性奖金除以12个月，按其商数确定适用税率和速算扣除数。如果纳税人当月工资薪金所得低于《税法》规定的费用扣除额，应将纳税人当月取得的全年一次性奖金，减去纳税人当月工资薪金所得与费用扣除额的差额，再除以12个月，来确定适用税率和速算扣除数。

②将纳税人当月内取得的全年一次性奖金，按上面"①"的方法确定的税率和速算扣除数，计算应纳税额，计算公式为

$$应纳税额＝纳税人当月取得全年一次性奖金×适用税率－速算扣除数$$
$$或＝（纳税人当月取得全年一次性奖金－纳税人当月工资薪金所得与$$
$$费用扣除额的差额）×适用税率－速算扣除数$$

【例6.21】　上例中问鼎煤炭开采有限公司张三12月份除领取本月工资收入8000元外，还取得全年一次性奖金24 000元。计算张三12月份应纳税额。

解：1）计算12月份工资薪金所得应纳的税额：

$$本月工薪收入应纳税额＝（8000－2000）×20\%－375＝825（元）$$

2）全年一次性奖金应纳税额的计算。

$$24\ 000÷12＝2000（元）\longrightarrow 适用税率是10\%，速算扣除数是25。$$

$$全年一次性奖金应纳税额：24\ 000×10\%－25＝2400－25＝2375（元）$$

3）张三 12 月份应纳税额合计为 825＋2375＝3200（元）

假如，张三 12 月份的工薪收入仅为 1800 元，一次性奖金不变，则应纳税额的计算过程如下。

1）工资不用纳税。

2）全年一次性奖金应纳税额＝[24 000－（2000－1800）]÷12

$$＝1983.33（元）$$

→适用税率是 10%，速算扣除数是 25。

全年一次性奖金应纳税额＝[24 000－（2000－1800）]×10%－25

$$＝23 800×10%－25$$

$$＝2355（元）$$

所以，李某 12 月份应纳税额为 2355 元。

小知识

在我国境内两处或两处以上取得工资、薪金所得，须合并计税。

【例 6.22】 陈某在问鼎煤炭开采有限公司每月应发工资 2000 元，奖金 800 元，其中包括已扣缴的基本养老保险费、基本医疗保险费、失业保险费、住房公积金（即"三险一金"）100 元，另在甲单位兼职领取工资 1000 元，计算其应纳的个人所得税税额。

解：应纳税所得额＝2000＋800－100＋1000－2000＝1700（元）

应纳税额＝1700×10%－25＝145（元）

2. 个体工商户（个人独资企业和合伙企业）的生产经营所得计税

（1）确定应纳税所得额

个体工商户（个人独资企业和合伙企业），按年计征个人所得税，以每一纳税年度的收入总额，减去成本、费用、损失及允许扣除的税金后的余额，为应纳税所得额，计算公式为

应纳税所得额＝收入总额－允许扣除项目金额

＝收入总额－成本－费用－损失－准予扣除的税金

上述收入总额包括商品销售收入、营运收入、劳务收入、工程价款收入、财产出租或者转让收入、利息收入、其他业务收入和营业外收入；成本、费用包括各项直接支出和分配计入成本的间接费用以及销售费用、管理费用、财务费用；损失是指各项营业外支出；税金是指个体工商户按规定缴纳的消费税、营业税、城建税、资源税、土地使用税、房产税、车船税、印花税等（已经记入"管理费用"等账户的税金，不可再重复扣除）。

对于成本、费用、损失及税金，准予扣除的项目和标准，应当按照有关税收法律、法规和规章的规定确定。这里需要特别注意的是：

1）个体工商户、个人独资企业和合伙企业投资者本人费用扣除标准统一确定为24 000元/年，即2000元/月。

2）个体工商户、个人独资企业和合伙企业投资者在经营过程中向其从业人员实际支付的合理的工资、薪金支出，允许据实扣除。但个体工商户业主的工资支出、个人独资企业和合伙企业投资者的工资支出不可以扣除。

3）企业实际发生的工会经费、职工福利费、职工教育经费分别在其计税工资总额的2%、14%、1.5%的标准内据实扣除。

4）个体工商户、个人独资企业和合伙企业每一纳税年度发生的广告费和业务宣传费用不超过当年销售（营业）收入15%的部分，可据实扣除；超过部分，准予在以后纳税年度结转扣除。

5）个体工商户、个人独资企业和合伙企业每一纳税年度发生的与其生产经营业务直接相关的业务招待费支出，按照发生额的60%扣除，但最高不得超过当年销售（营业）收入的5‰。

6）个体工商户、个人独资企业和合伙企业投资者用于个人和家庭的支出，计算应纳税所得额时不得扣除。在生产经营过程中发生的与家庭生活混淆的费用，由主管税务机关核定分摊比例，确定与生产经营有关的费用，准予扣除。

7）计算应纳税所得额时不得扣除的项目还有资本性支出被没收的财物、支付的罚款，缴纳的个人所得税、税收滞纳金、罚款和罚金，各种赞助支出，自然灾害或意外事故损失有赔偿的部分，分配给投资者的股利等。

（2）计算应纳税额

个体工商户（个人独资企业和合伙企业）的生产经营所得适用五级超额累进税率，以应纳税所得额对照税率表，查找适用税率、速算扣除数计算应纳税额。其计算公式为：

$$应纳税额＝应纳税所得额×适用税率－速算扣除数$$

【例6.23】　某餐饮店为个体工商户，2008年全年取得营业额450 000元，购进米、面等原材料100 000元，交纳水电等各项费用80 000元，缴纳其他税费合计7 500元，支付雇员工资36 000元，业主本人的费用扣除标准2 000元/月。计算该业主全年应纳的个人所得税。

解： 全年应纳税所得额＝450 000－100 000－80 000－7500－36 000－2000×12

$$＝202 500（元）$$

$$全年应纳税额＝202 500×35\%－6750＝64 125（元）$$

【例6.24】　某个人独资企业2007年向税务机关申报的总收入为400 000元，应纳税所得额为160 000元。经查证，其中有几项支出是这样的：投资者个人工资40 000元、投资者家庭生活费20 000元；企业广告费90 000元，在计算应纳税所得额时，都已从收入总额中扣除。请对这些纳税事项进行调整，并计算出该个人独资企业的投资者应纳的个人所得税税额。

解： 1）计算应纳税所得额时，投资者个人的工资不可以扣除，应调增应纳税所得额40 000元。

2）计算应纳税所得额时，投资者家庭生活费不可以扣除，应调增应纳税所得额20 000元。

3）企业广告费只能在年销售（营业）收入15%内扣除＝400 000×15%

$$=60\ 000（元）$$

应调增应纳税所得额＝90 000－60 000＝30 000（元）

应纳税所得额应调整为＝160 000＋40 000＋20 000＋30 000＝250 000（元）

应纳个人所得税税额为＝250 000×35%－6750＝80 750（元）

3. 对企业、事业单位的承包经营、承租经营所得计税

（1）确定应纳税所得额

对企业事业单位的承包经营、承租经营所得，按年计征，以某一纳税年度的收入总额减去必要费用后的余额为应纳税所得额。其中，收入总额是指纳税人按照承包经营、承租经营合同规定，扣除应上缴的承包费、承租费而分得的经营利润和工资、薪金所得。必要费用确定为2000元/月（全年24 000元）。计算公式为：

$$应纳税所得额＝个人承包、承租经营所得－必要费用$$

（2）计算应纳税额

企业、事业单位的承包经营、承租经营所得适用五级超额累进税率，以应纳税所得额对照税率表，查找适用税率、速算扣除数计算应纳税额。其计算公式为：

$$应纳税额＝应纳税所得额×适用税率－速算扣除数$$

【例 6.25】 孙某与一事业单位签订合同承包经营招待所，承包期为 5 年，本年度招待所实现利润85 000元，扣除按合同规定应上缴的承包费 20 000元。计算孙某应纳的个人所得税税额。

解： 应纳税所得额＝85 000－20 000－2000×12＝41 000（元）

应纳个人所得税税额＝41 000×30%－4250＝8050（元）

4. 劳务报酬所得计税

劳务报酬所得按次计税，但如果是同一事项连续取得收入的，以 1 个月内的收入为一次。

劳务报酬所得计算个人所得税的基本方法是应纳税所得额乘以比例税率20%。但是，劳务报酬所得的应纳税所得额一旦超出 20 000 元，还要考虑加成征税的问题。因此，综合起来，在计算税额时，比较简单、直接的方法是：按规定确定出应纳税所得额以后，直接对照三级超额累进税率表，查找税率、速算扣除数计算应纳税额。

（1）确定应纳税所得额

劳务报酬所得每次收入不超过 4000 元的，减除费用 800 元；4000 元以上的，减除20%的费用，其余额为应纳税所得额。计算公式如下：

1）每次收入不超过 4000 元的

$$应纳税所得额＝每次收入额－800$$

2）每次收入超过 4000 元的

$$应纳税所得额＝每次收入额×（1－20\%）$$

（2）计算应纳税额

计算公式为

$$应纳税额＝应纳税所得额×适用税率－速算扣除数$$

【例 6.26】　问鼎煤炭开采有限公司张三某次向外单位提供技术服务，取得劳务费收入 4000 元，计算其应纳的个人所得税税额。

解：张三一次取得劳务报酬所得未超出 4000 元，所以

$$应纳税所得额＝4000－800＝3200（元）$$

此项在税率表第 1 级，适用税率 20%，速算扣除数 0。

$$应纳税额为＝3200×20\%＝640（元）$$

【例 6.27】　歌手王某一次取得演艺收入 20 000 元，计算其应纳的个人所得税税额。

解：一次取得劳务报酬所得已超出 4000 元，所以

$$应纳税所得额＝20\,000×（1－20\%）＝16\,000（元）$$

此项在税率表第 1 级，适用税率 20%，速算扣除数 0。

$$应纳税额＝16\,000×20\%＝3200（元）$$

【例 6.28】　歌手赵某签约参加营业性演出一个月，共演八场，每场酬金 10 000 元。计算王某应纳的个人所得税税额。

解：同一事项连续取得收入的，以 1 个月内的收入为一次，所以

$$应纳税所得额＝10\,000×8×（1－20\%）＝64\,000（元）$$

此项在税率表第 3 级，适用税率 40%，速算扣除数 7000。

$$应纳税额＝64\,000×40\%－7\,000＝18\,600（元）$$

5. 稿酬所得计税

稿酬所得，按照纳税人每次出版、发表作品取得的收入计算、缴纳个人所得税。

（1）确定应纳税所得额

稿酬所得，每次收入不超过 4000 元的，减除费用 800 元；4000 元以上的，减除 20%的费用，其余额为应纳税所得额。计算公式如下：

1）每次收入不超过 4000 元的

$$应纳税所得额＝每次收入额－800$$

2）每次收入超过 4000 元的

$$应纳税所得额＝每次收入额×（1－20\%）$$

（2）计算应纳税额

以每次应纳税所得额，按 20%税率计算应纳税额，再按应纳税额减征 30%。

计算公式为

$$应纳税额 = 应纳税所得额 \times 20\% \times (1-30\%)$$

【例 6.29】　问鼎煤炭开采有限公司张三利用业余时间写作出版了一本专业丛书，取得稿酬所得计人民币 15 000 元。计算其应纳的个人所得税税额。

解： 应纳税所得额 = 15 000 × (1-20%) = 12 000（元）

应纳税额 = 12 000 × 20% × (1-30%) = 1680（元）

小知识

纳税人每次出版、发表同一作品，不论出版单位是预付还是分次支付稿酬，或者加印该作品后再付稿酬，都应当合并其全部稿酬所得，按照一次取得的收入计税。

纳税人在多处出版、发表或者再版同一作品而取得的稿酬所得，则可以分别就各处取得的所得或者再版所得，按照分次所得计税。

个人的同一作品在报刊上连载，应合并其因连载而取得的所有稿酬所得为一次，按《税法》规定计征个人所得税。在其连载之后又出书取得稿酬所得，或先出书后连载取得稿酬所得的，应视同再版稿酬分次计征个人所得税。

6. 特许权使用费所得计税

（1）确定应纳税所得额

特许权使用费所得，每次收入不超过 4000 元的，减除费用 800 元；4000 元以上的，减去 20% 的费用，其余额为应纳税所得额。对个人从事技术转让中所支付的中介费用，若能提供有效合法凭证，允许从所得中扣除。计算公式如下：

1）每次收入不超过 4000 元的

$$应纳税所得额 = 每次收入额 - 800 - 允许扣除的中介费$$

2）每次收入超过 4000 元的

$$应纳税所得额 = 每次收入额 \times (1-20\%) - 允许扣除的中介费$$

（2）计算应纳税额

特许权使用费所得适用 20% 税率，其应纳税额的计算公式为

$$应纳税额 = 应纳税所得额 \times 20\%$$

7. 财产租赁所得计税

财产租赁所得以一个月内取得的收入为一次计税。

（1）确定应纳税所得额

财产租赁所得确定应纳税所得额时，每次收入不超过 4000 元的，减除费用 800 元，4000 元以上的，减除 20% 的费用。

小知识

财产租赁所得计税时需要注意的减税免税规定主要是：从 2008 年 3 月 1 日起，对个人出租住房取得的所得按 10% 的税率征收个人所得税。

另外，要注意：

1）在出租财产过程中缴纳的税金和教育费附加，计算应纳税所得额时可扣除。

2）在出租财产过程中发生的修缮费用如能提供有效凭证，计算应纳税所得额时，以每次 800 元为限扣除，一次扣除不完的，准予下次继续扣除，直到扣完为止。

计算公式如下：

1）每次收入不超过 4000 元的

应纳税所得额＝每次收入额－（缴纳的税费＋修缮费用＋800 元）

2）每次收入超过 4000 元的

应纳税所得额＝每次收入额－（缴纳的税费＋修缮费用＋每次收入额×20%）

（2）计算应纳税额

财产租赁所得适用 20% 的比例税率。应纳税额的计算公式为

应纳税额＝应纳税所得额×适用税率

【例 6.30】 问鼎煤炭开采有限公司张三于 2008 年 3 月出租自有商铺给某公司，租期 1 年，月租金收入 3000 元，每月缴纳的有关税费为 200 元。8 月份时发生修缮费用 1000 元，由张三承担。计算 2008 年度张三因此应纳的个人所得税。

解：8 月份的应纳税所得额＝3000－800－200－800＝1200（元）

应纳税额＝1200×10%＝120（元）

9 月份的应纳税所得额＝3000－800－200－200＝1800（元）

应纳税额＝1800×10%＝180（元）

其余 8 个月的应纳税所得额＝3000－800－200＝2000（元）

应纳税额＝2000×10%＝200（元）

2008 年全年应纳税额＝120＋180＋200×8＝1900（元）

8. 财产转让所得计税

（1）确定应纳税所得额

财产转让所得，以个人每次转让财产的收入额减去财产原值和转让财产发生的相关税费后的余额，为应纳税所得额。其中，每次转让财产取得的收入是指以一件财产的所有权一次转让取得的收入。计算公式为

应纳税所得额＝每次收入额－财产原值－合理费用

（2）计算应纳税额

财产转让所得适用 20% 比例税率，其应纳税额的计算公式为

$$应纳税额＝应纳税所得额×20\%$$

小知识

财产转让所得计税时需要注意的减税免税规定主要是：

1）个人转让股票取得的所得（即个人买卖股票的差价收入）暂免个人所得税。

2）个人转让自用达5年以上，并且是唯一家庭用房取得的所得暂免个人所得税。

9. 利息、股息、红利所得、偶然所得和其他所得计税

利息、股息、红利所得、偶然所得和其他所得，以每次收入额为应纳税所得额，不扣除任何费用。其应纳税额的计算公式为

$$应纳税额＝应纳税所得额×适用税率$$

小知识

利息、股息、红利所得、偶然所得和其他所得计税时需要注意的减税免税规定主要有：

1）国债和国家发行的金融债券利息免征个人所得税。

2）个人取得在2008年10月9号后兹生的储蓄存款利息暂免个人所得税。

3）个人购买社会福利彩票、体育彩票中奖获取的所得，一次中奖收入不超过10 000元的，不用缴纳个人所得税；一次中奖收入超过10 000元的，应全额计算缴纳个人所得税。

4）个人投资者从上市公司取得的股息红利所得，可以按50%计入个人应纳税所得额，再按20%税率征收"利息股息红利所得"个人所得税。

【例6.31】 问鼎煤炭开采有限公司张三2008年还有以下几项收入：1）11月份取得银行储蓄存款利息收入1200元；2）购买国债，取得利息收入2000元；3）一次购买体育彩票，中奖9000元；4）购买企业债券，取得利息收入1500元；5）取得问鼎公司股权分红20 000元；6）持有某上市公司A股股票，取得股息3000元。计算其应纳的个人所得税税额。

解：1）银行储蓄存款账户2008年10月9号后兹生利息收入1200元暂免个人所得税；

2）购买国债，取得的利息收入2000元免征个人所得税；

3）购买体育彩票，一次中奖9000元，未超过10 000元，不用缴纳个人所得税；

4）企业债券利息所得1500元，应纳税额＝1500×20%＝300（元）；

5）问鼎公司股权分红20 000元，应纳税额＝20 000×20%＝4000（元）；

6）某上市公司发放股息所得3000元，应纳税额＝3000×50%×20%＝300（元）。

小知识

一人兼有多项所得应纳税额的计算

纳税人同时取得两项或者两项以上应税所得的，《税法》规定除工资、薪金所得，个体工商户生产、经营所得，对企事业单位承包、承租经营所得须同项合并计税外，其他应税项目就其所得分别计算纳税；纳税人兼有应税劳务报酬所得中所列举的不同劳务项目所得的，也要分别减除费用计算纳税。

【例 6.32】 某教授本月从甲单位领取工资 3200 元，从乙单位领取工资 2000 元；应邀讲学取得酬金 2000 元；通过中介转让一项技术取得收入 50 000 元，支付中介费 2000元，并取得合法有效凭证；出版一部专著取得稿酬 4500 元；国家科委寄来科技发明奖金5000 元；取得银行储蓄存款利息 400 元；购买国库券到期取得利息 200 元；购买商品过程中中奖 1000 元。计算其本月应纳个人所得税。

解：工薪所得应纳税额＝（3200＋2000－2000）×15%－125＝355（元）

讲学所得应纳税额＝（2000－800）×20%＝240（元）

技术转让所得应纳税额＝[50 000×（1－20%）－2000]×20%＝7600（元）

稿酬所得应纳税额＝4500×（1－20%）×20%×（1－30%）＝504（元）

中奖所得应纳税额＝1000×20%＝200（元）

银行储蓄存款利息、国库券利息和国家科技奖金免税。

本月合计应纳税额＝355＋240＋7600＋504＋200＝8899（元）

小知识

两个或者两个以上的个人共同取得同一项目收入的，应当对每个人取得的收入分别按照《税法》规定减去费用后计算纳税。

【例 6.33】 某校三位教师共同编写、出版一部教材，共取得稿酬收入 10 000 元，主编分得 50%，另外两位参编每人分得 25%。计算三人各自应纳的个人所得税。

解：主编的应纳税额＝10 000×50%×（1－20%）×20%×（1－30%）

＝560（元）

参编各自的应纳税额＝（10 000×25%－800）×20%×（1－30%）

＝238（元）

6.2.3 个人所得税的纳税申报与缴纳

个人所得税实行所得支付者源泉扣缴和纳税人自行申报缴纳两种方式征收。

1. 所得支付者源泉扣缴

个人所得税以得到所得人为纳税义务人，以支付所得的企业（公司）、事业单位、机关、社团组织、军队、驻华机构、个体工商户等单位或者个人为扣缴义务人。扣缴义务人在向得到所得人支付应税款项（包括现金、实物以及其他形式的支付）时，应当依照《税法》规定代扣代缴其应缴纳的个人所得税税款，得到所得人不得拒绝。

纳税义务人的 11 个应税所得项目中，除个体工商户的生产经营所得这一项外，其他均属代扣代缴范围。

2. 纳税人自行申报缴纳

纳税义务人有下列情形之一的，应当按照规定到主管税务机关办理纳税申报。

1）年所得在 12 万元以上的纳税人，无论所得取得时是否缴纳了个人所得税，均应于纳税年度终了后 3 个月内，向主管地方税务机关办理纳税申报，所谓"年所得 12 万元以上"，是指纳税人在一个纳税年度内取得的各项收入、所得的合计数额达到 12 万元。

2）从中国境内两处或者两处以上取得工资、薪金所得，于取得后向主管税务机关办理纳税申报。

3）从中国境外取得所得，于取得后向主管税务机关办理纳税申报。

4）取得应纳税所得没有扣缴义务人的，于取得所得后向主管税务机关办理纳税申报。

5）国务院规定的其他情形。

小知识

只要个人平常取得收入时已经足额扣缴或缴纳了税款,那么年终再办理纳税申报时,只需要按照规定报送《个人所得税纳税申报表（适用于年所得 12 万元以上的纳税人申报）》和身份证复印件等,不需要再缴纳税款。

3. 纳税期限

扣缴义务人每月所扣的税款、自行申报纳税人每月应纳的税款，都应当在次月 7 日内缴入国库，并向税务机关报送纳税申报表。但是，特定行业的工资、薪金所得应纳的税款，可以实行按年计算、分月预缴的方式计征，具体办法由国务院规定。

个体工商户的生产、经营所得应纳的税款，按年计算，分月预缴，由纳税义务人在次月 7 日内预缴，年度终了后 3 个月内汇算清缴，多退少补。

对企事业单位的承包经营、承租经营所得应纳的税款，按年计算，由纳税义务人在年度终了后 30 日内缴入国库，并向税务机关报送纳税申报表。纳税义务人在一年内分次取得承包经营、承租经营所得的，应当在取得每次所得后的 7 日内预缴，年度终了后 3 个月内汇算清缴，多退少补。

从中国境外取得所得的纳税义务人，应当在年度终了后 30 日内，将应纳的税款缴入国库，并向税务机关报送纳税申报表。

4. 纳税地点

个人所得税的纳税地点规定如下。

1）年所得 12 万元以上的纳税人，纳税申报地点应根据不同情况按以下顺序来确定。

①在中国境内有任职、受雇单位的，向任职、受雇单位所在地主管税务机关申报。

②在中国境内有两处或者两处以上任职、受雇单位的，选择并固定向其中一处单位所在地主管税务机关申报。

③在中国境内无任职、受雇单位，年所得项目中有个体工商户的生产、经营所得或者对企事业单位的承包经营、承租经营所得（以下统称生产、经营所得）的，向其中一处实际经营所在地主管税务机关申报。

④在中国境内无任职、受雇单位，年所得项目中无生产、经营所得的，向户籍所在地主管税务机关申报。在中国境内有户籍，但户籍所在地与中国境内经常居住地不一致的，选择并固定向其中一地主管税务机关申报。在中国境内没有户籍的，向中国境内经常居住地主管税务机关申报。

2）从两处或者两处以上取得工资、薪金所得的，选择并固定向其中一处单位所在地主管税务机关申报。

3）从中国境外取得所得的，向中国境内户籍所在地主管税务机关申报；在中国境内有户籍，但户籍所在地与中国境内经常居住地不一致的，选择并固定向其中一地主管税务机关申报；在中国境内没有户籍的，向中国境内经常居住地主管税务机关申报。

4）个体工商户向实际经营所在地主管税务机关申报。

5）个人独资、合伙企业投资者兴办两个或两个以上企业的，根据不同情形确定纳税申报地点。

①兴办的企业全部是个人独资性质的，分别向各企业的实际经营管理所在地主管税务机关申报。

②兴办的企业中含有合伙性质的，向经常居住地主管税务机关申报。

③兴办的企业中含有合伙性质、个人投资者经常居住地与其兴办企业的经营管理所在地不一致的，选择并固定向其参与兴办的某一合伙企业的经营管理所在地主管税务机关申报。

除以上情形外，纳税人应当向取得所得所在地主管税务机关申报。纳税人不得随意变更纳税申报地点，因特殊情况需要变更的，须报原主管税务机关备案。

6.2.4　个人所得税的账务处理

这里只介绍企业代扣代缴工资、薪金个人所得税的账务处理。

企业支付工资、薪金，代扣代缴个人所得税，应通过"应付职工薪酬"、"应交税费——应交个人所得税"（或"其他应付款——代扣个人所得税"）等账户进行核算。

【例 6.34】　问鼎煤炭开采有限公司 2008 年 8 月发给工人张三采煤工资 8000 元，张三当月应纳的个人所得税税额为 825 元（见例 6.20），对问鼎煤炭开采有限公司进行账务处理。

解：借：应付职工薪酬   825

    贷：应交税费——应交个人所得税   825

实际上缴入库时：

 借：应交税费——应交个人所得税   825

   贷：银行存款   825

【例 6.35】   张三是问鼎煤炭开采有限公司的技术人员并拥有公司的股份，2008 年张三的全部收入及税款缴纳情况汇总如下：

1）全年取得工薪收入 122 800 元，具体如下：

1 月份工资总额 8500 元，2 月份 8800 元，3 月份 8000 元，4 月份 8000 元，5 月份 8500 元，6 月份 8000 元，7 月份 8000 元，8 月份 8000 元，9 月份 8500 元，10 月份 8500 元，11 月份 8000 元，12 月份 8000 元，合计 98 800 元，公司作为扣缴义务人，已于每月发放工资时扣缴了个人所得税；12 月底发放年终奖 24 000 元，公司就此扣缴税款 2000 元。

2）某次向外单位提供技术服务，取得劳务费收入 4000 元，已由支付单位扣缴个人所得税。

3）利用业余时间写作、出版了一本专业丛书，取得稿酬所得 15 000 元，支付单位已扣缴个人所得税。

4）于 2008 年 3 月出租自有商铺给某公司，租期 1 年，月租金收入 3000 元，每月缴纳的有关税费为 200 元。8 月份时发生修缮费用 1000 元，由其负担。承租公司已扣缴其全年个人所得税。

5）在上海证券交易所转让 A 股股票盈利 60 000 元，按规定暂免个人所得税。

6）11 月份取得银行储蓄存款利息收入 1200 元，按规定暂免个人所得税。

7）购买国债，取得利息收入 2000 元，按规定免缴个人所得税。

8）一次购买体育彩票，中奖 9000 元，未超过 10 000 元，不用缴纳个人所得税。

9）购买企业债券，取得利息收入 1500 元，未扣缴个人所得税。

10）取得问鼎公司股权分红 20 000 元，由公司发放时代扣代缴个人所得税。

11）持有某上市公司 A 股股票，取得股息 3000 元，已由公司在发放股息时代扣代缴税款。

问题一：张三取得的上述收入是否需要办理纳税申报？如需纳税，请计算应缴纳多少。如何办理？

问题二：年度终了，张三是否需要办理年所得 12 万元以上的申报？如需纳税，请计算应缴纳多少？如何申报？

解：

问题一：平时的税款计算及缴纳。

1）全年工资、薪金所得。

① 计算税额。

a. 各个月份发放的工资应纳税额的计算（计算方法见例 6.20）。

1～12 各月份工资薪金应纳税所得额＝工资总额－费用扣除标准（见表 6.14）。

表 6.14　各月工资薪金应纳税所得额汇总

月份	1 月	2 月	3 月	4 月	5 月	6 月	7 月	8 月	9 月	10 月	11 月	12 月	合计
工资总额	8 500	8 800	8 000	8 000	8 500	8 000	8 000	8 000	8 500	8 500	8 000	8 000	98 800
费用扣除标准	1 600	1 600	2 000	2 000	2 000	2 000	2 000	2 000	2 000	2 000	2 000	2 000	23 200
应纳税所得额	6 900	7 200	6 000	6 000	6 500	6 000	6 000	6 000	6 500	6 500	6 000	6 000	75 600

注：工资、薪金个人所得税费用扣除标准是从 2008 年 3 月 1 日起，由 1600 元上调为 2000 元的。所以 1～2 月每月扣 1600 元，3～12 月每月扣 2000 元。

各个月份应纳个人所得税税额＝应纳税所得额×税率－速算扣除数（见表 6.15）。

表 6.15　各月应纳个人所得税税额汇总

月份	1 月	2 月	3 月	4 月	5 月	6 月	7 月	8 月	9 月	10 月	11 月	12 月	合计
个人所得税	1 005	1 065	825	825	925	825	825	825	925	925	825	825	10 620

b. 全年一次性奖金应纳税款的计算：

计算见例 6.21，全年一次性奖金应纳税所得额为 24 000 元，应纳税额为 2375 元。

② 税款缴纳情况。

张三每个月取得工资性收入时，单位作为扣缴义务人已扣缴了个人所得税，张三不需办理自行纳税申报。而对于 12 月份发放的年终奖金，单位也应该在当时为张三扣缴个人所得税，但单位仅扣缴了 2000 元，张三应补缴税款 375 元（2375－2000）。

2）劳务报酬所得。

① 计算税额。

计算方法见例 6.26，应纳税所得额为 3200 元，应纳税额为 640 元。

② 税款缴纳情况。

张三在取得此劳务费收入时，已由支付单位代扣代缴了个人所得税，张三不需办理自行纳税申报。

3）稿酬所得。

① 计算税额。

计算方法见例 6.29，应纳税所得额为 12 000 元，应纳税额为 1680 元。

② 税款缴纳情况。

张三在取得此稿酬所得时，已由支付单位代扣代缴了个人所得税，张三不需办理自行纳税申报。

4）财产租赁所得。

① 计算税额。

计算方法见例 6.30，全年应纳税所得额为 23 000 元，应纳税额为 1900 元。

② 税款缴纳情况。

张三在取得财产租赁所得时，已由承租公司扣缴其个人所得税，张三不需办理自行纳税申报。

5）～11）项税额计算方法见例 6.31，税款缴纳情况如下。

5）股票盈利。

转让股票盈利 60 000 元，应纳税所得额为 60 000 元，暂免个人所得税。

6）存款利息。

银行储蓄存款利息收入 1200 元，应纳税所得额为 1200 元，2008 年 10 月 9 号后兹生，暂免个人所得税。

7）购买国债。

取得的利息收入 2000 元免征个人所得税，应纳税所得额为 0。

8）购买体育彩票。

一次中奖 9000 元，应纳税所得额为 9000 元，但未超过 10 000 元，不用缴纳个人所得税。

9）企业债券利息。

企业债券利息所得 1500 元，应纳税所得额为 1500 元，应纳税额 300 元。支付单位未扣缴个人所得税，张三应补缴税款。

10）股权分红。

问鼎公司股权分红 20 000 元，应纳税所得额为 20 000 元，应纳税额 4000 元。公司发放分红已代扣代缴张三的个人所得税，张三不需办理自行纳税申报。

11）股息所得。

某上市公司发放股息所得 3000 元，应纳税所得额为 3000 元，应纳税额 300 元。公司在发放股息时已代扣代缴张三的税款，张三不需办理自行纳税申报。

问题二：年终的税款计算及缴纳。

小知识

在计算纳税人的全年年所得总额时，属于免税项目的所得，可不计入所得总额，但属于暂时减税免税项目的所得，则要计入所得总额。

张三应在 2009 年 3 月底前，汇总上年度应税项目的收入额，看是否达到 12 万元（即年所得≥120 000 元，下同），进而判断是否应进行年所得 12 万元以上的自行申报。

1）张三 2008 年度所得总额的计算。

①1～12 月工资、薪金合计 98 800 元，12 月底发放年终奖 24 000 元。

$$计入年所得金额＝122\ 800\ 元$$

②向外单位提供技术服务，取得劳务报酬 4000 元。

$$计入年所得金额＝4000\ 元$$

③稿酬所得 15 000 元。

$$计入年所得金额＝15\ 000\ 元$$

④出租自有商铺，月租金收入 3000 元。

$$计入年所得金额＝3000×10＝30\ 000\ 元$$

⑤转让股票盈利 60 000 元。

小知识

《税法》规定，一个纳税年度内，股票转让盈亏相抵的结果为正数的，其金额应统计在 12 万元之内，结果为负数的，"负盈余"按"零"申报。

$$计入年所得金额＝60\ 000\ 元$$

⑥储蓄存款利息所得 1200 元。

$$计入年所得金额＝1200\ 元$$

⑦国债利息 2000 元免缴个人所得税。

$$计入年所得金额＝2000\ 元$$

⑧体育彩票中奖所得 9000 元。

$$计入年所得金额＝9000\ 元$$

⑨企业债券利息所得 1500 元。

$$计入年所得金额＝1500\ 元$$

⑩问鼎公司股权分红 20 000 元。

$$计入年所得金额＝20\ 000\ 元$$

⑪某上市公司发放股息所得 3000 元。

$$计入年所得金额＝3000\ 元$$

2008 年张三的年所得：122 800＋4000＋15 000＋30 000＋60 000＋1200＋9000＋1500＋20 000＋3000＝266 500（元）

2008 年张三的年所得＞120 000 元，张三应进行年所得 12 万元以上的自行申报。

2）申报表的填写。

由于经过清算张三应补缴税款，因此在申报时，张三应报送《个人所得税纳税申报表（一）》（见表 6.16）、《个人所得税明细补、退税申报表》（见表 6.17）和身份证原件等。

表 6.16　个人所得税纳税申报表

（适用于年所得 12 万元以上的纳税人申报）

所得年份：2008 年　　　填表日期：2009 年 2 月 2 日　　　金额单位：人民币元（列至角分）

纳税人姓名	张三	国籍（地区）	中国	身份证照类型	身份证	身份证照号码	×××××××××××		
任职、受雇单位	问鼎煤炭开采有限公司	任职受雇单位税务代码	×××××××××××××	任职受雇单位所属行业	制造业	职务	—	职业	科学技术人员
在华天数	—	境内有效联系地址	厦门市××区××路××号		境内有效联系地址邮编	361000	联系电话	×××××××	
此行由取得经营所得的纳税人填写	经营单位纳税人识别号					经营单位纳税人名称			

所得项目	年所得额			应纳税所得额	应纳税额	已缴（扣）税额	抵扣税额	减免税额	应补（退）税额（退税金额填为负数）	备注
	境内	境外	合计							
1. 工资、薪金所得	122 800	0	122 800	99 600	12 995	12 620	0	0	375	
2. 个体工商户的生产、经营所得	0	0	0	0	0	0	0	0	0	
3. 对企事业单位的承包经营、承租经营所得	0	0	0	0	0	0	0	0	0	
4. 劳务报酬所得	4 000	0	4 000	3 200	640	640	0	0	0	
5. 稿酬所得	15 000	0	15 000	12 000	1 680	1 680	0	0	0	
6. 特许权使用费所得	0	0	0	0	0	0	0	0	0	
7. 利息、股息、红利所得	25 700	0	25 700	25 700	4 600	4 300	0	0	300	
8. 财产租赁所得	30 000	0	30 000	23 000	1 900	1 900	0	0	0	
9. 财产转让所得（以下三项合计）	60 000	0	60 000	0	0	0	0	0	0	
其中：股票转让所得	60 000	0	60 000	0	0	0	0	0	0	
个人房屋转让所得	0	0	0	0	0	0	0	0	0	
其他财产转让所得	0	0	0	0	0	0	0	0	0	
10. 偶然所得	9 000	0	9 000	9 000	0	0	0	0	0	
11. 其他所得	0	0	0	0	0	0	0	0	0	
合　　计	272 500	0	272 500	172 500	22 215	21 540	0	0	675	

　　我声明，此纳税申报表是根据《中华人民共和国个人所得税法》及有关法律、法规的规定填报的，我保证它是真实的、可靠的、完整的

纳税人（签字）：张三

代理人（签章）：	联系电话：	税务机关受理人（签字）：
税务机关受理时间：　　　年 月 日		受理申报税务机关名称（盖章）：

表 6.17 个人所得税明细补、退税申报表

个税明细申报类型：明细补税申报照□ 明细退税申报□

征管科、所：

扣缴人名称（盖章）： 开户银行： 账号：

扣缴人编码： 填表日期：2009 年 2 月 2 日 金额单位：元

根据《中华人民共和国个人所得税法》第九条的规定，制定本表，扣缴义务人应将本月扣缴的税款在次月 15 日内缴入国库，并向当地税务机关报送本表。

序号	个人识别号	姓名	国籍（地区）	税目	应税项目	税款所属年月	已纳税额、抵扣额	减免税额	少报含税收入（补税）	多报含税收入（退税）	费用扣除标准	应补/退税额
	1	2	3	4	5	6	7	8	9	10	11	12
1	××××××	张三	中国	工资、薪金所得	全年一次性奖金	取得奖金当月	—	—	0	—	2000	375
2	××××××	张三	中国	利息、股息、红利所得	利息、股息、红利所得	取得所得当月	—	—	1500	—	0	300
3												
4												
5												

受理单位签章： 受理人： 受理日期： 年 月 日

扣缴义务人声明：我声明，此扣缴申报表是根据《中华人民共和国个人所得税法》的规定填报的，我确信它是真实的、可靠的、完整的。声明人签字：

纳税人（或授权人）：张三 代理申报人（或办税员）： 申报日期：2009 年 2 月 2 日

说明：

① 本表适用于申报税目除承包承租经营所得和个体工商户生产经营所得税目外其它税目的补税申报。

② 律师事务所和查账征收的个体工商户、独资、合伙企业经营者个人自行汇总多处投资所得也使用本表。

③ 律师事务所和查账征收的个体工商户、独资、合伙企业以及承包承租经营者一处取得的补税申报使用《个人所得税明细申报表（二）》。

④ 本表一式三份：经主管地税机关审核盖章后，扣缴人或纳税人一份，税收部门两份。

假设张三清算后不需要补缴税款，那么就不需报送《个人所得税明细补、退税申报表》。

3）申报地点。

市任一主管税务机关办税服务窗口。

4）申报期限。

2009 年 1 月 1 日～3 月 31 日。

5）申报方式。

由于张三清算后需要补缴税款，因此必须直接到税务机关办税服务窗口申报，或委托有税务代理资质的中介机构及个人代为办理纳税申报。如果张三清算后不需要补缴税款，就可以申请开通网上申报方式进行申报。

答：张三全年的收入有"工资、薪金所得"、"劳务报酬所得"、"稿酬所得"、"财产租赁所得"、"财产转让所得"、"利息、股息、红利所得"以及"偶然所得"等应税所得项目。平时，张三取得这些收入，由支付者作为扣缴义务人扣缴税款，并向税务机关进行申报即可，张三个人不需要办理。到了年度终了，如果张三的年所得达到 12 万元，他则应该向主管地税机关办理年所得 12 万元以上的自行纳税申报。

练 习 题

一、名词解释

1. 个人所得税

2. 居民纳税人

3. 非居民纳税人

二、单项选择题

1. 纳税人在计算应纳税所得额时，发生的职工工会经费、职工福利费、职工教育经费可以分别按实发工资的（   ）计算扣除。

　　A．5%、14%、1.5%　　　　　　　　　B．2%、14%、2.5%

　　C．2%、10%、3%　　　　　　　　　　D．2%、10%、1.5%

2. A 企业为小型微利企业，上一年度发生亏损 5 万元，今年盈利 8 万元，不考虑其他年度亏损，该企业今年应纳企业所得税为（   ）。

　　A．2.64 万元　　　B．0.99 万元　　　C．0.81 万元　　　D．0.6 万元

3. 某生产企业在 A 国设立一生产分厂，上年在 A 国的生产经营所得为 228 000 元，A 国所得税税率为 35%，在 A 国已缴纳所得税税款 79 800 元，国内生产所得为 600 000 元。该企业全年应纳所得税为（   ）。

　　A．150 000 元　　　B．207 000 元　　　C．127 200 元　　　D．277 980 元

4. 如果上题中 A 国的所得税税率为 20%，该企业应纳所得税为（   ）。

　　A．150 000 元　　　B．161 400 元　　　C．198 000 元　　　D．275 400 元

5. 根据《企业所得税法》的规定，下列各项中，在计算企业所得税应纳税所得额时准予扣除的是（   ）。

　　A．违法经营的罚款

　　B．税收滞纳金

　　C．被没收财物的损失

　　D．逾期归还银行贷款，银行按规定加收的罚息

6. 企业缴纳所得税应在月份或季度终了后的（   ）日内预缴。

　　A．30　　　　　　　B．45　　　　　　　C．15　　　　　　　D．60

7. 国家需要重点扶持的高新技术企业，企业所得税税率是（   ）。

    A．33%   B．10%   C．25%   D．15%

8. 纳税人计算企业应纳所得税时，准予从收入总额中扣除的税金是（   ）。

    A．增值税、消费税、营业税、资源税、城建税

    B．增值税、消费税、营业税、印花税、城建税

    C．消费税、营业税、资源税、城建税、土地增值税

    D．消费税、营业税、资源税、城建税、印花税

9. 下列固定资产中，计算企业所得税时，允许计提折旧的有（   ）。

    A．土地

    B．以经营租赁方式租入的固定资产

    C．按照规定提取维简费的固定资产

    D．以融资租赁方式租入的固定资产

10. 计算企业所得税时，超过规定标准列支的招待费，应计入（   ）。

    A．营业外收入   B．成本   C．费用   D．应纳税所得额

11. 企业所得税税率为（   ）。

    A．35%   B．33%   C．25%   D．18%

12. 纳税人发生年度亏损，可从下一纳税年度的所得中弥补，下一纳税年度的所得不足弥补的，可以逐年延续弥补，但最长不得超过（   ）年。

    A．3   B．5   C．7   D．10

13. 纳税人的职工福利费准予扣除的依据是（   ）。

    A．实发工资   B．应发工资   C．计税工资   D．年应纳税所得额

14. 纳税人当年发生的公益性捐赠支出准予扣除的依据是（   ）。

    A．年度销售收入净额   B．年度利润总额

    C．年度计税工资   D．年度应纳税所得额

15. 下列关于企业所得税纳税人的表述中，不正确的是（   ）。

    A．居民企业就其来源于我国境内外的全部所得纳税

    B．非居民企业就其来源于我国境内外的全部所得纳税

    C．个人独资企业和合伙企业不是企业所得税的纳税人

    D．企业设有多个不具有法人资格营业机构的，实行由法人汇总纳税

16. 下列各项中，不属于企业所得税纳税人的是（   ）。

    A．法人企业   B．取得收入的组织

    C．上市公司   D．合伙企业

17. 我国企业所得税适用的税率属于（   ）。

    A．比例税率   B．超额累进税率

    C．超率累进税率   D．定额税率

18. 在计算企业所得税应纳税所得额时，不计入收入总额的是（   ）。

    A．转让固定资产取得的收入   B．出租固定资产取得的租金收入

C．固定资产盘盈收入　　　　　　　　　D．财政拨款

19．在计算企业所得税应纳税所得额时，不能扣除的税金是（　　）。

　　A．消费税　　　　B．营业税　　　　C．增值税　　　　D．房产税

20．根据《企业所得税法》的规定，企业所得税分月或者分季预缴，企业应当自月度或者季度终了之日起 15 日内，向税务机关报送预缴企业所得税纳税申报表，预交税款。企业应当自年度终了之日起（　　）内，向税务机关报送年度企业所得税纳税申报表，并汇算清缴，结清应缴应退税款。

　　A．30 日　　　　B．45 日　　　　C．4 个月　　　　D．5 个月

21．根据《企业所得税法》的规定，纳税人发生的下列支出中，在计算应纳税所得额时准予扣除的是（　　）。

　　A．工商机关所处罚款　　　　　　　　B．银行加收的罚息

　　C．司法机关所处罚金　　　　　　　　D．税务机关加收的税收滞纳金

22．某印刷厂购进一台印刷机器，买价 12 万元，取得对方开具的增值税专用发票上注明的税金为 2.04 万元，另支付运杂费 0.2 万元、安装费 0.3 万元。根据《企业所得税法》的规定，该印刷机器作为固定资产的计价金额应是（　　）万元。

　　A．2　　　　B．12.5　　　　C．14.04　　　　D．14.54

23．某国有企业 1997 年度发生亏损，根据《企业所得税法》的规定，该亏损额可以用以后纳税年度的所得逐年弥补。但延续弥补的期限最长不得超过（　　）。

　　A．1999 年　　　　B．2000 年　　　　C．2001 年　　　　D．2002 年

24．根据《企业所得税法》的规定，企业所得税的征收办法是（　　）。

　　A．按月征收　　　　　　　　　　　　B．按季计征，分月预缴

　　C．按季征收　　　　　　　　　　　　D．按年计征，分月或分季预缴

25．企业所得税 A 类报表适用于实行（　　）企业所得税的居民企业。

　　A．查账征收　　　　B．核定征收　　　　C．比照征收　　　　D．据实征收

26．一般情况下工资、薪金所得的应纳税所得额为每月收入额减去（　　）。

　　A．3200 元　　　　B．800 元　　　　C．4000 元　　　　D．20%

27．个人取得的储蓄存款利息应当（　　）。

　　A．按利息、股息、红利所得征税　　　　B．按工资、薪金所得征税

　　C．减半征税　　　　　　　　　　　　D．免于征税

28．某作家取得一部小说稿酬 1 万元，应纳的个人的所得税为（　　）。

　　A．2000 元　　　　B．1600 元　　　　C．1120 元　　　　D．1840 元

29．某人中彩所得 10 000 元，应纳的个人所得税为（　　）。

　　A．2000 元　　　　B．1600 元　　　　C．1840 元　　　　D．1400 元

30．一次收入畸高实行加成征收个人所得税的是（　　）。

　　A．偶然所得　　　　B．稿酬所得　　　　C．劳务报酬所得　　　　D．财产租赁所得

31．个人劳务报酬所得属连续性收入的须以（　　）取得的收入来计算个人所得税。

　　A．一个月　　　　B．一个年度　　　　C．一个季度　　　　D．一定时期

32. 利息、股息、红利所得及偶然所得、其他所得，以每（　　）收入为应纳税所得额。

    A. 月　　　　　　B. 日　　　　　　C. 次　　　　　　D. 年

33. 稿酬所得适用 20% 的比例税率并按应纳税额减征（　　）。

    A. 10%　　　　　B. 20%　　　　　C. 30%　　　　　D. 40%

34. 下列属于免征个人所得税项目的是（　　）。

    A. 民间借贷利息

    B. 在商店购物时获得的中奖收入

    C. 个人举报、协查各种违法犯罪行为而获得的奖金

    D. 本单位自行规定发放的补贴、津贴

35. 劳务报酬一次收入 8000 元，计算个人所得税时，费用扣除金额为（　　）。

    A. 800 元　　　　B. 1200 元　　　　C. 1600 元　　　　D. 0 元

三、多项选择题

1. 企业的下列支出中，准予从收入总额中扣除的有（　　）。

    A. 投资支出

    B. 缴纳的增值税

    C. 转让固定资产发生的费用

    D. 以经营租赁方式租入的固定资产发生的租赁费

2. 下列固定资产中，不得提取折旧的有（　　）。

    A. 封存的固定资产

    B. 季节性停用的机器设备

    C. 以经营租赁方式租出的固定资产

    D. 提前报废的固定资产

3. 下列收入中应计入企业收入总额中，征收企业所得税的有（　　）。

    A. 对外投资入股分得的股息、红利　　　B. 接受的捐赠收入

    C. 物资及现金的盈余收入　　　　　　　D. 财政补贴

4. 企业发生的下列利息支出中，在计算应纳税所得额时，可以从收入总额中扣除的有（　　）。

    A. 向金融机构借款的利息支出

    B. 企业之间相互拆借的不高于银行同期利息的利息支出

    C. 建造、购置固定资产的利息支出

    D. 建造、购置固定资产竣工决算投产后发生的向金融机构借款的利息支出

5. 下列项目中属于《企业所得税法》规定的收入总额的有（　　）。

    A. 保险公司给予纳税人的无赔偿优待

    B. 纳税人购买国库券的利息收入

    C. 股息收入

D. 特许权使用费收入

6. 下列所得中，可以免征企业所得税的有（　　　）。

    A. 某企业取得技术转让所得 600 万元

    B. 某企业取得技术转让所得 30 万元

    C. 某企业取得国债利息收入 10 万元

    D. 某新办的独立核算的会计师事务所

7. 企业所得税的纳税人包括（　　　）。

    A. 国有企业　　　　B. 集体企业　　　　C. 私营企业　　　　D. 联营企业

8. 纳税人在（　　　）方面使用本企业的产品，应作为收入处理。

    A. 基本建设　　　　B. 专项工程　　　　C. 职工福利　　　　D. 生产经营

9. 在计算企业所得税应税所得时，不能在收入总额中扣除的有（　　　）。

    A. 非公益性捐赠

    B. 赞助支出

    C. 发生自然灾害事故有赔偿的部分

    D. 罚金、罚款和被没收财物的损失

10. 按照《税法》规定，纳入税务处理的资产有（　　　）。

    A. 固定资产　　　　B. 流动资产　　　　C. 无形资产　　　　D. 长期待摊费用

11. 在会计利润的基础上，应调增应税所得额的项目有（　　　）。

    A. 工会经费支出超标准　　　　　　B. 业务招待费超标准

    C. 公益性捐赠支出超标准　　　　　D. 税收滞纳金

12. 在会计利润的基础上，应调减应税所得额的项目有（　　　）。

    A. 职工福利费超支　　　　　　　　B. 国库券利息收入

    C. 多列无形资产摊销　　　　　　　D. 从联营企业分回的利润

13. 纳税人缴纳的所得税税款应（　　　）。

    A. 以外币为计算单位

    B. 以人民币为计算单位

    C. 按国家外汇牌价将人民币折合成外币计算

    D. 按国家外汇牌价将外币折合成人民币计算

14. 在计算企业所得税时，纳税人的收入包括（　　　）。

    A. 生产经营收入　　　　　　　　　B. 财产转让收入

    C. 租赁收入　　　　　　　　　　　D. 利息收入

15. 根据《企业所得税法》的规定，下列各项中，在计算应纳税所得额时准予扣除的税金有（　　　）。

    A. 房产税　　　　　　　　　　　　B. 城镇土地使用税

    C. 车船税　　　　　　　　　　　　D. 土地增值税

16. 根据《企业所得税法》的规定，在计算企业所得税应纳税所得额时，下列固定资产中，不得计算折旧扣除的有（　　　）。

A．以经营租赁方式租入的固定资产

B．以融资租赁方式租出的固定资产

C．单独估价作为固定资产入账的土地

D．与经营活动无关的固定资产

17．根据《企业所得税法》的规定，下列各项中，属于企业所得税纳税人的有（   ）。

A．股份有限公司   B．有限责任公司

C．合伙企业   D．个人独资企业

18．根据《企业所得税法》的规定，下列关于企业所得税征收范围的表述中，正确的有（   ）。

A．居民企业应当就其来源于中国境内、境外的所得，缴纳企业所得税

B．非居民企业在中国境内设立机构、场所的，应当就其所设机构、场所取得的来源于中国境内的所得，缴纳企业所得税

C．非居民企业在中国境内设立机构、场所的，应当就发生在中国境外但与其所设机构、场所有实际联系的所得，缴纳企业所得税

D．非居民企业在中国境内未设立机构、场所的，或者虽设立机构、场所但取得的所得与其所设机构、场所没有实际联系的，应当就其来源于中国境内的所得，缴纳企业所得税

19．根据《企业所得税法》的规定，下列各项中，在计算应纳税所得额时，应计入收入总额的有（   ）。

A．转让固定资产取得的收入   B．出租固定资产取得的租金收入

C．固定资产盘盈收入   D．国债利息收入

20．根据《企业所得税法》的规定，纳税人发生的下列支出中，在计算应纳税所得额时不得扣除的有（   ）。

A．缴纳罚金 10 万元   B．直接赞助某学校 8 万元

C．缴纳税收滞纳金 4 万元   D．被没收财物的损失 1 万元

21．根据《企业所得税法》的规定，在计算企业所得税应纳税所得额时，下列各项中，可以扣除的项目有（   ）。

A．纳税人负担的为销售商品而发生的运输费、保险费

B．汇兑净损失

C．纳税人按规定缴纳的土地增值税

D．税收滞纳金

22．根据《企业所得税法》的规定，在计算企业所得税应纳税所得额时，下列各项中，不得扣除的项目有（   ）。

A．向投资者支付的股息   B．税收滞纳金

C．赞助支出   D．企业缴纳的增值税

23．根据《企业所得税法》的规定，下列各项中，纳税人在计算应纳税所得额时准予扣除的税金有（   ）。

A. 消费税　　　　B. 营业税　　　　C. 增值税　　　　D. 土地增值税

24. 企业分月或分季预缴企业所得税时，关于预缴方法的选择，说法正确的有（　　　）。

　　A. 应按照月度或季度的实际利润额预缴

　　B. 可以按照上一纳税年度应纳税所得额的月度或季度平均额预缴

　　C. 可以按照经税务机关认可的其他方法预缴

　　D. 预缴方法一经确定，该纳税年度内不得随意变更

25. 下列适用 20% 比例税率个人所得的有（　　　）。

　　A. 财产租赁所得　　　　　　　　B. 财产转让所得

　　C. 工资、薪金所得　　　　　　　D. 稿酬所得

　　E. 对企事业单位承租经营、承包经营所得

26. 个人所得税适用的税率有（　　　）。

　　A. 比例税率　　　B. 定额税率　　　C. 超额累进税率

　　D. 全额累进税率　　　　　　　E. 超率累进税率

27. 个人所得税的缴纳方式有（　　　）。

　　A. 支付单位源泉扣缴　　　　　　B. 纳税人自行申报

　　C. 税务人员上门征税　　　　　　D. 自行核缴　　　E. 三自纳税

28. 个体工商户生产经营的应纳税所得额是每一纳税年度的收入总额减去（　　　）的余额。

　　A. 成本　　　　B. 税金　　　　C. 费用　　　　D. 赞助　　　E. 损失

29. 下列个人所得税征税项目中，不可扣除费用，直接计税的有（　　　）。

　　A. 特许权使用费所得　　　　　　B. 股息、利息、红利所得

　　C. 偶然所得　　　D. 稿酬所得　　　E. 劳务报酬所得

四、判断题

1. 企业所得税是对企业生产经营所得征收的税。　　　　　　　　　　　　（　　）

2. 企业所得税的课税对象是企业的利润额。　　　　　　　　　　　　　　（　　）

3. 企业直接向某小学捐款，其款项不能在计算应税所得额时扣除。　　　　（　　）

4. 企业通过在我国境内非营利的社会团体、国家机关向民政、教育等公益事业的捐赠支出可以在缴纳所得税前按实际发生数扣除。　　　　　　　　　　　　　（　　）

5. 企业从所投资的企业分得的利润可以不征所得税。　　　　　　　　　　（　　）

6. 纳税人在生产经营期间的借款利息支出，在计算应纳税所得额时，可按实际发生数扣除。　　　　　　　　　　　　　　　　　　　　　　　　　　　　　（　　）

7. 纳税人购买国债的利息收入，不计入应纳税所得额。　　　　　　　　　（　　）

8. 企业发生亏损，可以在今后 5 年内弥补亏损，是指以 5 个盈利年度的利润弥补亏损。　　　　　　　　　　　　　　　　　　　　　　　　　　　　　　（　　）

9. 企业所得税实行 25% 的比例税率，为照顾中小企业负担能力，另有 20%、15%

两档低税率。 （　　）

10. 保险公司给予纳税人的无赔款优待，应计入当年应纳税所得额。 （　　）

11. 纳税人来源于中国境外的所得，已在境外缴纳的所得税税款，准予在汇总纳税时，从其应纳税额中扣除，但是扣除额不得超过其境外所得依照中国税法条例规定计算的应纳税额。 （　　）

12. 纳税人在计算应纳税所得额时，其财务、会计处理办法与国家有关税收的规定不一致时，可以依照企业的财务、会计处理办法计算纳税。 （　　）

13. 在计算所得税收入总额时，企业固定资产盘盈应计入"资本公积"。 （　　）

14. 在缴纳企业所得税时，企业设有多个不具有法人资格营业机构的，由法人汇总纳税。 （　　）

15. 个人独资企业和合伙企业是企业所得税的纳税人。 （　　）

16. 非居民企业在中国境内未设立机构、场所的，或者虽然设立机构、场所但取得的所得与其所设机构、场所没有实际联系的，就其来源于中国境内的所得缴纳企业所得税，实行源泉扣缴，以支付人为扣缴义务人。 （　　）

17. 企业解散或者破产后的清算所得，不属于企业所得税的征税范围。 （　　）

18. 在计算企业所得税的应纳税所得额时，单独估价作为固定资产入账的土地，不得计算折旧扣除。 （　　）

19. 企业对外投资期间，投资资产的成本在计算应纳税所得额时不得扣除。（　　）

20. 纳税人在纳税年度发生的经营亏损，可以用下一年度的所得弥补；下一纳税年度的所得不足弥补的，可以逐年延续弥补，但是延续弥补期最长不得超过5年。（　　）

21.《企业所得税月（季）度预缴纳税申报表（A类）》要求预缴所得税时按会计核算数额填报，不要求进行纳税调整。 （　　）

22.《企业所得税年度纳税申报表》填报的关键是在会计利润的基础上，按照税收法规调整计算出应纳税所得额，进而计算应纳税额。 （　　）

23. 企业分月或分季预缴企业所得税时，可根据具体情况选择不同的预缴方法，预缴方法确定后，该纳税年度内可随意变更。 （　　）

24.《企业所得税年度纳税申报表（A类）》适用于实行查账征收的企业。 （　　）

25. 纳税人取得的股息、利息、租金、特许权使用费以及营业外收益等所得，也属于企业所得税的征税范围。 （　　）

26. 原则上讲居民纳税人境内、境外所得都要征个人所得税，非居民纳税人只就来源于我国境内的所得征。 （　　）

27.《税法》中所称来源于中国境内的所得，是指支付地点在中国境内的所得。
（　　）

28. 对企、事业单位的承包、承租经营的个人所得，以收入总额减去每月800元费用后的余额作为个人所得税的计税依据。 （　　）

29. 承包人按月领取的工资应并入承包所得计算个人所得税。 （　　）

30. 劳务报酬所得计算个人所得税时，应扣除800元的费用。 （　　）

31. 劳务报酬所得、稿酬所得、特许权使用费所得、财产租赁所得，减除20%的费用，其余额为应纳税所得额。 （　　）

32. 特许权使用费所得、财产租赁所得和稿酬所得一样，以每次收入总额为个人所得税计税依据，不可扣除任何费用。 （　　）

33. 劳务报酬所得如果是一次性收入，按该项收入计算一次个人所得税；如果是同一事物（务）连续性收入，则按一年内取得收入计算一次个人所得税。 （　　）

34. 个人取得劳务报酬收入一次超过2万元至5万元的部分加征5成，超过5万元的部分加征10成。 （　　）

35. 如果某项特许权使用费所得是分笔取得的，那么每笔都要计算一次个人所得税。 （　　）

36. 财产租赁所得，每个月取得的收入计算一次个人所得税。 （　　）

37. 偶然所得计算个人所得税的税率是20%，可扣除费用800元。 （　　）

38. 稿酬所得按20%比例税率计算征收个人所得税，另外还可按应纳税额减征30%。 （　　）

39. 个人购买福利彩票、体育彩票，一次中奖收入在1万元以下的，可暂免征个人所得税。 （　　）

40. 个人所得税的缴纳方式为纳税人自行申报缴纳。 （　　）

五、简答题

1. 会计利润与应税所得有何不同？

2. 企业所得税计算应税所得时，纳税调整增加和减少的项目分别有哪些？

3. 个人所得税纳税义务人是怎么规定的？

4. 简述个人的哪些所得应缴纳个人所得税？

5. 简述个人所得税的劳务报酬所得的征税范围及税率？

6. 什么是个人所得税的代扣代缴征收方式，其优点是什么？

7. 劳务报酬所得、稿酬所得、特许权使用费所得、财产租赁所得在计算个人所得税时，"每次收入"是指什么？

六、综合计算题

1. 某中国公民一月份薪金收入1600元，同时还取得稿酬收入2800元，股权分红收入500元，请计算该纳税人当月应纳的个人所得税税额。

2. 有两位歌唱演员，应邀参加某公司庆典活动的演出，按照协议，两位演员各演出四场，出场费分别为：普通演员甲每场1000元，著名演员乙每场8000元。请计算两位演员各应缴纳个人所得税多少？

3. 某纳税人（中国公民）月工资收入2700元，年终领取12个月的奖金7200元。假如该纳税人前11个月已按规定缴纳个人所得税，请问其12月份应纳的个人所得税是多少？

4. 某大学工作者李某，本月从单位领取工资 2600 元，到邻校讲学取得报酬 2500 元，购买国库券取得利息收入 800 元，领取论文集稿酬 5000 元，参加有奖销售摸奖获奖金 1000 元。请问李某本月应纳多少个人所得税？

5. 某企业以生产白酒为主，适用 25% 的所得税税率，2008 年销售收入净额 9400 万元，年终进行所得税纳税申报时，企业计算的全年应纳税所得额为 1050 万元，并已经按适用税率缴纳了所得税款 262.5 万元。经税务机关查证，发现以下问题：

1）本年 2 月份购入并投入使用的固定资产，价值 80 万元，预计净残值 4 万元，《税法》规定按 5 年的直线法计提折旧，本企业会计直接作为管理费用一次从收入中扣除。

2）本年 6 月收到财政拨款 60 万元，已经并入应纳税所得额。

3）全年发生非广告赞助支出 120 万元，已经从应纳税所得额中扣除。

计算该企业 2008 年度企业所得税应纳税所得额。

6. 2008 年度某企业会计报表上的利润总额为 100 万元，已累计预缴企业所得税 25 万元。该企业 2008 年度其他有关情况如下。

1）发生的公益性捐赠支出 18 万元。

2）开发新技术的研究开发费用 20 万元，已计入管理费用。

3）支付在建办公楼工程款 20 万元，已列入当期费用。

4）直接向某足球队捐款 15 万元，已列入当期费用。

5）支付诉讼费 2.3 万元，已列入当期费用。

6）支付违反交通法规罚款 0.8 万元，已列入当期费用。

已知该企业适用所得税税率为 25%，计算企业 2008 年度应纳税所得额。

7. A 机械制造企业，本年度生产经营过程中：

1）耗用原材料 140 万元，辅助材料 20 万元，燃料动力 16 万元，工资支出 18 万元，职工福利费支出 2.52 万元。

2）制造费用 6 万元，管理费用 8 万元，财务费用 3 万元。

3）年初产品余额 12 万元，年末产品余额 6 万元。

4）年初库存产品成本 4 万元，年末库存产品成本 3 万元。

5）本年度销售收入 280 万元，销售费用 2 万元，销售税金及附加 3 万元。其他销售利润 2.4 万元，营业外净收益 0.5 万元。

已知 A 企业适用 25% 税率，计算该企业应纳所得税。

8. 某企业有职工 300 人，其中，200 人工资直接计入生产成本，50 人的工资计入制造费用和辅助生产费用，50 人的工资计入期间费用。

该企业的固定资产原值为 600 万元，其中，各车间掌握 500 万元（包括 300 万元的机器设备和 200 万元的房屋建筑），管理部门掌握的固定资产为 100 万元的房屋建筑。

本年度销售收入 900 万元（无退回和折让），利润表中反映的利润总额为 300 万元。当期该企业取得的与纳税相关的具体资料如下。

产品销售成本中的各有关费用资料：直接工资为 87 万元，职工福利费用为 12.2 万元，制造费、辅助生产的工资为 21.6 万元，职工福利费用为 3.1 万元，制造费、辅助生产中的折旧费为 46 万元，其中，各种机器设备是按 10%提取的，房屋建筑是按 8%提取的。

各种期间费用中的有关资料：工资费用为 23 万元，职工福利费用为 3.22 万元，房屋建筑按 8%折旧率提取折旧，业务招待费为 6 万元，管理费用中的工会经费为 2.632 万元，职工教育经费为 1.974 万元，广告费为 50 万元。财务费用中有支付本期以债券集资的利息 7 万元，当期企业共集资 100 万元，期限半年，利率为 14%。同期银行利率为 10%。

营业外支出中的有关资料：本期因排污处理不当，被环保部门罚款 1 万元；本期通过希望工程基金会向希望工程捐款 5 万元；向有意进行联营的单位支付赞助费 1 万元，用于办理联营事务的各项开支。

固定资产折旧标准：生产用房为 6%，生活用房为 4%，机器设备为 8%（假设不扣除残值）。

根据上述资料计算该企业当年应纳的企业所得税（税率为 25%）。

七、综合分析题

某作家本月取得收入与纳税情况如下：

1）在甲、乙两处任职，工资分别为 1300 元和 1400 元，没有申报缴纳个人所得税；

2）出版小说一部，出版社支付其稿费共 6000 元，共代扣代缴其个人所得税 616 元；

3）到某大学做学术报告，取得收入 5000 元，该校没有代扣代缴其个人所得税。

回答：

1）工薪所得不缴纳个人所得税是否正确，为什么？

2）作家在出版社代扣代缴个人所得税后是否还要申报纳税？为什么？

3）讲学收入应如何纳税？纳多少？

参 考 文 献

安仲文. 2007. 纳税会计实务操作. 大连：东北财经大学出版社.

曹利. 2009. 企业纳税实务. 北京：机械工业出版社.

代义国. 2008. 小企业纳税实战步步通. 广州：广东经济出版社.

戴桂荣. 2008. 税务会计及筹划. 大连：大连出版社.

盖地. 2008. 税务会计与纳税筹划. 大连：东北财经大学出版社.

凌辉贤. 2009. 最新营业税纳税指南与税收筹划. 大连：东北财经大学出版社.

唐晓，何俐俐. 2009. 税务会计. 北京：机械工业出版社.

杨博. 2004. 纳税模拟. 北京：中国人民大学出版社.

杨则文. 2007. 国家税收（第七版）. 北京：中国财政经济出版社.

叶青. 2009. 2009 年新税收制度讲义. www.chinaacc.com.

翟继光，张小龙. 2008. 中小企业纳税实用技巧. 上海：立信会计出版社.

张久慧. 2009. 企业所得税纳税调与申报. 大连：大连出版社.

张敏. 2008. 纳税实务. 大连：东北财经大学出版社.

张孝光. 2008. 税务会计与税务筹划. 北京：中国人民大学出版社.